主办：江苏师范大学哲学范式研究中心

当代中国马克思主义哲学研究

Marxist Philosophical Researches in
Contemporary China

2017

【总第6辑】

主　编　任　平
副主编　曹典顺　李惠斌

中央编译出版社
Central Compilation & Translation Press

《当代中国马克思主义哲学研究》

学术委员会主任： 陈先达

学术委员会：

(按姓氏笔画排列)　丰子义　王南湜　孙正聿　刘森林　刘陆鹏

　　　　　　　　　张一兵　杨　耕　陈先达　陈　忠　杨金海

　　　　　　　　　汪信砚　吴晓明　李景源　欧阳康　郝立新

主　编： 任　平

副主编： 曹典顺　李惠斌

编委会： 任　平　曹典顺　李惠斌　冯建华　孔明安

本期执行编辑： 冯建华

主办单位： 江苏师范大学哲学范式研究中心

江苏师范大学哲学范式研究中心

中心顾问

任平，1956年10月生，江苏高邮人，教授，博士生导师，中国人民大学哲学博士，江苏师范大学前校长。中央"实施马克思主义理论与建设工程"专家，教育部教学指导委员会委员，国家哲学社会科学基金项目评审专家。江苏省哲学学会副会长，江苏省政治学会副会长。

中心主任

曹典顺，1966年6月生，江苏沛县人，教授；吉林大学哲学博士，江苏师范大学哲学一级学科硕士点带头人，江苏重点学科（哲学）带头人，江苏省高校哲学社会科学优秀创新团队负责人，江苏省"333工程"中青年学术带头人。中国马克思恩格斯研究会常务理事。

中心简介

　　江苏师范大学哲学范式研究中心（以下简称"范式中心"），又称马克思主义哲学范式研究中心，成立于 2011 年，顾问是任平教授，主任为曹典顺教授。范式中心设有范式创新研究所、发展理论研究所、过程哲学研究所、传统文化现代化研究所、美国哲学研究所、自然辩证法研究所、法哲学研究所 7 个学术机构，校内和校外研究人员 26 人。范式中心在学科带头人曹典顺主任的带领下，2016 年哲学学科成为江苏省五大哲学重点学科之一，哲学团队获批 2017 年江苏高校哲学社会科学优秀创新团队。

　　范式中心围绕马克思主义哲学研究范式创新问题、中国特色社会主义建设问题，展开了广泛而深入的研究，获批国家社科基金重大、重点、一般、后期资助项目 21 项，在《中国社会科学》《哲学研究》《马克思主义研究》《马克思主义与现实》等刊物上发表了一系列高水平的学术成果。

　　范式中心一方面立足于已有基础，继续发挥既有特色优势，争取建立当代中国马克思主义哲学研究的"评价中心"；另一方面，进一步拓宽研究思路与视野，更新研究方法与观念，加强与国际哲学界的交流，争取成长为国内外有一定影响力、特色鲜明的马克思主义哲学"国际交流中心"。

　　范式中心分别于 2011 年、2013 年、2015 年成功举办"中国马克思哲学高峰论坛（2011）"、"中国马克思哲学高峰论坛（2013）"、"中国马克思哲学高峰论坛（2015）暨中美哲学家论坛"。国内外众多知名专家学者云集论坛，《光明日报》理论版、《中国社会科学报》、《哲学动态》刊登论坛研究综述或专题报道，在国内外产生一定的学术影响。

发展 21 世纪中国马克思主义哲学新境界

——《当代中国马克思主义哲学研究 2017》序

2018 在时光中闪亮出场，我们已经站在了改革开放壮阔大潮狂飙突进 40 年的新时代历史方位之上。"却顾所来径，苍苍横翠微"。改革开放 40 年来的历史表明：马克思主义哲学作为思想中的时代、时代精神的精华和文明活的灵魂，不仅成为开启中国道路的历史起点、引领中国道路前行的思想先导、贯穿中国道路始终的内在精神，而且以前所未有的马克思主义哲学自身大繁荣与大发展的辉煌成就及与时俱进的创新逻辑，成为中国道路的哲学表达。中国道路与哲学表达两大出场史之间紧密的自我相关、自我缠绕、相互映照和相互推动，哲学的时代化和时代的哲学化，呈现出双向本质性地同步、同态、同构地高度统一，马克思主义哲学的时代性和在场性得到充分的显现。今天，在新时代中国道路的新起点上，借为《当代中国马克思主义哲学研究 2017》卷出版撰写序言的契机，写上几句话，我们隆重纪念真理标准大讨论 40 周年，再一次在关键的时间节点上深描改革开放以来马克思主义哲学创新发展的学术史前沿图景，充分揭示这一繁荣发展作为中国道路出场史哲学表达的深刻关联，认真总结哲学发展与中国道路探索之间的相互作用、共生共长的演化规律，对于更深刻理解马克思主义哲学创新对于中国道路探索的重大引领作用，深刻理解中国道路开启对于马克思主义哲学创新发展的重大推动作用，更高地举起我们思想中的时代旗帜，为马克思主义哲学发展作出中国原创性贡献，都具有重大而积极的意义。以深描当代中国马克思主义哲学创新学术史前沿图景、分析与研判其发展趋势和规律为己任的"江苏师范大学当代中国马克思主义哲学范式研究中心"，已经连续第6年推出《当代中国马克思主义哲学研究》，这是多年来研究的继续，更是对孜孜以求的主题考察的拓展和深化。那么，我们怎样看待马克思主义哲学与40年中国道路的关系呢？站在新时代历史方位上，我们又怎样发展21世纪马克思主义哲学新境界呢？

一、开启中国道路的思想先导：
实践观的哲学变革与深化发展

实践观是马克思主义哲学的逻辑起点和理论基石，也是哲学引导社会变革的先导观念。在170多年前的《关于费尔巴哈的提纲》中，马克思就从实践观出发发动哲学革命，创立新世界观，宣告马克思主义哲学的出场。80多年前，毛泽东同志用《实践论》来批判党内教条主义，开启马克思主义中国化的新路径。40年前，"实践是检验真理唯一标准"的大讨论再一次成为撬动历史大门、开启中国道路的思想先导。"实践是检验真理唯一标准"大讨论不仅以犀利的思想之矛破除了"两个凡是"的僵化教条，恢复了实事求是思想路线，从而为开启中国道路打开思想解放的大门；更在哲学领域内部引发了对实践标准、实践观以及实践在马克思主义哲学中的地位的深化讨论，形成了改革开放以来第一次哲学研究和争论的高潮，也同样成为哲学界打破苏联教科书对于马克思主义哲学僵化教条的理解，推动改革开放以来马克思主义哲学中国化丰富多样的理论创新的共同历史起点。这一推动，沿着以下五个方面渐次展开。

第一，极大地深化了关于实践标准的地位、内涵、结构和功能的研究，从认识论和唯物史观双重视野确立了实事求是的思想路线，为独立

自主探索中国道路前置了最重要的思想基础。围绕检验真理的实践标准与逻辑标准、实践客观性与目的性、实践要素与结构、实践类别与领域、实践检验真理的复杂过程等系列重要哲学问题，学者们在《光明日报》、《哲学研究》、《学术月刊》等各大报纸杂志发表了近千余篇论文，展开了研究、争论的热潮。实践标准的客观性得到进一步深度阐释，但是实践的目的性和自觉性以及在实践标准内部的支配地位和自觉地位得到学者的进一步深度体认。此外，在实践结构研究中，"主体—客体"对应范畴终于问世，作为新的理解框架，极大深化了马克思主义哲学研究的视域。科学哲学对于实践检验复杂性的研究成果，也被系统地纳入学术视野，使学者对于实践标准的绝对性和相对性关系、对于"真理是一个过程"的辩证法思想有了更全面的认识。实践与认识更是社会的，是通过社会关系而展开的过程。因而，社会认识论、广义认识论也应运而生，促使学界更加关注实践检验和真理获得对于社会关系的依赖性。总之，这一学术热潮的出场，正是呼唤社会变革、开辟中国道路这一重大问题上政治论争的哲学表达。坚定为实践标准的权威辩护，同时辩证地和整体地理解实践标准检验的绝对性和相对性关系，更深刻地理解实践检验的社会关系维度，成为这一大讨论中学术板块的主流话语。实践标准的大讨论，是马克思哲学革命的当代继续，是马克思主义中国化的当代继续，更是确立实践观权威、为以感性活动探索新时代中国道路开辟可能性空间的开端。

第二，随着有关实践标准中真理与价值关系研究的展开，学界开启了价值观、价值哲学、马克思主义伦理学研究等新领域，在根基处规约了中国道路探索的为民维度。对中国道路探索的认识不仅存在着真理性问题，更存在着出发点和归宿点问题，即为了谁、服务谁的立场问题、价值问题。实践标准也不仅为了检验真理，同时也为了检验价值。真理回答主观认识是否与客观符合的问题，价值反映认识是否有用、对谁有用的问题，两者既有区别，更有联系。越是真理性的认识，越与人民大众的根本利益相一致。我们强调实践是检验认识的真理性的目的，是为了更好地选择一条有利于作为社会实践主体的人民根本利益的中国道路。人民是实践检验真理标准的主体，也是衡量价值的标准尺度。马克思主义哲学在实践观上的真理性和价值性的统一性，随着实践观的深化讨论而逐步明朗起来。进而，关于价值和价值论、价值哲学的研究风起云涌，出现了一大批学者。这一新领域的开拓，不仅将马克思主义哲学的鲜明的以人民为中心的价值导向较为充分地显现出来，而且带动了而后的社会主义价值体系、核心价值观的研究，进而带动了文化哲学、伦理学等部门哲学的繁荣和发展。

第三，深化了实践观在马克思主义哲学体系中的首要和基础性的地位，引发了关于马克思主义哲学本性的创新理解，特别是关于实践唯物主义的大讨论。学者们结合马克思文本文献学考订发现：从主体出发变革世界的实践观出发，马克思认为真理是在实践中成为对象性（Gegenständeliche）的才是有意义的。离开实践中的对象性关系谈真理性，纯粹是经院哲学问题。因而，实践不仅仅是认识论的第一的和首要的基本观点，而且是整个马克思主义哲学的第一的和首要的基本观点。从马克思主义哲学无非是从感性活动的对象性实践来展开的理论这一意义上说，称之为"实践的唯物主义"也从一定意义上深化了人们对马克思主义哲学的实践本性的认识。由此，从真理标准大讨论延伸至关于实践观在马克思主义哲学体系中的地位和马克思主义哲学体系的理解，就成为强烈推动马克思主义哲学深度进展的一个重要切入点。尽管在今天看来学界对马克思主义哲学本性和体系的种种新理解、新概括未必完善准确，但是当时对于推动解放思想、打破苏联教条、走自己的路有重大的积极意义。

第四，深化了部门哲学和应用哲学的研究。走自己的路，开创中国特色社会主义道路，是前无古人的事业，需要在实践中大胆探索和创新。改革领域是拓展的，从经济体制走向全面深化改革；发展领域更是整体的，从经济领域走向政治领域、社会领域、文化领域和生态领域，最终成为建设的"五位一体"，表明现代化的中国道路是具体的、全面的。因而，需要马克思主义哲学创新指导不仅停留在一般原理和方法层面，更要在崇尚实践第一观点的思维路向指引下深度创造分门别类的部门哲学。哲学源于生活，先有问题中的哲学，才有哲学中的问题。因此，以反思的问题学视域开创以问题为中心的部门哲学：经济哲学、政治哲学、价值哲学、社会哲学、发展哲学、文化哲学、军事哲学等如雨后春笋般涌现，蓬勃发展，使马克思主义哲学与部门实践更紧密地结合起来，更能贴近实践、贴近生活、贴近大众的需要，更能具体地解答和指导中国道路实践探索中的重要问题，也因此更能在实践前沿上第一时间表达中国道路的实践经验，上升为理论，丰富和创新马克思主义哲学。这些部门哲学、应用哲学不仅成为马克思主义哲学大众化的最新成果，而且成为在马克思主义哲学百花园中争奇斗艳的葩丛。打破传统苏联教科书学院派的体系化哲学的教条，在部门中带着强烈的指向时代实践意识，呼喊"哲学的现代化、现代化的哲学"，"改革的哲学"和"哲学的改革"，"建设的哲学"和"哲学的建设"等充满时代实践气息的口号，推动着马克思主义哲学从体系建构的壁垒，进一步走向反思的问题学。

第五，由时代化的实践观研究深化而推动，马克思主义哲学的中国化、时代化、大众化研究走到一个新阶段，聚焦中国道路、中国现代化的哲学研究呈现前所未有的崭新气象，基于本土实践经验的哲学研究成果的滋养，使哲学研究理念得到进一步升华，从而为中国特色社会主义理论发生、发展和完善提供了最坚实的哲学支撑。

二、对话与创新：
开放大潮语境中的话语方式转换

走改革开放道路必然要自主打开国门，造就越来越开放的环境，这不仅是决定中国命运的关键一招，更是大力推动中国马克思主义哲学蓬勃发展的关键一招。从开放之初被动仓促应战到主动批判地吸纳国外优秀思想成果、推动理论的时代化创新,再到满怀自信地为走向世界的21世纪马克思主义哲学作出中国原创性贡献,40年来的开放史就是一部中国马克思主义哲学研究的强国史、21世纪中国马克思主义哲学的出场史。40年主要分为三个阶段。

第一阶段在开放之初。以上个世纪"异化与人道主义"之争为标志,国门初开、大量西方思潮、特别是西方"马克思学"思潮大量涌入,中国马克思主义哲学准备不足,与之打了一场被动的遭遇战。围绕马克思早期著作中的"异化"和"人道主义"思想究竟是否代表本真的马克思,中国学者与西方马克思主义思潮之间发生了开放以来的第一场大对话、大论辩。虽然最终取得了初步胜利,但是论辩也全面暴露了中国马克思主义哲学界的弱项:一是仓促上阵、被动应战,西方长期形成的学术积累话语优势明显,大大高于处于长期学术封闭状态的中国;二是中国学者严重缺乏原典文本文献和马克思主义哲学史学术研究积累,更缺乏对西方思潮的深度了解。然而,论辩与对话大大刺激和促进了中国马克思主义哲学的发展。主要表现在:一是马克思主义哲学史研究取得长足进展。上个世纪80年代初,围绕对话需要,黄楠森、陈先达、庄福龄、靳辉明、孙伯鍨、刘嵘、叶汝贤、余源培等一大批学者出版了相关著作,在中国开创了这一学科。二是对原典文本文献学解读范式开始起步,以MAGA[2]为中心的研究涌现出一大批中青年学者,并形成了以张一兵为代表的南京大学团队。三是全面深化对话,以复旦大学团队为代表,不仅将与西方思潮对话作为"马克思走向当代"、创新理论的基本路径,更推动了关于国外马克思主义研究在中国的蓬勃发展。

第二个阶段在上个世纪90年代到本世纪前10年。20年间,中国学界翻译出版了西方几乎所有著名的学术著作,评价了西方几乎所有的当代思潮,用"请进来"、"走出去"方式开展频繁的国际学术交流迅速填平了中国以往在封闭岁月对西方学术造成的信息鸿沟。这一时代的中国中青年学者全面阅读着、咀嚼着、审视着西方学术著作,榨取其中的合理精华。但是,这一时段学术风气也有偏颇,就是一部分学者过度依赖西方学术话语，言必称西方，"以西解马，以西解中"，看似具备世界学术素养，实质缺乏理论自信，让自己的头脑成为西方学术的跑马场。

第三个阶段为本世纪第二个十年。随着中国大国地位的提升，前所未有地靠近世界舞台中央，成为世界负责任的大国，理论自信地对21世纪马克思主义哲学作出中国原创贡献的时代使命就必然摆在中国学者面前。与从"世界走向中国"到"中国走向世界"进程的根本转折相呼应，中国理论自主创新、走向世界的崇高使命必然要求中国学者要在学术上发生学术话语方式的根本转变，坚持四个自信，坚持"不忘本来、吸收外来、面向未来"的学术原则，做原创学术，而不能再照抄照搬西方学术话语。因此，使中国马克思主义哲学与国外学术之间的开放性对话立足于一个前所未有的新历史起点，进入一个新境界。

三、方法论自觉：
马克思主义哲学研究范式的创新与转换

中国道路的出场史是从感性探索到理性自觉的转换史。同样，改革开放以来中国马克思主义哲学学术创新史也经历着从理论自发探索到方法论自觉的过程，主要表现为研究范式的创新与转换。40年来，先后有教科书改革、原理研究与体系创新、马克思主义哲学史、文本文献学解读、对话、反思的问题学、部门哲学、马克思主义中国化、出场学等9种范式依次出场，成为推动中国马克思主义哲学创新的主要路径和主要方法，因此也造就了马克思主义哲学的中国学派。深描上述研究范式的历史成因、基本特征和主要功能等，笔者已经在其他地方做过较为系统的阐释。这里主要需要补充的是，从出场学视域看，上述范式创新和转换的出场如何高度体现为中国道路的哲学表达。

范式是学术共同体共同遵循的研究规范和准则，也是其共同的研究方法和路径。一种研究范式向另一种研究范式的转换，或者说，一种新的研究范式的出场，都绝非偶然，而是满足时代呼唤的理论创新的需要。在深层次上，都是中国道路探索的需要。中国道路进程成为上述范式不断出场的深层根据。

以直言、断语和统一体系为特征的教科书话语方式一直成为普及和宣传马克思主义哲学的最主要方式。教科书改革的动力来自于中国改革开放和中国道路探索的实践推动。前无古人的创新经验需要转化为哲学，因而就与相对稳定的教科书体系相冲突，因而需要与时俱进地不断修改和改革。因此，教科书改革本质上就是对时代化内容不断发展的与教科书话语体系稳定形式之间矛盾的解决形式，或者说是在相对中追求绝对的探索形式。然而，对时代化内容创新理解的多样化和教科书大一统话语体系之间的矛盾和冲突达到无可解决的时候，原理研究与体系创新范式就必然产生。以个体化、多样性的专著、论文方式来替代统一的教科书话语体系，为更创新、自由地表达学术见解提供了广阔的可能性空间。

原理研究和体系创新范式虽然能够更自主地容纳对马克思主义哲学理论创新理解，但是在话语方式上依然带有浓厚的教科书痕迹，成为其摹状品。静态的逻辑体系阐释依然不能满足中国道路开拓所具有的时代性、历时态思维的需要。因此，强调变革、发展的精神转化为对马克思主义哲学做历史性思考的强烈冲动。马克思主义哲学史范式应运而生。把马克思主义哲学看作是历史发展的、与时俱进的理论，与中国道路的时代性维度、与强调马克思主义中国化、时代化的中国特色社会主义理论创造精神高度契合。而要深化理解马克思主义哲学史，必须要用"回到马克思"的态度对其原典文本文献作时代性解读，因而文本文献学解读范式应运而生。而解读原典的时代指向是为了让马克思走入当代，因而在与西方思潮展开对话语境中激活马克思的思想精神，让马克思重新出场和在场就成为势所必然。批判地吸收外来思想一直是马克思主义保持自我更新生命活力的基本途径之一。

考察思想出场的逻辑和历史，需要穿透思想而抵达真正决定思想出场的现实基础。哲学是把握现实的逻辑。聚焦中国道路实践探索，以问题为中心的"反思的问题学"范式始终成为中国学者主要遵循的圭臬。发展问题、民主政治、社会转型、文明对话、生态建设、价值秉持、现代化问题等都成为中国马克思主义哲学研究所需要解答的问题。然而，反思重大时代问题绝不是杂乱无章、散漫无机的，而是可以在各个相对系统的学术领域之中加以考察的。因此，部门哲学就是对中国道路探索中的分门别类特殊问题的学科性解答的哲学产物。中国大地产生的部门哲学具有中国问题、中国立场和中国风格，因而是马克思主义中国化的思维产物。

将中国道路的出场史与马克思主义哲学的与时俱进创新史纳入一个研究范式，完整把握两者的出场逻辑及其相互关联，就必然选择出场学。以研究马克思主义哲学当代出场的根据和形态的出场学，就是以深度揭示作为中国道路的哲学表达的马克思主义哲学创新学术史的最恰当方式。

党的十九大郑重宣告：中国特色社会主义进入新时代。习近平新时代中国特色社会主义思想成为当代指引中国道路继续前行的指导思想。新时代中国道路必将继续推动当代中国马克思主义哲学研究的创新进程。

四、壮阔东方潮奋进新时代

历经 40 年改革开放大潮涌动的洗礼，造就中华道路取得举世瞩目的辉煌，当代中国马克思主义哲学从发生、发展到逐步成熟，贯穿着思想解放、实事求是的实践唯物主义精神，真正成为中华民族伟大复兴时代文明的活的灵魂。发展 21 世纪中国马克思主义哲学新境界，这是我们共同的宗旨。本期依然如故，分为五个栏目：范式专题、学术视点、发展理论、中国道路和专家评论。

范式专题则一如既往地由范式中心的各位特邀专家对改革开放以来所逐步形成的马克思主义哲学研究各个范式的年度进展进行评述。这些专题报告从各个切口入手，对于当代中国马克思主义哲学研究的各个路径和领域的前沿图景进行深描，对其创新成果加以评介，对其基本走向加以研判，对所存在问题加以分析，以便汇总成为一幅关于当代中国马克思主义哲学范式图景的画面。当然，上述专家都是中青年学者，但是，因为术业专攻之故，经营有年的他们在各自熟悉的领域其专业性和熟悉程度国内外几乎无人能及。他们已经成长为一批世界仅见的一流评论专家，依靠他们，本刊在所专治主题领域也才能真正独步于天下。

"学术视点"邀请了三位学者，分别是马丽娟、孙乐强和王晓升。所论及的主题也各不相同，分别关切如何看待马克思的《资本论》和从后现代的边缘人立场如何看待现代性矛盾。马丽娟和孙乐强分别从两个角度论述关于如何选择《资本论》文献学理解的立场问题。马丽娟强调既要在原则上强调回到《资本论》、又要根据时代变化在具体结论上走出《资本论》的某些具体过时或仅限于西欧的结论。而孙乐强则针对西方 MEGA^2 编辑《资本论》所采取的"历史考订版"方法带来的"解构主义倾向"，以及造就的"马克思恩格斯在政治经济学批判领域的对立"论展开分析，最终得出自己的主张："不能因为强调哲学的政治导向和党性原则，就对原始文本做随意的调整、修改和删减；同样，也决不能因为强调文本的原始状态和'本真性'，就有意无意地消解马克思主义的基本立场、观点和方法，更不能依据学园版 MEGA 的编辑原则，来彻底否定《德意志意识形态》和《资本论》的合法性，由此制造马克思恩格斯在整个《资本论》问题上的彻底对立。实际上，文献考证只是一个基础工作，或者说只是思想史研究的一种预备方法，即校勘文字、确定文本的创作编年等，进而为思想史研究提供有效支撑，但它本身并不能代替思想史研究；换言之，它既可以服务于马克思主义理论研究，也可以用来解构马克思主义。"王晓升则从解读本雅明的《发达资本主义时代的抒情诗人》入手，着重分析本雅明把人根据与现代性社会的疏远关系而分为三类人，来谈论何种人能够走出现代性困境的问题。本雅明认为第一类人是对于现代社会秩序持一种敌意的人。这类人就是他所说的波西米亚人。第二类人是流浪者，这类人不是把自己融入到社会秩序中，而是对社会秩序保持一定的距离，试图观察社会并更好地理解社会。他们类似于犬儒主义者。第三种人就是大众，是顺从现代社会秩序的大众。王晓升在着力分析三类人的基础上，谈了个人的看法，同时也为我们从主体身份角度研究如何摆脱现代性的困境提出了时代之问。

"发展理论"栏目所刊载的两篇论文呈现哲学与时代的互文性。吴昕炜关于21世纪马克思主义哲学发展路径的反思与前瞻，是一篇关于当代中国马克思主义哲学创新发展路径的总结和评价的专稿。吴教授是本中心长期合作的学者，为中心的研究一如既往地贡献出他的智慧。站在一个新时代的历史方位上，登高而远眺，可以作宏观鸟瞰式的深描，也因此可以对40年马克思主义哲学发展大势作圈点评论，以期让学界分享。尹才祥关于城市正义重建和社会正义研究范式的转换启迪我们：呼唤社会正义不能仅仅停留在一般关于分配正义的政治哲学层面上，而应当从形而上学批判的天国回到人间，对当前最为重要的、人民最为关切的重大具体问题入手来研究。

在"中国道路"一栏中，邀请陈延斌和张林撰写的关于中国特色社会主义家文化建设的论文，以及吕鸣章关于唯物史观的出场史论文，都具有独特的智慧，认真读来都是令人深思的妙文。

在"专家评论"栏目中，本刊特邀北京大学丰子义教授对改革开放40年来的中国马克思主义哲学内蕴的实践唯物主义精神作了专题阐释。尽管"实践的唯物主义"与"新唯物主义"、"唯物主义历史观"一样，都是马克思恩格斯在针对不同对象、不同语境中马克思恩格斯所创立的新世界观所提出的不同名称，也许我们需要用出场学关于在不同出场语境、出场路径中采用不同出场形态这一原理来解释上述称谓或形态名称的差异性，但是，体现马克思革命的、批判的、变革的改变世界的实践观本真精神的"实践的唯物主义"一名，的确在中国改革开放年代发挥着莫大的思想解放和推动创新的巨大作用。丰子义教授一如既往地用洗练的笔触和娓娓道来的叙事风格向我们讲述了他在对40年中国道路探索和思想解放历程反思基础上所表达的对实践的唯物主义深邃内涵的理解。虽然在上个世纪80年代学界就热烈讨论实践的唯物主义问题，但是，在经历了40年改革开放之后，用40年实践经验来重新注解这一理解，视域更加开阔，理解更加深刻，内容更加丰满。这不仅使我们想起黑格尔所说的一句话：同样的话语，由青年人口中所说出的与老年人所说的话语含义却大相径庭。因为青年人对这一话语含义的理解是抽象的，而老年人的理解则是包含着他一生经验作为注解，因而是深刻的和具体的。

魏晓萍研究员关于40年来中国关于分配正义问题讨论的论文，颇为犀利的分析视角涉及了分配正义中的回馈正义在资本主义和社会主义条件下造成的悖论，以及围绕这一悖论，马克思主义与西方新自由主义、新保守主义之争，最终通过平等正义的阐释而得到矫正。这成为中国改革开放以来的一个大转折：从原初重视发挥回馈正义到最终重视平等正义的过程。由此深度研究中国40年改革开放关于分配正义的历史进程。

五个栏目就是五个视窗，从中读者可以看到当代中国马克思主义哲学鲜活的向前掘进的前沿状况，可以领略强劲跳动着的发展21世纪马克思主义哲学新境界的脉搏。

是为序。

任　平
2018年10月28日于姑苏之家

目录 / Contents

论真理标准大讨论的当代启示 …… 1

一 范式专题

论当代中国的马克思主义哲学原理研究范式的特点
  曹典顺 …… 3

中国马克思本体论哲学建构的历程和趋势
  ——一个专题史的考察
  冯建华 …… 17

当代中国马克思主义哲学文本文献学研究范式辨析
  张丽霞 …… 33

反思的问题学：新时代和马克思主义哲学创新的双重呼唤
  ——"反思的问题学"研究范式2017年研究综述
  孟献丽 …… 49

2017年马克思主义哲学中国化研究范式：延续、传承与创新
  覃世艳 …… 70

论作为部门哲学研究范式的城市哲学的现实根基
  卞伟伟　曹典顺 …… 98

阐释与建构：部门哲学研究范式的发展与创新
　　——基于2017年政治哲学研究成果为重点的分析
　　　于桂凤 ……………………………………………… 113
论马克思唯物史观的出场逻辑
　　　孙　琳 ……………………………………………… 131

二　专家评论

中国道路的哲学理念
　　——实践唯物主义的当代意义
　　　丰子义 ……………………………………………… 151
真理与实践：40年前后围绕着分配正义原则的思考
　　　魏小萍 ……………………………………………… 170

三　学术视点

什么样的人才能走出现代性的困境
　　——本雅明对于现代性问题的思考
　　　王晓升 ……………………………………………… 185
政治经济学批判视域中的"恩格斯问题"
　　　孙乐强 ……………………………………………… 203
回到《资本论》与发展《资本论》
　　　马丽娟 ……………………………………………… 220

四　发展理论

21世纪马克思主义哲学发展路径的反思与前瞻
　　　吴昕炜 ……………………………………………… 239

城市正义重建与社会正义研究范式的转换

尹才祥 …………………………………………………… 253

五　中国道路

中国特色社会主义家文化建设

陈延斌　张　琳 ………………………………………… 271

唯物史观形成发展的四次转向及其对中国道路的启示

吕鸣章 …………………………………………………… 282

论真理标准大讨论的当代启示

任 平

哲学变革作为时代变革的精神先导,其历史作用和重大意义不仅呈现于变革之初,更贯穿于变革的全过程,进而在历史必然的逻辑展开中愈发彰显。40年前,"真理标准大讨论"冲破"两个凡是"的思想禁锢,解放思想,拨乱反正,恢复了"实事求是"的马克思主义实践观的权威,开启了改革开放和中国特色社会主义道路的伟大征程。今天,中国特色社会主义进入了新时代,中华民族前所未有地靠近世界舞台中央,前所未有地具有实现中华民族伟大复兴的能力和信心。站在新时代的制高点上,我们能够更加深切地感受到40年来真理标准大讨论所带来的推动民族伟大历史变革的思想力量,更加深刻地理解其对于今天的中国以多方面的重大启示,更加坚定我们的理论自信、道路自信、制度自信和文化自信,使我们更加坚定地踏上新时代新征程。

第一,真正的哲学永远是思想中的时代,是自己时代精神的精华,文明活的灵魂。哲学变革的最深刻根源总是厚植于伟大时代的变革土壤之中。用"实践是检验真理唯一标准"的马克思主义哲学基本理论来开启一个改革开放的伟大时代绝非偶然,这既体现了伟大时代内在现实变革需要对思想的急切呼唤,也鲜明地表征了以改变世界为宗旨的马克思主义哲学的时代品格。马克思主义哲学的当代性和在场性就表现于在当代历史变革的重大关头总是成为时代的问答逻辑，作为时代精神精华、作为时代声音来出场和在场的思想武器，永远需要站在世界历史的时代前列，开启时代先河，开创世界历史道路，开拓新文明路向。时代问题之所在，就是马克思主义哲学聚焦之所向。当时代将思想解放、开辟中国道路的伟大重责赋予马克思主义哲学，那么这一哲学就应当毫不犹豫地站在时代最前沿，就一定要成为时代变革锐不可当的思想之矛，发挥伟大思想先导和解放作用。今天，新时代新征程面临若干重大时代问题，更强烈召唤马克思主义哲学聚焦新时代、跟上新时代、研究新时代、引领新时代，从而与时俱进地继续成为"充分地适应自己的时代"的思想先锋。

第二，哲学界应当勇于担当时代使命和重大责任，走在时代前列。真理标准大讨论不仅仅是重大学术事件，更是一场由学术讨论引发事关民族和国家前途命运的重大政治事件。"两个凡是"思想禁锢维系着的独特场域，是由独特时代的政治与思想关联的共谋格局。打破这一格局不仅需要有敏锐的思想洞察力，更要有为国为民的政治敏锐性和时代担当。没有追求真理的勇气、没有高度的政治敏锐性、没有时代担当的主体精神，就不会有这一场大讨论事件的历史发生。当不从思想解放入手就不能打破这一僵化格局，中国走向社会主义现代化强国就没有希望的关键之时，时代需要哲学率先发声、勇于担当打破思想禁锢的破冰重任，那么，哲学界就勇于出场，以大无畏、勇往直前的英雄气概，成为时代变革的思想先锋。今天，哲学走进新时代，面临更加复杂和艰巨的时代语境，需要担负更加繁重的思想重责。强国时代呼唤强国哲学。"四个全面"需要新一轮思想解放，贯彻"五位一体"总体战略和主张创新、协调、开放、绿色和共享发展的新发展观需要哲学以更加高端的境界引领国家"以立带破"、"以破促立"，规划指导一个全面现代化的民族建构起定型化的国家治理体系。走向世界的负责任的大国需要积极参与全球治理，构建合作共赢的人类命运共同体架构。在时代重大责任面前，哲学界没有逃避时代责任、躲进象牙塔孤芳自赏地玩纯学术游戏的权利,在全球思想撞击、激烈对话的文化语境中,中国哲学界更不可能不以不忘本来、吸收外来、面向未来的积极姿态原创中国理论和中国话语,而选择自我放逐、自我边缘化甚至放弃马克思主义文化领导权。

第三,以人民为中心的价值旨归。真理标准大讨论之所以是复调叙事的学术—政治事件,根本原因在于它内在包含着真理检验与为民立场的价值旨归两个问题的有机统一。恩格斯说过,马克思主义是真理性和价值性的统一。越是真理,越符合无产阶级的利益。亿万人民是真理的主体,不仅是实践对象性的真理检验主体,也是真理造就成果的获益主体。诉诸实践的真理标准观越彻底,越符合人民的根本利益。反过来,只有心系人民,才能激起哲学家打破思想禁锢、以解放思想推动历史变革的理论勇气。历史变革表面上看是由思想解放推动的,但是在深层次上是由思想背后的人民需要推动的。人民,只有人民,才是创造历史的真正动力。思想的在场不过是人民利益的代言。因此,真理标准大讨论涉及的不仅是认识论中的真理标准问题,更是关系国家和民族前途命运、关系中国道路的大问题,后者直接涉及人民的根本利益,这决定了理论观念的为民立场和价值取向。从符号学意义上看,真理标准是深藏着的为民所指意义的能指符号。今天,我们更能深切体会:为何哲学家义无反顾地顶着巨大风险和压力,大声疾呼恢复马克思主义实践观权威,因为真理性的认识总是与正确的思想路线一致,而正确的思想路线总是符合人民的根本利益,能够为民族、人民带来巨大的福祉;相反,错误的思想路线总是给党和人民的事业带来巨大的挫折,需要付出沉重代价。鲜明的为民立场、价值观也同样包含在实践检验的目的和标准之中。我们看社会实践对一个思想、理念、口号和观点的检验不仅要看其对真理性的检验,更是要看对是否符合和满足人民根本利益需要的检验。因而,实践检验尺度是两者有机统一的。今天,正在致力于决胜全面建成小康社会进程的中国人民对美好生活的新期盼,强烈需要我们的每一个思想观念、每一个战略布局、每一个规划和决策的制定和落实都要全面以人民为中心,接受人民的检验。正如习总书记所强调指出的:时代是出题人,我们是答题人,而人民是判题人。

第四,坚定理论自信和道路自信,坚持和发展中国特色社会主义。真理标准大讨论既是对马克思主义真理性的有力辩护,更是对中国特色社会主义道路的成功开启。40 年来,马克思主义中国化的当代进程在不断指引中国成功发展起来的同时就显现出真理性的力量,坚定了我们的理论自信;同时这一大讨论所开辟的中国特色社会主义道路,既有别于封闭僵化的老路,更不同于改旗易帜的邪路,40 年来经过人民和历史实践的持续检验,取得了改革开放的巨大成就,创造了中国奇迹,中国道路、中国经验为全球瞩目,因而为我们的道路自信提供了无与伦比的坚实根据。今天,中国特色社会主义进入新时代,21 世纪马克思主义也与时俱进地发展为习近平新时代中国特色社会主义思想,新时代中国道路需要新思想引领,因此我们要更加坚定理论自信;而新时代中国道路则更需要我们去在坚守本来、不忘初心的前提下更加解放思想地加以大力开拓。

第五,实践是发展的,真理也是发展的,马克思主义是与时俱进的。标准大讨论开辟的改革开放和中国特色社会主义在不同的时段具有变化着的内容和形式,绝不是一成不变的。40 年来,改革和发展方式在实践探索中是不断发生调整变化的。初期的"摸着石头过河"、"走一步看一步"的诉诸感性探索的改革方式,为今天加强科学指导、顶层设计、依法治国、建立国家治理现代化体系等理性方式所取代;早期粗放式发展方式为今天的创新、协调、绿色、开放、共享发展的方式所取代,渐进改革和发展中一切固化的不尽合理的利益结构正在被全面深化改革所破除。新时代社会主要矛盾的变化,为新时代思想和战略决策提出了新要求和新使命。我们既要实事求是地破除老的"两个凡是"僵化观念束缚,也要与时俱进地破除 40 年来渐进改革进程中形成的暂时性、不尽合理的各种观念、制度和体制,站在新时代高度重新梳理和全面总结改革开放 40 年来的实践检验史成果,为更好地走向新的未来服务。

第六，只有服务于时代，马克思主义哲学自身才能得到长足发展。真理标准大讨论不仅在实践上开辟中国道路，而且反推马克思主义哲学自身走向繁荣和发展的新时代。40年来，马克思主义哲学的创新、发展和繁荣前所未有地达到一个历史的高度。表现为从实践检验标准话题拓展开去，进入到对马克思主义哲学本性和理解的各种拓展和深化；进入方法论自觉新境界，形成了教科书改革、原理和体系阐释、马哲史、文本文献学解读、对话、反思问题学、部门哲学、中国化、出场学等研究路径和范式；以翻译研究 MEGA^2 为契机，一大批马克思主义原典的重新出版；国内学界年均数以百计的专著和以万计的研究论文，国外各种马克思主义作家著作的翻译引进，对与马克思主义处于对话状态的非马克思主义西方思潮的评述，对中国道路和中国发展各个方面的深度分析，以及走出国门的各种原创的中国学术论著等，研究硕果累累；雨后春笋般出现的马克思主义哲学研究团队和一大批杰出中青年学者，以及他们所主持的学科、平台、会议和刊物等，构成了中国马克思主义哲学研究繁荣和发展的独特景观。真理标准大讨论以思想变革开启变革时代，同样变革时代更给马克思主义哲学大繁荣大发展注入了强劲活力，使之成为这一伟大时代的伟大思想标志。

一

范式专题

论当代中国的马克思主义哲学原理研究范式的特点

曹典顺

[摘　要] 当代中国马克思主义哲学研究的原理范式与教科书范式，一定意义上是纠缠在一起的，即人们往往认为，没有不包含马克思主义哲学基本原理阐释的教科书范式。事实上，当代中国马克思主义哲学的原理范式，即专门研究和论述马克思主义哲学原理的研究范式，又的确在独立于原理研究范式的范式之外存在。这个独立的研究范式具有一些列独属于自己的研究特点，即隐形的教科书思维、自觉的问题意识和明显的学术逻辑。这些独立而又成为体系的研究特点表明，当代中国马克思主义哲学研究的原理研究范式客观存在。

[关键词] 马克思主义哲学　当代中国马克思主义哲学研究　原理研究范式

相对于马克思主义哲学研究的其他研究范式，马克思主义哲学研究的原理研究范式，因研究内容的差异或不同，很难对其研究特点进行概况和总结。如果不能发现原理研究范式的特点，就不能更好地总结和引导原理研究范式的创新。原理研究范式的特点很难概括的最为根本的原因应该是，原理研究范式的不同时期的研究特点差别较大。所以，我们可以根据原理研究范式的发展和演变，将原理研究范式的特点概括为三个方面，即隐形的教科书思维、自觉的问题意识和明显的学术逻辑。

一、隐形的教科书思维

原理研究范式的研究者，多数又是经历过教科书教学的学者。这就是说，在这些研究者的价值观、人生观和世界观形成的过程中，已经内化了马克思主义哲学教科书的内容。这就意味着，尽管原理研究范式虽然试图解决的是教科书研究范式没有解决或不适合解决的理论问题，但教科书研究范式的积极意蕴的特点深深地影响了原理研究范式的研究者。所以，在原理研究范式的书写过程中，不可避免地带有教科书思维的特征。但由于原理研究范式有着自己的书写方式，这一教科书思维就成为了隐形的特点，即不能遮蔽原理研究范式的其他特征。纵观原理研究范式的研究成果，其隐形的教科书思维特征至少表现为三个方面，即原理表述的通俗化、原理选择的现实化和原理阐释的实践化。

马克思主义哲学要实现其理论的有效传播，离不开哲学原理表述的通俗化。检验马克思主义哲学传播的效果，就是要让广大的人民群众能够了解马克思主义哲学的基本内涵和思想精髓，即要增进人民群众对哲学原理的理解与认同。所以，原理研究范式就应同哲学教科书研究范式一样，其书写原则要追求哲学原理表述的通俗化。在我们看来，哲学原理表述的通俗化至少表现在三个方面。其一，哲学原理中概念数量的精简化。哲学理论体系由诸多哲学概念构成，不仅理论体系庞大、复杂，思维逻辑严密而抽象，哲学概念也繁多且难理解。有机地将哲学概念进行精简、整合，有利于人民群众对马克思主义哲学形成一个整体性的理解。比如，以"实践唯物主义""历史唯物主义"来理解"马克思主义哲学"，以"唯物主义的历史观"来理解"历史唯物主义"，等等。其二，哲学原理语言表述的大众化。只有当哲学原理被理解、把握和运用，才能实现其自身的价值。哲学原理要实现这一过程，就应该在阐释哲学原理时，注重语言表述上的大众化，只有如此，原理才能够被人民群众所接受和掌握。在《哲学通论（修订本）》中，孙正聿将黑格尔关于"花蕾、花朵和果实"的哲学比喻,作了深入浅出的阐释,并以此来揭示哲学的"否定之否定"原理。"这就像花朵否定花蕾,花朵又被果实否定一样,是概念自身处于生生不已的流变之中,并不断地获得愈来愈充实的内容。而这种概念自我否定的辩证运动,正是深刻地展现了人类思想运动的逻辑,哲学发展的逻辑"①。其三,哲学原理运用的表述通俗化。在社会生活中,人民群众总是不自觉地将某些哲学原理作为自身实践的指导思想。因此,为了使更多人民群众正确运用这些原理,哲学原理专著便或多或少地与哲学教科书一样,力求达到对马克思主义哲学原理运用的通俗化阐释。例如,在《论辩证法的思维方式》一书中提到的,辩证法不仅是一种学说,在实际生活运用中,它还是"一种崇高的人生态度和人生境界。真正掌握辩证法理论和思维方式,要有追求高尚精神生活和追求真理的持久热情和顽强毅力,要有超越狭隘功利目的的哲学态度,要有自我教化、灵魂升华的自觉,这也许是掌握比辩证法的更主要的困难"②,这即是将辩证法原理在人们社会、生活中的运用意义——辩证思维方式,通过简明、清晰的表述阐释了出来,有利于人民群众更好地使用该原理指导其实践活动。

"任何真正的哲学都是自己时代的精神上的精华"③,这即是说,哲学思想有其自身的历史背景,来源于当时代,从属于当时代、服务于当时代,所以,原理研究范式选择研究的原理必须要现实化。当代马克思主义哲学研究者,不仅要通过对经典作家的文本文献进行深入、细致的考订研究,更要着眼于现在,思考哲学原理的现实化转变,从而使哲学原理服务于当下时代。因而,为传播马克思主义哲学理论服务的原理研究范式的研究就应该要把握住时代脉搏,在当下时代的语境下,不断创新和发展马克思主义哲学原理。这一特征完全是继承了教科书研究范式的特征。比如,在李秀林等主编的《辩证唯物主义和历史唯物主义原理

---

① 孙正聿:《哲学通论(修订本)》,上海:复旦大学出版社2005年版,第12页。
② 孙利天:《论辩证法的思维方式》,吉林:吉林大学出版社1994年版,第34—35页。
③ 《马克思恩格斯全集》第1卷,北京:人民出版社1995年版,第220页。

（第五版）》（以下简称《原理》第五版）哲学教科书中，编者就在日新月异的国内外发展形势下，注重社会、历史的变化和实践、科学的发展，增加和创新了诸多哲学思想，如："有些观点在经典作家那里有所论述，但又未充分展开、详尽论证，而当代实践和科学的发展又日益突出了这些问题，使之成为迫切需要解答的'热点'问题。对这样一些观点，应以当代实践和科学为基础，深入探讨、充分展开、详尽论证、使之成熟、完善，上升为马克思主义哲学的基本观点。为此，《原理》第五版增加了传统文化与社会现代化、非理性因素在认识中的地位和作用这样一些内容"①。纵观原理研究范式的学术成果，很多马克思主义哲学研究者的研究专著，十分重视现实生活，并根据新的社会实践总结重新阐释相关的马克思主义哲学原理，即重新总结和反思马克思主义哲学的本真意义和阐释马克思主义哲学的当代意蕴。这些研究成果不仅有助于人们对马克思主义哲学原理的深入探索，更有助于丰富和创新马克思主义哲学原理，从而指导我们当下的社会实践。比如，由陈先达等著的《马克思主义基础理论若干重大问题研究》一书中就提到，"对于理论和实践中的种种问题，从马克思主义经典作家的著作中不可能找到现成答案，照抄照搬西方的经济理论不可能得出科学正确的结论，坚持马克思主义的方法，探索和创立与不断变化的现实相适应的新理论，是发展马克思主义经济学的根本途径。本篇各章分别从历史唯物主义方法论、劳动价值论、资本主义劳动过程和剩余价值论、资本积累理论以及社会主义市场经济理论等不同方面，概括地反映国内马克思主义经济学界近年来取得的理论上的新进展"②。这即是说，处在社会历史发展新阶段以及站在当下时代的新高度上，原理研究范式与教科书研究范式一样，都在不断推进马克思主义哲学的哲学原理现实化。

---

① 李秀林、王于、李淮春：《辩证唯物主义和历史唯物主义原理（第五版）》，北京：中国人民大学出版社2004年版，"第五版说明"：第3页。
② 陈先达等：《马克思主义基础理论若干重大问题研究》，北京：经济科学出版社2009年版，"摘要"：第2—3页。

在对哲学原理的阐释上，每个人因理论水平、生活经历、理解能力等方面的差异，使得哲学原理的个体性阐释不尽相同，尽管如此，每一个原理研究范式的研究者都有着共同的特征，即关注现实生活实践，换言之，研究范式的研究者都要将自己关注的哲学原理与现实联系在一起阐释。这种强调实践意义的原理研究范式的特征，可以追溯到教科书研究范式的学术成果中。比如，在《原理》第五版中，编者把实践观作为全书的思想主旨，并以此展开论述，"《原理》第五版又把实践的观点贯穿于辩证唯物主义和历史唯物主义之中。实践的观点是辩证唯物主义和历史唯物主义首要的和基本的观点。从哲学史上看，马克思之所以能发动一场震撼人类思想史的革命，关键就在于，他确立了科学的实践观，并以此为基础正确地解答了人与自然、人与社会的关系问题，从而实现了唯物论和辩证法、唯物主义自然观和历史观的统一。在这个意义上，马克思主义哲学又是实践唯物主义""马克思主义哲学是一个以科学的实践观为基础，唯物论和辩证法、唯物主义自然观和历史观'一体化'的理论体系。力求全面而又科学地阐述实践以及人与世界的关系，系统而又准确地阐释马克思主义哲学的基本观点，是贯穿《原理》第五版的指导原则"①。在原理研究范式的学术成果中，作者大多也采用此种方式对原理进行深刻阐释，以方便读者理解和掌握。例如，在陈先达等著的《马克思主义基础理论若干重大问题研究》一书中的第四篇摘要中提到，"在社会主义的理论和实践中，从分析马克思主义科学社会主义理论在苏俄最初实践而形成的'新经济政策'和'斯大林模式'入手，阐释了马克思主义科学社会主义理论在改革开放后中国的实践中形成的社会主义本质理论、社会主义市场经济理论、'三个代表'重要思想、科学发展观等重大理论，特别对社会主义本质与公平、效率的关系，深入贯彻落实科学发展观，以及民主社会主义与中国特色社会主义的本质区别等

---

① 李秀林、王于、李淮春：《辩证唯物主义和历史唯物主义原理（第五版）》，北京：中国人民大学出版社2004年版，"第五版说明"：第2页。

问题作了深入分析"①。作者们在社会实践基础上，结合中国的特殊国情，深入分析和阐释了科学社会主义理论，使得读者能够更加清楚又深刻地理解科学社会主义理论的本质，从而实现科学社会主义理论对社会建设和实践活动等方面的指导意义。

二、自觉的问题意识

哲学又称反思之学，也就是说，哲学用反思的思维，展现出了智慧的思想。哲学的智慧是多方面的，智慧之一就是它有着深邃的问题意识，即哲学能够不断地促使一切事物和过程，包括它自己，不断地反思自己，这个反思就是问题意识。改革开放以后，中国社会的各行各业充满了建设的热情，马克思主义哲学的研究也不例外，许多的马克思主义哲学研究专家积极投身到马克思主义哲学的研究之中。有的马克思主义哲学研究专家把精力投入到教科书的修改之中，但也有的马克思主义哲学研究专家自觉地反思中国社会主义革命和建设的经验和教训，并从中发现了亟待重新阐释的马克思主义哲学原理。这种自觉的问题意识，就是他们创新的原理研究范式的特征之一。归纳起来，当代中国马克思主义哲学原理研究范式的自觉的问题意识有三大特征，即思想前提的政治感、理论架构的逻辑感和学术研究的责任感。

思想前提是指思想构成自己根据的原则，也就是思想构成自己的逻辑支点，人的任何思想，都蕴含着构成自己的前提，具有普遍性；对思想前提的批判，就是思想的逻辑层次的跃迁②。思想前提具有普遍性，表现在三个方面：其一，任何思想的构成，都有其构成的依据。也就是说，思想的构成总是在某种特定世界观和方法论的指导下进行的。其二，思想的构成也总是遵循一定的思维方法。如，直觉行动思维法、形

---

① 陈先达等：《马克思主义基础理论若干重大问题研究》，北京：经济科学出版社2009年版，"摘要"：第3页。

② 孙正聿：《哲学通论（修订本）》，上海：复旦大学出版社2005年版，第106页。

象思维法、抽象逻辑思维法、辩证思维法等这些思维方法都是思想构成所遵循的一些思维方法。其三，思想前提的普遍性突出地表现为"理论思维的前提性"。恩格斯曾经特别强调，在人的全部思想中，隐含着一个最普遍的、"不自觉的"和"无条件的前提"，这就是思维与存在的统一性，即"我们的主观的思维和客观的世界服从于同样的规律，因而两者在自己的结果中不能互相矛盾，而必须彼此一致，这个事实绝对地统治着我们的整个理论思维，它是我们的理论思维的不自觉的和无条件的前提"①。恩格斯所讲"理论思维的前提"，也就是思想前提。按照恩格斯以上的思想理解，思想前提即是普遍存在的。按照意识形态的思维理解，在人类进入共产主义社会之前，任何思想都具有意识形态性，即具有政治感。换言之，思想前提的政治感就是指，所有的思想观念都要为所坚持的政治理念服务。很显然，任何思想、理论、著作，包括现在研究的马克思主义哲学原理也都有其思想前提的政治感，即思想前提的政治感具有普遍性。任何一种思想都是为自己的政治所服务的，如霍布斯的社会契约的本意是为君主立宪制这一政治所服务的。比如，霍布斯与后来的自然法理论家所认为自然权利可以转化观念不同，他认为，只有国王才能维持秩序，只有国王才能拥有权利，只有国王才能够维持国家的秩序，而他的民众只有服从法律的义务，没有制定法律的权利。再者，当代资产阶级哲学研究的思想前提都是为资本主义国家的政治所服务的，即是为资本主义国家更好地发展而提出的。所以，原理研究范式中的马克思主义哲学原理必然也包含政治感。当代中国马克思主义哲学研究中政治感不同于为资本服务的资产阶级政治感，原理研究范式中的政治感就是坚持马克思主义和坚持共产主义理想，即注重人民群众的利益高于一切。

---

① 《马克思恩格斯选集》第3卷，北京：人民出版社1995年版，第564页。

在阐释和论证任何哲学原理的过程中，为了更好地论证这一原理，学者们都要设计其理论框架，所以理论架构必须具有逻辑感。需要指出的是，理论架构必须具有逻辑感，一定意义上是通过研究者解决现实问题的使命意识体现出来的，即通过使命感体现出来的。原理研究范式也是为了论证原理而设计的理论框架，这个理论框架是为了解决社会主义现代化建设中存在的问题。如马克思主义哲学的价值观原理研究，起初就是为了完成向人民群众解释解决为什么要进行改革开放的历史使命。据此，马克思主义哲学价值观研究的理论架构就是为了解决现实问题，即归根到底是要寻找正确的价值观。价值观作为一种价值导向机制，为人们的思想、行动提供价值坐标，指明目标方向，以此增进社会的认同感，规约人们的行为方式，激发人们的创造原动力。马克思主义哲学价值论思想植根于现实生活世界，它的核心问题在于对社会主义价值的普遍关注，研究其根本目的在于反思现实世界对社会主义核心价值的"遮蔽"，并树立起正确的价值观，对当代人的生存和发展以及价值的实现给予方法论上的指导，以正确的价值标准来判断各项改革与发展举措的成败，这正是马克思哲学价值论所关注的现实意义①。在中国特色社会主义事业建设中，出现了许多新问题，如自然资源日益枯竭、人口不断增长、生态平衡遭到破坏、生态环境日益恶化等方面的问题已经威胁到人类的生存，威胁到中国特色社会主义的发展。要缓解生态危机，摆脱生存困境，就要坚持正确的价值观理论。所以，诸多的原理研究范式要关注这些社会生活实践，比如，在研究生态文明建设时，要关注人与自然的关系，提倡人与自然的和谐。当然，提倡人与自然的和谐，既不是回归早期社会的自然适应人，也不是恢复工业社会的片面强调人适应自然，而应该是人与自然互相适应的辩证统一②。原理研究范式关于价值

---

① 王卫华：《马克思主义哲学价值论的当代意义》，载《唐山职业技术学院学报》2009年第4期，第70页。

② 王卫华：《马克思主义哲学价值论的当代意义》，载《唐山职业技术学院学报》2009年第4期，第70页。

观的深化研究，很好地补充了教科书因篇幅局限不能展开论述价值观的弊端。

如所有的哲学形式一样，马克思主义哲学也具有逻辑性，而且学术逻辑非常严密。正是马克思主义哲学强烈的逻辑性，使得人们可以更好地理解马克思主义哲学，进而用马克思主义哲学来指导社会主义现代化建设。为了保证哲学的逻辑性，原理研究范式的研究者必定要具有学术研究的责任感，因为，责任感是完成其使命的世界观前提。我们认为，学术研究的责任感，就是学术研究的群众路线，即在经济建设、社会建设和文化建设中坚持群众路线。从经济建设的视角理解，人民群众即使在经济上受剥削、政治上受压迫、思想上未觉醒的情况下，他们也是在"静悄悄的劳动"中推进着历史的车轮，[1] 所以，原理研究范式的研究者要把自己的理论与人民群众的实践智慧相统一，即把人民群众的实践智慧概括为相关哲学原理。从社会建设的视角理解，解放生产力，首先是将劳动、劳动者从旧的生产关系束缚中解放出来，社会制度的历史大趋势必然表现为人民群众的某种自发或自觉的需要，这种需要正是社会发展客观趋势的主观表现，[2] 所以，原理研究范式的研究者要注意概括何为社会发展的客观趋势，以便为中国特色社会主义建设找到现实道路。从文化建设的视角看，一切精神财富的最初源泉，存在于人民群众的生活、实践之中，[3] 所以，原理研究范式的研究者要深入社会主义建设的实践，并将其实践成就提升为"中国价值"。总之，学术研究的责任感就是为中国特色的社会主义现代化建设所服务。

---

[1] 肖前、黄楠森、陈晏清：《马克思主义哲学原理》，北京：中国人民大学出版社2005年版，第320页。

[2] 肖前、黄楠森、陈晏清：《马克思主义哲学原理》，北京：中国人民大学出版社2005年版，第322页。

[3] 肖前、黄楠森、陈晏清：《马克思主义哲学原理》，北京：中国人民大学出版社2005年版，第320页。

三、明显的学术逻辑

西方学者 M.吕贝尔从马克思的学习、工作、家庭、著作和思想等要素研究马克思，并命名为"马克思学"。吕贝尔的这一研究我们称之为学术研究，即从学术逻辑的视角研究马克思，包括马克思的哲学。当代中国的学者们，尤其是马克思主义哲学界的学者们，像吕贝尔一样，也在从事着马克思主义哲学的学术性研究。从一定意义上理解，马克思主义哲学研究的原理研究范式就是学术性研究，即该研究具有明显的学术逻辑。从当下原理研究范式的实际状况看，当代中国马克思主义哲学原理研究范式的明显学术逻辑有三大表现，即原理前提本体化、原理根据终极化和原理论证辩证化。

本体是关于存在的一般理论，是探究存在本质的哲学问题，本体思维是少数人运用理智直觉才能把握的对象，是哲学思维区别于经验常识的根本性标志。本体不是人们利用感官所观察到的事物本身，而是作为事物存在基础的超验的存在，即关于存在之所以存在的学说。本体问题是哲学中的根本问题，是任何哲学都不能逃避的问题，本体问题构成了马克思主义哲学基本原理体系的前提，对本体问题的研究就是对马克思主义哲学原理的前提研究，通常而言，本体问题常常与世界的本质问题挂钩，其实，本体问题不仅仅局限于世界的本质问题，它还涉及认识领域、实践领域和生活领域等许多方面的种种问题。概括地讲，"马克思的哲学思想包含着深刻的本体论意蕴：他的实践哲学是迄今为止最自觉地体现人自由和超越本性的哲学，是人之存在的本质性文化精神的自觉展现；他的哲学通过对现代哲学的深刻影响，在超越以过去为定向的、还原式的、决定论的传统本体论范式和确立以未来为定向的、开放式的、生成论的本体论范式的哲学转折中起到了决定性的作用。这也正是我们坚持实践哲学的本体论意义的根本所在"①。根据该理解,马克思主义哲学原理从实践本体原则出发,具有人的活动特性的实践是马克思主义哲学原理的本体原则,这加深了对马克思主义哲学原理的创新性理解。马克思主义哲学原理研究范式从原理的本体前提出发,对原理本体前提的差异性理解,促进了原理研究的进步与发展,换句话说,对马克思主义哲学"本体"前提的不同理解和阐述,构成了马克思主义哲学原理研究的不同理论框架。例如,在肖前、李淮春、杨耕主编的《实践唯物主义研究》一书中,编者从实践的本体前提出发,将实践的观点贯穿于本书的每一章节中,第一章是"马克思主义哲学是实践唯物主义",第二章是"实践唯物主义是现代唯物主义",第三章是"马克思主义哲学体系的新构想",等等,这一实践的本体化前提使这一原理研究带有了浓厚的实践意蕴。此外,还有专门论述马克思主义哲学原理的本体问题的著作,如赵剑英、俞吾金主编的《马克思的本体论思想》一书,此书收集了诸多哲学家对马克思主义哲学原理前提本体化研究的理论成果,充分体现了"原理范式"的前提本体化研究。由上可知,本体是隐藏于现实存在物之后的抽象存在,是人类思想对世界存在本源的终极追求,是对哲学的根本前提的追问,马克思主义哲学是建立在实践生活基础上的哲学,对马克思主义哲学原理前提本体化的理解应该从人类的实践活动出发,即应该从"人的活动"出发去探寻马克思主义哲学的本体化前提,在实践发展中不断发展与完善原理前提本体化。

任何理论的建构都具有自身的原理根据,都遵循自身的学术逻辑体系,马克思主义哲学原理也不例外,马克思主义哲学原理的根据是终极化思想,这种终极化思想不是各个时代背景下具体的、静止的某种观点,而是立足于现在、展望于未来的对人类的终极关怀。马克思主义哲学原理根据的终极化基于人性的终极追求,即哲学家们在一定实践水平条件下对终极存在的不懈追问,进而实现对实践活动中的人类的终极关

---

① 衣俊卿:《重建马克思主义哲学的本体论》,载《求是学刊》1988年第4期,第4页。

怀。这种终极追求表面上是对世界统一性的终极追求,即对具有规定性存在的终极解释的追求,但根本上看来,这种终极追寻是对人类自身意义与价值的终极寻求。简单地讲,哲学既追求与事实相符合的真,也追寻人的行为合理性的善,"哲学对'真'的寻求,并不仅仅是为了某些'普遍必然性'的知识,从而对世界上千差万别、千变万化的事物作出理论解释;哲学对'真'的寻求,更重要的是为了获得规范人的思想与行为的'根据''标准'和'尺度',从而奠定人类自身在世界中的'安身立命之本'或'最高的支撑点'。因此,在哲学的意义上,对'真'的寻求,深层的是对'善'——人自身的幸福与发展——的寻求"①。原理根据终极化就是在真与善的基础上达成二者的和谐统一,即达成对人类生存的总体性、精神性和动态性的关怀。这种终极关怀建立在实践基础上,并时刻将人类生存作为最根本的问题,是对人生前途、民族命运以及人类历史走向的追问,指导人们在认识世界与改造世界的过程中,找到人类最根本的生存目标,找到人类安身立命的根据,以解决人类的生存命运问题。人类根本区别于动物,动物只是消极被动地适应环境的变化,而人类却可以发挥主观能动性,实现对现实的超越,即透过事物现象抓住事物的本质。对人类来说,比起物质性需求,人类更加注重自身的精神需求,即更加注重对人类存在意义的终极性追求。就马克思主义哲学原理范式的终极性根据而言,"'原理范式'是一种从'中国道路'所关涉的'终极价值'出发来实现对马克思主义哲学'原理'的反思性理解,'终极价值'即为马克思主义哲学反思的'存在意义','存在意义'的'当代意蕴'仍然是'自由',但其更为强调'自由'的可操作性"②。由此理解,自由成为当下时代最根本的存在意义和终极价值追求,当然这种自由并不是飘浮于空中的自由,而是建立在现实生活基础上的、可操作性的、可以实现的自由。总之,原理根据终极

---

① 孙正聿:《哲学通论》,上海:复旦大学出版社2014年版,第171—172页。
② 任平、曹典顺、李惠斌:《当代中国马克思主义哲学研究(2013)》,北京:中央编译出版社2013年版,第31页。

化是存在论与价值论的统一,深层上看,原理最根本的终极化根据是对人类生存活动的关怀,原理根据终极化应该源于现实生活世界,脱离或过分重视现实生活世界都是不可取的,因为脱离现实生活将导致终极追求的空洞化,过分强调现实存在则可能造成原理的庸俗化,对原理根据终极化的追寻不是静止的、一成不变的,而是随着实践发展不断深入与发展的。

所谓辩证,简单地说就是用一分为二的观点看事情,既自我肯定又自我否定,即对事物肯定性的理解过程中包含着对事物的否定性理解。辩证法不崇拜任何东西,它在本质上是批判的、革命性,联系与发展的观点是唯物辩证法的总特征,唯物辩证法的实质与核心是矛盾的观点。所谓论证辩证化,就是利用唯物辩证法的基本观点来论证文章的论点,原理论证辩证化就是运用辩证思维方式,采用辩证法的基本观点论证马克思主义哲学原理的合理性,即运用联系的、发展的、矛盾的唯物辩证法观点论证原理的合理性。马克思主义哲学作为辩证唯物主义哲学,其辩证法思想贯穿于原理论证的始终,原理论证辩证化主要体现在两方面,一方面,原理基本概念论证的辩证化。以"真理"这一基本原理概念为例,真理是认识中与客观实际相符的内容,真理具有绝对性特点,即真理是与谬误有根本的区别界限,是客观的、绝对的。但是,由于受事物发展情况、社会实践水平以及个人经验思维的影响,一定社会背景下产生的真理也具有相对性特点,即真理的认识只是对世界一个部分的真实反映,或者是对事物某一方面、某一程度的真实反映,这种真理有待进一步的扩展与深化,具有相对性特点。真理是相对性与绝对性的统一,真理是由相对真理向绝对真理不断发展的过程,真理的相对性和绝对性是相互渗透、相互转换的辩证统一关系,即绝对真理在一定条件下会变成相对真理,相对真理在一定条件下也是绝对真理。真理这一原理基本概念的论述反映了原理论证的辩证化。另一方面,原理中基本关系论证的辩证化。在马克思主义哲学中,量变和质变的关系是原理众多关系之一,原理对这一关系的论证也带有辩证化色彩。具体来讲,量变和质变是事物变化的两种状态,量变是指事物数量的增减和场所的变更,是不显著的变化,质变则是根本性质的变化,是事物由一种质态向另一种质态的飞跃,是显著的变化。量变和质变既存在区别又具有联系,量变根本不同于质变,但量变是质变的必要准备,质变在自身的基础上又引起新的量变,如此循环往复、不断交替,构成了事物永恒发展的过程,简单地讲,"质变和量变的关系是辩证的,它们的辩证关系可以简要地概括为:量变是质变的必要准备,质变是量变的必然结果,质变引起新的量变,为新的量变开辟道路"①。总之,马克思主义哲学原理带有明显的原理论证辩证性,即运用辩证法的基本观点来论证马克思主义哲学基本原理,运用联系、发展、矛盾的观点来辩证地论证原理观点,拒斥运用孤立的、静止的、绝对的形而上学的观点来论证马克思主义哲学基本原理,这一原理论证的辩证性体现了明显的学术逻辑,构建了马克思主义哲学原理的基本学术逻辑体系。

(作者曹典顺系江苏师范大学哲学范式研究院院长、教授;主要研究方向:哲学基础理论、社会哲学、马克思主义文本文献学。)

---

① 肖前、李秀林、汪永祥:《辩证唯物主义原理》,北京:人民出版社1981年版,第177页。

中国马克思本体论哲学建构的历程与趋势

——一个专题史的考察

冯建华

[摘　要] 在中国马克思主义哲学史发展过程中，各种本体论哲学形态的转换是其主要脉络，本体论视域是一个突出的建构视域。在本体论哲学建构过程中，经历了改革开放之前的传统物质本体论形态、本体论弱化形态的实践唯物主义、发展形态的主体性实践本体论、转换形态的生存论实践本体论。各本体论哲学形态都一定程度上反映了当时时代发展的现实需要，但同时也存在着各自的理论问题，这些问题是本体论视域本身一般缺陷的表现。立足于新时代中国道路的新实践，马克思主义哲学必然是当代中国的历史唯物主义，这一历史唯物主义将会走向后本体论的建构视域，这一趋势具有马克思本人的文本依据、理论依据，也真正适应了新时代中国现代化道路的现实。

[关键词] 本体论哲学建构　本体论视域　后本体论视域

中国马克思主义哲学史范式研究既包括通史类型的研究，也包括断代史和专题史、重要人物思想的研究类型，通史研究固然是主导类型，占据核心地位，但也不能取代其他类型的研究。自20世纪90年代末以来，在我国马哲史范式研究中，专题史研究是其主要呈现方式，占据重要地位。在专题史研究中，本体论哲学建构历程是一个引人注目的专题；在70余年中国马克思主义哲学发展历程中，本体论视域及不同本体论哲学形态中一直占有突出地位，它甚至一度支配着整个中国马哲史研究的面貌，因此深入研究中国马克思本体论哲学建构的形态转换、内在逻辑、发展趋势，对揭示中国马哲史发展和创新具有重要意义。

一、最初的本体论形态：改革开放之前建构的物质本体论

在改革开放之前的近 30 年时间里，中国马克思主义哲学建构的是辩证唯物主义和历史唯物主义理论形态，采取的是教科书体系形式，这一体系源自于苏联 20 世纪 30 年代以后形成的理论形态，基本沿袭苏联的教科书模式。这一体系认为马克思哲学革命之处在于实现了唯物主义和辩证法的统一，唯物主义自然观和历史观的统一，因而历史唯物主义是辩证唯物主义的推广应用的产物。这一理论体系基本采取板块式结构，包括世界观、辩证法、认识论、历史观四大板块内容。在这一体系和结构中，"世界统一于物质原理"作为世界观，是这一理论体系的第一原理，具有逻辑和时间上的在先性，占据最高位置，所有的理论内容（包括认识论、辩证法、历史观）都是由这一物质本体论推论出来的，其地位和古代作为第一哲学的本体论、18 世纪法国唯物主义的自然本体论是一致的，因而就这一理论体系的实质而言，它是一种本体论哲学，即物质本体论哲学形态。这一体系的文本依据来源于恩格斯的《反杜林论》和《费尔巴哈论》，列宁的《唯物主义和经验批判主义》、斯大林主持下的苏联马克思主义哲学教科书。

这一本体论的现实根据是传统的计划经济体制和实践，因为既然物质本原是第一性的，不以人的意志为转移的，个人必须服从；那么，这一本体在历史中则体现为历史规律，在当时的历史条件中就体现为计划经济。具体来讲，计划经济体制中的"计划"拥有和自然观中的物质本体一样的效力，它是客观的、神圣的、不以人的意志为转移的，个人只能服从、听命，而无法支配。历史地看，这一理论形态有效满足了计划

经济体制对哲学理论的需要,在中华人民共和国成立初期和计划经济运行的初期,它有利于整个社会集中统一领导,能够集中资源和各种经济要素,尽快医治战争创伤,更好地进行工业积累,在一个农业社会的贫困状况下,快速建立起现代化所需的工业基础和初步的工业体系。但是,随着社会现代化进程的进一步推进,其弊端逐渐显现出来,这一体制过于僵化、缺乏灵活性,尤其是劳动主体的积极性和创造性难以被真正调动和激发出来,在20世纪70年代以后逐渐失去了活力,因而已经基本不适应生产力发展的要求了。

从理论上讲,这一本体论形态虽然有一定的经典作家的依据,但是存在着重大理论逻辑缺陷。其一,抽象性和非主体性。虽然在表面上这一理论不否定人的能动性,但实际上人是一个受外在物摆布的客体和附庸,世界、历史本质上是一个无人的世界和历史。其二,缺乏马克思本人文本的直接支撑。其文本依据主要是恩格斯、列宁、斯大林,这一做法的合法性值得怀疑。其三,体系本身的机械性。历史唯物主义只是推广应用的产物,不是马克思主义哲学的核心,实践的作用也仅仅局限于认识论,理论地位大为降低,带有明显的机械性。其四,导致教条主义的现实后果。过去马克思主义哲学研究中,教条主义盛行,自由探索的理论精神缺失,马克思主义哲学沦为"原理+论证+事例"的僵化教条,窒息了马克思主义哲学发展、创新的内在生命力。

二、本体论的弱化形态:改革开放初期认识论视域中的实践唯物主义

"文革"结束后,由于拨乱反正的需要,1978年全国开始了"实践是检验真理唯一标准"的大讨论,这一讨论在当时打破了"两个凡是"教条主义的束缚,恢复了马克思主义哲学的实践性品格,党的思想路线也再次恢复到强调实事求是的基点上。真理标准大讨论的意义溢出了马克思主义哲学,影响到各个理论领域,成为撬动中国改革开

放现代化建设的第一杠杆，中国特色社会主义建设由此进入了崭新阶段。从马克思主义哲学自身的发展来看，这一讨论的直接理论成果是在认识论上拨乱反正、全面恢复了实践在认识论中的决定作用，清除了认识论中的教条主义、主观主义影响；更为重要的是，其历史意义更超出了认识论，拉开了对传统教科书理论体系反思的大幕，动摇了传统教科书体系作为唯一的马克思主义哲学形态的形象，开启了中国马克思主义哲学理论创新的道路，所有的理论形态建构都是立足于新的实践、围绕实践观建构这一轴心而展开，迎来了马克思主义哲学创新发展的繁荣局面，持续至今。

从马克思主义哲学理论内部来看，当时的实践观和哲学形态建构主要是在认识论视域里进行，它在认识论视域中进一步提升实践的地位，扩大实践的理论作用，逐渐形成了实践唯物主义理论形态，这一新的建构立足于三大基础：一是直接借鉴西方马克思主义的理论资源；二是深入马克思主义哲学文本，重新寻找马克思的文本依据；三是立足于中国商品经济发展的新实践。从表层上看，实践唯物主义理论形态的建构直接借鉴了西方马克思主义，实践唯物主义一直是西方马克思主义的主导理论形态，并且与苏联的教科书体系相对立，只不过我们过去一直对其持批判态度，而直到20世纪80年代才将其作为马克思主义哲学的本质。但是从深层理解，这一理论形态并不是简单照搬西方马克思主义，而是植根于中国商品经济的新实践、奔向市场经济的时代趋向，以及对马克思主义文本更深入的解读。在传统的计划经济体制中，活动主体是带有强烈的依附性、等级身份性，这种依附性人格屈从于外在自然力、人群共同体之中，基本属于前现代的传统人格，物质本体论的理论形态基本适应的这样的现实。商品经济、市场经济则要求一种截然不同的自主性、独立性主体人格，这样才能具备明确的权利和利益意识、契约意识，发挥出理性精神，这样才能激发市场活力，有效建立起理性的市场秩序。实践就是这样一种人的主体的存在，以弘扬主体性原则为核心的实践观建构，以及实践唯物主义理论形态反对依附性人格，反对非理性的个人崇拜，凸显理性精神，积极推动主体从传统人格向现代人格的转型，因而它适应了商品经济和市场经济发展的时代要求，必然取代传统物质本体论的理论形态。在文本依据方面，这一理解开始重视马克思《关于费尔巴哈的提纲》（以下简称《提纲》）、《德意志意识形态》（以下简称《形态》）等马克思早期文本中的实践思想，以此作为理解马克思新唯物主义本质的根基，弱化了基于恩格斯、列宁文本的阐释路线（传统教科书体系的文本依据是恩格斯的《反杜林论》和《费尔巴哈论》、列宁的《唯物主义和经验批判主义》）。实践唯物主义的理论建构直接继承了"真理标准大讨论"的积极成果，其基本精神得到了进一步发展，在实践观建构方面，较之传统理论，虽然实践的内涵没有变化，但其地位和作用发生改变，它不再仅仅是沟通认识主客体之间的中介桥梁和检验认识真理性的标准，实践的作用扩展到世界观、历史观，甚至辩证法，实践成为马克思主义哲学的本质、根本的出发点和解释原则。

三、本体论的发展形态：顺应市场经济初期发展的主体性实践本体论

认识论视域中的实践唯物主义理论虽然弱化了物质本体论，主体性实践的地位和作用得到较大程度的突出和加强，但是这一加强仍然受到限制，这一理论并没有把实践的作用贯彻在马克思主义哲学的各领域，更没有动摇物质本体论这一理论前提，实践本身没有上升到本体论层面，因而不具有本体论意义上的第一性、统一性、本源性。而随着理论反思的深入以及改革开放实践的深入进行，仅仅在认识论领域建构实践观已经不能满足理论和实践的新需要，马哲理论界开始对实践观、马克思主义哲学理论形态进行新建构。这一建构的思路是进一步强调和提升实践观的理论地位，认为实践不仅是马克思主义哲学的本质、根本的出发点和解释原则，同时还是一种本体论，"把实践引进了本体论，并把

它提升到世界本原的行列中去（这是马克思在哲学领域中实现的革命变革的实质）"①。这样 20 世纪 80 年代末正式提出了实践本体论（由于实践被理解为主体性实践，主体性原则是其核心，笔者称之为"主体性实践本体论"），由此实践观建构就从认识论视域转换到了本体论视域，使本体论重新成为马克思主义哲学建构的主导视域，影响到以后其他形态的实践本体论，而实践唯物主义的理论形态则成为从认识论视域向本体论视域转换的一个过渡形态。主体性实践本体论直接挑战了传统的辩证唯物主义理论形态，虽然辩证唯物主义理论形态也有其本体论视域，即物质本体论，但是实践本体论与其根本不同：实践范畴在物质本体论中不具有本体论地位，它只是物质本体论在认识论领域中的体现，实践的作用只能局限于认识论；而实践观建构转换到本体论视域后，实践直接具有本体论意义，它首先是人的本体性存在方式，然后才是检验认识论真理性的标准、人的历史性存在方式，实践的侧重点是基于市场经济的人的主体性实践存在，实践地位空前提高，而物质范畴或者只是与其并列的本体论范畴，或者不具有本体论意义。主体性实践本体论本质精神和基本内容直接来自于实践唯物主义，只不过更加彻底地强调实践的主体性地位，使之成为本体性存在，因此它同样继承了真理标准大讨论中理论思维严密性特点，注重哲学逻辑的彻底性、结构的完整性，不同之处是变革了本体论理论前提，弱化甚至取消了非人的物质本体论，是马克思主义哲学建构的新形态，它自觉充当启蒙先锋，批判了传统教科书理论体系的前现代性质，彰显了现代性的时代精神。

主体性实践本体论反映了市场经济初期的现实需要，市场经济确立后，一方面带来巨大成就，国力增强、国际化水平持续提高。另一方面也带来了严重的现实问题，过度的主体性导致片面的人类中心主义，人与自然之间冲突加剧；激烈的市场竞争、片面的主体性使人与人之间因利益冲突而隔膜，道德滑坡，社会风气恶化，出现普遍的意义迷茫、意

---

① 徐崇温：《论马克思的实践唯物主义》，载《光明日报》1988 年 4 月 18 日。

义危机。这一本体论也存在着诸多理论缺陷：主客二分、二元对立的思维方式，导致片面的主体性、人类中心主义；它对本体论进行了泛化理解，认为存在着物质和实践双重本体，失去了本体论作为终极存在、终极原因、终极统一性的原始含义，实际等于取消了本体论，在理论逻辑上不彻底、难以成立；作为一种新的知识论，通过建构具有终极作用的实践观来完成更加严密、系统的知识体系，人的生命意义被忽视，"知识主体性"压制了人的"价值主体性"。

四、本体论的转化形态：世纪之交建构的生存论实践本体论形态

由于理论和现实缺陷的凸显，主体性实践本体论逐渐在20世纪末衰落下去，为了解决它存在的诸多弊端，生存论实践本体论取代之而出场，这一新的本体论建构具有诸多理论和现实基础：如前所述，其现实基础是中国市场经济初期暴露出来的问题，其理论基础则是对市场经济的理论反思和建设性批评，其直接理论形态则借鉴了西方后现代主义哲学视野，典型代表是"以海解马"思潮的出现，"这种方式开始于海德格尔的思考……本体论就是人文精神、哲学境界或终极关怀。确立生活世界的理想理应先于科学知识，因为追寻理想是人超越自身的重要前提条件。"① 其实践观建构的特点是：反对将实践作为知识论哲学的终极存在者，而是将其理解为生存论的终极生命意义，实践的含义是立足于本真的生命意义基础上的在世存在活动，这一活动不再是作为认识的源泉，更不是检验真理性认识的标准，而是一种人与世界源初不分、作为境界的终极意义，它只能作为可能性而存在、通过非理性的领会和筹划才能呈现，马克思所说的共产主义就是这种终极可能性的实践境界、终

---

① 臧峰宇：《本体论的历史形态与当代视界》，载《理论与现代化》2012年第1期。吴晓明、王德峰：《马克思的哲学革命及其当代意义：存在论新境遇的开启》，北京：人民出版社2002年版，第186页。

极意义;建立在实践基础上的知识成果,是一种现成的存在者,是对终极存在意义的遗忘、遮蔽,科学理论以及由它带来的技术都是世界的异化存在者;这一实践观包含的辩证结构不再是主客体之间的对立与统一,而是本真存在与非本真存在的矛盾,即一方面领悟着本真的存在意义,另一方面又沉沦于世,遮蔽和遗忘终极意义,使自己和事物都变成现成存在者,处于对立、冲突之中;在真理观上,真理不再是认识主体与对象的符合一致,而是本体论意义上的"去弊""无弊",即人的本真意义的呈现、澄明。建立在这一实践观基础上的实践生存论本体论则"要求自身达于前概念的、前逻辑的和前反思的世界"[1],它反对将马克思哲学理解为知识论路向,反对将马克思哲学限制在传统的理性本体论、认识论、主客二分思维方式、逻辑范畴的表达方式之中。它抛弃了传统教科书中的本体论、认识论内容,对辩证法、历史观进行了意义论、价值论重写,其批判的现实对象是当下社会的商品、货币、资本等物化的存在者,沉沦和异化的存在方式。它认为传统的本体论(唯物主义、唯心主义)和形而上学不是真正的终极存在,而是异化的终极存在者,科学知识、技术、物化世界作为存在者,都植根于这一终极存在者,它是导致现实异化、冲突的元凶,只有对其彻底批判,才能克服存在的遗忘,实现人与世界统一。

生存论实践本体论批判了市场经济、现代化过程中存在的弊端和问题,消除了主体性实践本体论的盲目乐观态度,能够使人对当下人沉沦、异化的生存状态保持警醒,唤起人们对终极意义、人与世界统一状态的向往,这对于矫正市场经济初期带来的意义丧失、人与世界的分裂和对立,具有一定的现实意义。

在中国马克思主义哲学理论形态建构过程中,过去的本体论形态(不管是物质本体论,还是主体性实践本体论)虽然某些结论不同,但

---

[1] 吴晓明、王德峰:《马克思的哲学革命及其当代意义:存在论新境遇的开启》,北京:人民出版社2002年版,第186页。

基本的论证方式、理论形式、话语方式都是一致的，但是实践生存论本体论则根本颠覆了这些基本面貌：由存在者转向了存在，由是什么的存在转向了如何存在、存在方式，由关于实践的知识转向了实践怎样存在，由建构实践为中心的理论体系转向追求、提升可能性的生命意义、生命境界，由传统理论哲学转向了现代实践哲学，彻底打破了原来四大板块不同组合的体系结构。因而生存论实践本体论形态与过去的本体论发生了根本变化，改变了传统本体论哲学形态的面貌，是中国马克思主义本体论哲学的转化形态。

实践生存论本体论作为一种现代本体论，虽然它克服了传统实体性理性本体论的一些弊端，对于矫正市场经济初期带来的意义丧失、人与世界的分裂和对立，具有一定的现实意义。但另外它也必然带有本体论的内在缺陷：它对现代性的缺陷、对中国市场经济初期问题批判的基础和前提是非现实的、虚幻的，是一种主观构想出来的、先验的可能性，这种可能性存在于个体领悟之中，是面向未来终极意义的理想，这种终极意义、终极理想难以落实于现实。就其实质来说，生存论实践本体论是将马克思哲学后现代主义化，其对应的现实基础是西方后工业社会的发展道路，认为中国应该跳过现代性发展道路。笔者认为盲目照搬后现代主义哲学、后工业社会发展道路脱离了中国的实际，对于中国来说，后工业社会还不是一个真切的现实，当下的中国社会仍然处于新时代中国特色社会主义现代化建设中，其基本性质仍然是现代性，而非对现代性的完全超越，对现代性不合理方面的批判必须回到对合理现代性的建构。因此，生存论实践本体论过度夸大了市场经济、资本带来的问题与弊端，无法解释中国道路取得的现实成就，也不能真正解决现实中的问题，因而这一本体论在21世纪开始不久就逐渐衰落而退场。

五、本体论视域的总体缺陷与对马克思本人思想的深入追问

本体论的基本内涵是"追寻作为'世界统一性'的终极存在；反思作为'知识统一性'的终极解释；体认作为'意义同一性'的终极价值"①。本体论应该翻译成"存在论"，它"泛指一切有关存在的哲学研究，是这种类型或这一领域哲学的一个总名称，一个属概念"，包括传统本体论和现代存在论②；不管是终极实体、终极存在者的"传统本体论"，还是终极意义、终极存在方式的"现代存在论"，其研究对象都是希腊文的 ont，或英文中的 to be、being、beings，虽然在思想史上，本体论只是形而上学的中心和第一部分，但是就其实质而言，形而上学"在历史上与'本体论'同义……应当成为存在论的同义语"③，因而本体论、存在论、形而上学三个术语的根本含义是一致的。

本体论思维方式、各种本体论哲学形态，在哲学史上曾经产生过积极意义，它对于理论科学起到奠基和推动作用，使得自然科学得以在西方产生、发展、繁荣，或者对现实的矛盾进行一定的批判，对于人类未来进行理想憧憬。但是本体论总体视域存在着一系列无法克服的内在缺陷：从一般的、绝对原则出发，推出特定时代、民族的发展道路。虽然它们也一定程度上反映了现实的内容和要求，但是这一反映是间接的，其直接的逻辑起点、解释原则依赖于本体论前提——脱离现实内容的终极存在、终极理想，本质上是超历史的、非具体的抽象哲学原则，而具体的历史内容是第二位的，是由这些永恒原则推论而来的，必须服从于非历史的本体论基础，因而带有理想主义、教条主义的色彩，这必然会

---

① 孙正聿：《哲学通论》，上海：复旦大学出版社2005年版，第146页。
② 杨学功：《传统本体论哲学批判》，北京：人民出版社2011年版，第101页。
③ 杨学功：《传统本体论哲学批判》，北京：人民出版社2011年版，第101页。

陷入某种理论和现实困境，不可能真正、全面表现出历史性、具体性、时代性的本质内容，而不能真正立足于中国特定发展阶段的现实、真正找到属于中国的发展道路，因此一般本体论视域在马克思主义哲学形态建构中也将衰落和退场。

从思想史来看，在本体论视域内建构的各种马克思主义哲学理论形态，并不是马克思本人的直接结论，而是后来学者们根据自己国家时代发展的一定要求而进行的建构。深入追问马克思本人的思想，可以发现马克思本人只是在早期不成熟阶段中使用并肯定本体论术语（直接使用的情况也很少），如在《博士论文》中，马克思站在黑格尔理念论、自我意识本体论立场上，提到"当我们思考存在的时候，什么存在是直接的呢？自我意识"①，并批判神灵存在的"本体论证明"；在《1844年经济学哲学手稿》中，站在费尔巴哈人本学立场上，马克思肯定过"人的感觉、激情等等不仅是在［狭隘］意义上的人类学的规定而且是真正本体论的本质（自然）肯定"②。但是当马克思在1845年完成哲学革命、建立历史唯物主义哲学之后，再也没有肯定过本体论及其表现，马克思在《提纲》中明确将自己的哲学称作"新唯物主义"，这一新唯物主义内涵就是"把感性理解为实践的唯物主义"，在《德意志意识形态》中，马克思又继续称之为唯一的"历史科学"（自然界、自然史包含在历史科学之中，只能从历史中理解自然界）、"实践的唯物主义"，其哲学基础是实践、"人们的存在""现实生活过程"、历史存在，它构成了"人类历史发展""我们周围的感性世界"，笔者基本赞成俞吾金、王金福等先生的理解，将马克思主义哲学本质理解为广义历史唯物主义，"它不只是一种唯物主义的社会历史观，而是包括物质本体论、自然观、认识

---

① 《马克思恩格斯全集》第1卷，北京：人民出版社1995年版，第101页。
② 《马克思恩格斯全集》第42卷，北京：人民出版社1979年版，第150页。王金福：《"广义历史唯物主义""狭义历史唯物主义"概念的规定及其与马克思主义哲学的关系》，载《南京社会科学》2000年第6期。

论、历史观在内的整个马克思主义哲学"①，当然笔者不赞成其中的物质本体论部分，而赞成俞吾金先生的观点，即辩证唯物主义"必须成为历史唯物主义（广义的）的同名词。在这个意义上，辩证唯物主义就是历史唯物主义（广义的）"②。在马克思广义历史唯物主义哲学中，"存在"绝不是脱离具体实践的终极存在、终极知识、终极意义，而是历史性实践和现实生活，共产主义只是作为现实历史运动的结果，而非预设出来的、作为终极存在的逻辑起点。广义历史唯物主义的批判对象是从"哲学基地"、终极哲学原则出发去看待现实生活的思辨哲学、意识形态（笔者认为这正是一切本体论哲学形态的基本做法）；其基本原则是"从物质实践出发去解释观念的形成"，"从当时的现实生活关系中引出它的天国形式……这种方法是唯一的唯物主义的方法"③；它是"从对人类历史发展的考察中抽象出来的最一般的结果的概括。这些抽象本身离开了现实的历史就没有任何价值"④，其基本特征是现实性、具体性、历史性、主体性。广义历史唯物主义中的社会历史观就是狭义历史唯物主义，它就是马克思唯一的"历史科学"中所说的"人类史"，即通常意义上的唯物史观，它一方面是作为基本原理，另一方面又是研究特定民族、特定阶段历史发展的方法论，它不会将已形成的唯物史观内容僵化为不变的教条，而是以此为方法论去具体研究和分析各个时代、各个民族的现实情况，指导其形成具体的发展道路，形成历史唯物主义的不同出场形态。正因为如此，马克思并不是仅停留于说明整个历史的一般运动规律，而是具体研究他所在的资本主义特定历史阶段的规律，形成了这一特定历史阶段出场形态——资本逻辑批判的出场形态。各种本体论

---

① 王金福：《"广义历史唯物主义""狭义历史唯物主义"概念的规定及其与马克思主义哲学的关系》，载《南京社会科学》2000年第6期。
② 俞吾金：《论两种不同的历史唯物主义概念》，载《中国社会科学》1995年第6期。
③ 马克思：《资本论》第1卷，北京：人民出版社1975年版，第410页。
④ 《马克思恩格斯选集》第1卷，北京：人民出版社1995年版，第73—74页。

形态则是从一般的、绝对原则出发，推出特定时代、民族的发展道路，马克思对此一直坚决批判，晚年马克思还着重批判了体现本体论视域的"历史哲学"，并把《资本论》阐发的人类历史发展道路的规律看作是仅限于西欧资本主义起源的历史概述，如果"彻底变成一般发展道路的历史哲学理论……也会给我过多的侮辱"，"使用一般历史哲学这一把万能钥匙……的最大长处就在于它是超历史的"。①

六、后本体论的发展趋势：新时代中国历史唯物主义新形态

在近十年左右的时间中，更多的学者提出要回归历史唯物主义的理论根基，凸显广义历史唯物主义的本质精神，建构当代中国历史唯物主义新的出场形态，这就必须"走出纯形而上学的马克思哲学建构，这是马克思哲学当代理解的理论与历史的起点"②，笔者认为这标志着当代中国马克思主义哲学正在摆脱本体论视域，走向后本体论的视域。后本体论视域中的广义历史唯物主义新形态就不再是传统物质本体论统摄下的狭义历史唯物主义，也不是认识论为中心视域的实践唯物主义以及本体论视域中的实践本体论。

这一发展趋势的原因一方面是由于本体论视域的马克思主义哲学形态建构已充分暴露出其视域缺陷，另一方面在于其马克思文本的依据更强，更加符合马克思哲学的本质精神，体现出其广义历史唯物主义哲学的要求。这一转换的根本原因则仍然是基于当下中国发展现实的时代要求。21世纪之初，中国开始深入总结反思以往发展的经验和教训，不再简单照搬西方经典现代化模式、后现代发展模式，而是强调自身现代化

---

① 《马克思恩格斯文集》第3卷，北京：人民出版社2009年版，第466—467页。
② 仰海峰：《走出形而上学：马克思哲学当代理解的理论起点》，载《学习与探索》2004年第5期。

道路的特殊性、民族性、历史阶段性，探索和开拓出中国特色社会主义道路的新阶段，初步形成"北京共识"，明确区别于代表西方发展道路的"华盛顿共识"。沿着这一发展道路，中国社会主义现代化建设取得了举世瞩目的新成就，社会主义现代化强国的目标、民族复兴的图景真实呈现。因此，聚焦当代"中国道路"、面向"中国问题"、总结"中国经验"、提炼"中国价值"，建构中国马克思主义哲学新形态，为当代中国现代化道路提供理论支撑和价值引领，就成为一个历史任务和时代要求，由于本体论视域的现实基础是苏联一般发展道路（传统的物质本体论）、西方一般发展道路（两种实践本体论），而非真正的中国道路，因此马克思主义哲学形态的建构必然走出本体论视域，回归以现实性、具体性、历史性为理论品格的历史唯物主义，"中国道路的特殊性只是在与他国道路的差别中显示出来"，必须"深入地研究中国社会，研究它的历史、独特性和当代处境。……从社会现实的角度对独特的中国社会作出更加深入、更加具体的研究和阐述"①，当代中国历史唯物主义新形态的建构视域一定是后本体论视域。

习近平新时代中国特色社会主义思想是新时代中国现代化道路的直接指导理论，笔者认为这一思想理论属于实践理性层面的当代中国历史唯物主义形态。目前，对于西方经典现代性发展道路有一套成熟的解释框架、话语系统，相比之下，面对当代中国现代化道路的开拓，还没形成一套完整、成熟、被世界普遍接受的解释框架、话语形式、学术理论体系，因而与习近平新时代中国特色社会主义思想这一实践理性成果相适应，建构中国特色、中国风格、中国气派的历史唯物主义学术理性的任务就被历史性提出来。在这一建构中，经典作家建立的狭义历史唯物主义原理主要作为一般方法论起指导作用，开拓新时代中国道路的新实践则决定了其具体出场形态，笔者认为建构中国历史唯物主义新形态的

---

① 吴晓明：《马克思的现实观与中国道路》，载《中国社会科学》2014年第10期。

主要研究范式是出场学、马克思主义中国化。所谓研究范式就是研究马克思主义哲学创新发展的根本路径，出场学研究范式"就是在总体上与时俱进地把握马克思主义的研究范式……要求理论必须随着时代的发展而不断重新选择出场路径与方式，与时俱进地创造新的在场形态"①，它总体研究马克思主义哲学的不同出场形态对于出场语境和出场路径的依赖关系，具体呈现新时代中国道路的新实践才是最根本的时代现实、当下马克思主义哲学的根本出场语境。由于这一现实语境不再盲从西方国家一般发展道路、发展模式，因而也就必然要求摆脱作为其理论表征的本体论视域，深入揭示这一出场语境如何决定不同的出场路径、继而如何造就历史唯物主义的出场形态——后本体论视域的当代中国历史唯物主义出场形态。新时代中国现代化道路的基本性质已明确为新现代性，"马克思现代性在当代中国的出场路径……以超越现代性地平线的后现代向度来引领、改造的现代性，构成新现代性"②。它既不同于经典现代性，也不是后现代性，而是以现代性为基础，在批判片面现代性弊端、吸收后工业社会积极因素基础上，以信息化引领和带动工业化，走新型工业化的现代化道路。中国道路的中心问题是如何对待资本的问题，处理这一问题的基本原则是辩证法：既不能理想性地拒斥资本，应该承认资本仍然在新时代发挥积极作用，合理地利用资本；又不能崇拜资本，任其消极因素泛滥，应该理性地坚持马克思资本批判思想，限制资本、驾驭资本。建构中国历史唯物主义新形态强调中国道路的民族性，弘扬中国传统文化的积极内容，实现传统文化的现代性转型，不仅建构历史唯物主义理论的民族化内容，而且建构这一理论的民族话语形式，使之成为讲中国话的历史唯物主义。马克思主义中国化研究范式能够系统总

---

① 任平：《创新时代的哲学探索：出场学视域中的马克思主义哲学》，北京：北京师范大学出版社2009年版，第8页。

② 任平：《马克思的现代性视域与当代中国新现代性建构》，载《江苏社会科学》2005年第1期。

结中国化过程中的种种经验和教训,以当下中国的现代化建设的具体问题为中心,形成中国道路的目标、理论、纲领、举措和策略,在此基础上,将会促进形成一套系统的历史唯物主义学术话语体系和解释体系。

(作者冯建华系江苏师范大学哲学范式研究中心研究人员,副教授,哲学博士;主要研究方向:马克思主义哲学史。)

当代中国马克思主义哲学文本文献学研究范式辨析

张丽霞

[摘 要] 当代中国哲学界,不仅对于马克思主义哲学的文本进行重点研究,而且愈来愈关注马克思主义哲学的文献研究。无论是马克思主义哲学的文本学研究,还是马克思主义哲学的文献学研究,都应该统揽为文献考订和文本研究相结合的文本文献学研究范式之中。之所以不将文本和文献单列为当代中国马克思主义哲学的独立研究范式,本质上是基于文本与文献的关系,即基于不可分割的二者的内在逻辑。从马克思主义哲学研究范式的建构原则看,文本与文献既包括原版的马克思恩格斯书写的文本和涉及的文献,也包括当代中国马克思主义的文本和文献,即消解原版马克思与当代马克思的历史间距是当代中国马克思主义文本文献学研究范式合理性存在的终极目标。

[关键词] 马克思主义哲学 当代中国马克思主义哲学研究 文本文献学研究范式

表征当代中国马克思主义是否具有合法性的标志之一,就是当代中国马克思主义是否与当年马克思的主义相统一。因此,无论是对于学术研究,还是对于意识形态,文本文献学都是马克思主义哲学研究不可回避的重要范式之一。从辩证法的视域理解,我们也不可忽视文本文献学自身存在的问题。从文本文献学的内在逻辑看,文本和文献何者更为重要，文本和文献中的什么文本和文献更为重要，以及其他问题，都是文本文献学研究范式自身无法消解的难题。从研究视域看，似乎文本文献学的研究范式没有什么问题，但如何掌控历史的视域与现代的视域的关系，是十分困难的事情，即如果偏向历史的视域，就容易回到教条，如果偏向当代的视域，就容易背离马克思主义。深度辨析文本文献学研究范式，就是马克思主义哲学范式研究不可回避的重要问题。

一、作为文献考订和文本研究相结合的研究范式

文本文献学研究范式的研究既要研究文本又要研究文献，即在研究文本的同时也不能忽略对文献的研究。这即是说，在文本文献学看来，只有对文本和文献作深入研究才能对马克思主义哲学思想有深入的理解。当代中国的诸多文本文献学著作中，许多著作涉及了马克思主义哲学的文献。比如，一些著作选编了马克思、恩格斯的书信。在许多学者看来，马克思、恩格斯得书信是研究其思想的重要文献，所以要对书信进行深入的研究。比如，杨耕与仰海峰的《马克思主义哲学文本导读》中提出，"马克思、恩格斯自19世纪50年代到90年代的10封信，其中，一是马克思、恩格斯对自己思想的说明与解释，包括1852年3月5日的《马克思致约·魏德迈》、1862年6月18日的《马克思恩格斯》、1867年8月24日的《马克思致恩格斯》、1865年3月29日的《恩格斯致弗里德里希·阿尔伯特·朗格》、1877年11月左右的《马克思致〈祖国纪事〉杂志编辑部》、1881年3月8日《马克思给维·伊·查苏利奇的信》7篇书信；二是恩格斯晚年关于历史唯物主义的论述，包括1890年9月21日至22日的《恩格斯致约·布洛赫》、1890年10月27日的《恩格斯致康·施米特》、1894年1月25日《恩格斯致瓦·波尔吉

乌斯》3封信"①。从这经典作家的通信中可以得出许多文本中发现不了的内容，比如，我们可以从通信中得知《资本论》的写作特点等，可以通过文献了解文本，理解其思想。当然，也不可以忽略文本学的序言研究，因为，文本的序言基本都要介绍该文本写作的原因和要实现的目标。在我们看来，运用文献考订和文本研究想结合的研究方式，除了"返本""出新"外，还包括文本文献的当代化、中国化研究。

虽然不同研究者都采用文本文献的研究视域，但由于不同研究者的知识结构不同，对马克思主义文本文献的关注点不同，侧重点不同，理解也不同，所以，其构筑的马克思主义理论创新形态也不尽相同。其中，以张一兵、魏小萍为代表的研究群体侧重于从马克思主义理论的原初历史语境入手，主张回到马克思原本精神开展研究活动，即所谓的"返本"研究。这种研究是对马克思主义理论文本进行的学术性研究，强调马克思主义理论研究必须"要以历史唯物主义的态度和方法对马克思主义经典作家的原始手稿、正式出版文献进行研究，并结合其写作与出版的历史背景、有关历史人物、历史事件、批判对象、话语对象、有关思想资源和材料，以及作者的论据、论证方式、思维方法和编译者的思想倾向和认识局限等多重因素进行系统研究，这样才能把握他们的哲学立场、哲学思维方式及其思想演变等"②。由此理解，张一兵主张对马克思主义经典作家的经典文本进行分析解读，从历史视角出发把握经典作家的思想轨迹，从而为准确理解马克思主义理论的学术性内涵打下坚实基础，以实现在分析文本文献的基础上结合个人理解，构筑马克思主义理论的创新形态。对马克思主义理论体系的创新性构筑，除了张一兵从马克思主义经典文本文献出发来理解马克思主义理论的学术性内涵，中国社会科学院魏小萍也是"返本"研究的代表人物，其编著的《探求

---

① 杨耕、仰海峰：《马克思主义哲学文本导读》，北京：北京师范大学出版社2013年版，第179页。

② 梅艳玲、杨思基：《马克思主义哲学文本文献学研究范式回顾与展望》，载《江苏师范大学学报》2013年第3期，第131页。

马克思——〈德意志意识形态〉原文文本的解读与分析》（人民出版社2005年版），这部著作"以《德意志意识形态》原文文本、文献为基础，通过原文本手稿与各种翻译文本的对比与研究，介绍了《德意志意识形态》原本文献和结构，叙述了马克思、恩格斯的创作过程和合作方式，说明了马克思、恩格斯的研究思路和他们在创作《德意志意识形态》过程中的相互补充和修改情况"[①]。魏小萍对马克思主义文本文献非常重视，认为构建马克思主义理论新的体系框架，或者是构筑马克思主义理论的创新形态，必须要回到马克思主义文本文献的原始语境，关注对马克思主义文本文献的甄别、解读，进而在文本文献解读的基础上形成马克思主义理论的创新形态。需要注意的是，研究者主张回到马克思的原初语境进行理论研究，并不意味着研究者对马克思主义文本文献的照搬照抄，研究者在运用文本文献视域进行马克思主义理论研究时，要依据研究者的个人理解以及客观实际对文本文献进行研究，在研究过程中应该倾注研究者个人的思想与见解，以形成包含个人学术见解的马克思主义理论研究成果，建筑文本文献学视域下的马克思主义理论创新形态。以南京大学张一兵、中国社会科学院魏小萍等为代表的研究者关注对马克思主义原始文本文献的研究，即回到马克思主义文本的原初语境去理解马克思主义理论，这种研究在一定程度上可以称为"返本"研究。

由于对马克思主义文本文献研究的差异性理解，研究者们对文本文献的关注点各不相同。其中一些研究者的研究重点不是回到马克思主义理论的原初语境中去理解文本文献，而是更加注重从现实意蕴出发理解马克思主义文本文献，即主张与"返本"研究相对的"出新"研究。在他们看来，文本研究的最终归宿是思想研究，研究者不能只表述文本文献的具体内容而没有个人思想建树，即研究者在研究过程中除了要展现

[①] 任平、曹典顺、李惠斌：《当代中国马克思主义哲学研究》，北京：中央编译出版社2012年版，第40页。

个人的思想见解外，还要立足于现实生活，让文本文献视域下的马克思主义理论研究成果面向当代，在当代现实世界中开启新的马克思主义理论创新形态。针对文本文献视域下的马克思主义理论"出新"研究，彭启福认为"研读马克思的文本的目的是让马克思的文本在当代生成新的意义，主张运用对文本诠释中的'文本语义关联性原则''作者语境关联性原则'和'读者语境关联性原则'的分析文本，从而'回到马克思'，让马克思走向当代的现时代生活……王东、林峰则从文本研究与理论创新的关系的视角来探讨，认为只有将文本研究和现实问题研究有机结合起来，才能真正做到'回归马克思'与'发展马克思'的统一，开源与创新的统一"①。北京大学的聂锦芳也是"出新"研究的代表人物，其发表的相关文章如《近年来国内马克思文本研究的回顾与省思》《"现实的个人"与"共同体"关系之辨——重温马克思、恩格斯对一个重要问题的阐释与论证》《文本与思想的理解和叙述——重温马克思、恩格斯对格律恩的批判》《文本研究与对马克思哲学的新理解》等，这些研究成果都是利用丰富的文献资料，通过对马克思的专著、手稿、笔记等进行梳理和考察，从社会现实出发，思考马克思主义文本文献的现实意义，从而构建马克思主义理论创新形态。当前社会要实现对马克思主义文本文献的"出新"研究，需要将文本文献视域下的马克思主义理论面向现实中的具体问题，与具体实际生活相结合，在现实中指导人们发现问题、分析问题和解决问题，将文本文献视域下的马克思主义理论研究面向现实社会，不仅有利于构建文本文献视域的马克思主义理论创新形态，而且有利于推进文本文献视域的马克思主义理论的多元化发展。

在文本文献视域下的马克思主义理论研究，除了包括研究者对文本文献的"返本"研究，以及研究者对文本文献的"出新"研究，还不能

---

① 任平、曹典顺、李惠斌：《当代中国马克思主义哲学研究》，北京：中央编译出版社2012年版，第42页。

忽视研究者对文本文献的当代化、中国化研究,即立足于马克思主义文本文献,结合中国社会主义实践经验,将文本文献研究与中国现实问题有机结合起来,以推进马克思主义理论更好地解决实际问题,促进文本文献视域的马克思主义理论创新形态的建构。在对文本文献视域的马克思主义理论当代化研究中,"北京大学哲学系赵家祥、丰子义合著的《马克思的东方社会理论及其当代意义》(高等教育出版社2002年版),仅仅依据马克思有关文本和逻辑,对马克思理论视野中的东方社会问题,特别是对近年引起学界较大争议的'亚细亚生产方式''**跨越卡夫丁峡谷**'等问题作出符合原意的梳理和甄别,并阐明了这些思想所具有的当代意义。杨学功的《马克思主义与全球化——〈德意志意识形态〉的当代阐释》(北京大学出版社2003年版),对《德意志意识形态》马克思恩格斯从社会分工和商品贸易角度探讨的资本主义生产方式的全球化发展历史趋势的解读"[①]。在对文本文献视域的马克思主义理论中国化研究中,许冲写作了《文本阅读视域中的马克思主义中国化省思——以〈联共(布)党史简明教程〉为中心》一文,指出在马克思主义中国化进程中,应该关注对马克思主义经典作家文本文献的阅读,强调研究应该立足读者、立足文本、立足阅读方法,开展对马克思主义中国化主体、客体以及方法的分析,从而在文本文献的视域中考察马克思主义中国化,推进文本文献视域的马克思主义理论中国化和马克思主义理论创新形态的建构。针对文本文献对理论研究中国化的推动作用,作者强调"阅读经典文本是马克思主义中国化的重要基础,通过对中共阅读《党史》史实的微观考察,在获得一次解构马克思主义中国化要素历史契机的同时,也启示着当代中国马克思主义者,唯有真正实现马克思主义文本阅读的读者自觉、文本明辨和方法科学,才能切实推进马克思主

[①] 任平、曹典顺、李惠斌:《当代中国马克思主义哲学研究》,北京:中央编译出版社2012年版,第38页。

义中国化"①。这一分析表明，许冲关注对马克思主义文本文献的阅读理解，试图通过读者的仔细阅读，深入理解马克思主义的文本文献，恰当运用各种科学方法，进而从文本文献视角推进马克思主义当代化、中国化进程，最终形成文本文献视域的马克思主义理论创新形态，达到对马克思主义文本文献研究的最终目的，即运用文本文献的手段，达成构筑文本文献视域的马克思主义理论创新形态的根本目的。

二、文本与文献关系的逻辑

在文本文献学研究范式的研究者的学术著作之中，有的从文本出发对马克思主义理论进行研究，有的从文献出发对马克思主义理论进行论证，当然，也有的著作既选择了文本也融入了文献。从文本文献学研究的成果来看，诸多著作选择了文本研究，但近年来，选择文献研究的著作也在增加。众所周知，人们之所以重视文本研究，其逻辑前提是文本具有真实性。从历史学的角度看，许多东西，包括文本，都有可能是赝品，即使是真迹，也可能存在作者有意或无意隐藏真实思想的可能。所以，在进行马克思主义文本文献学研究过程中，是文本的意义更为重要呢，还是文献的意义更为重要，就成了一大理论困难。对此问题，学术界的观念很难统一。而我们之所以将其称之为马克思主义文本文献学，就是因为我们认为文本与文献具有同等重要的地位。从文本、文献视域出发，历史地分析、看待马克思主义经典作家的思想和理论，是力图在最大程度上接近经典作家的原初语境，从而增强对马克思主义哲学研究的可信度和有效性，所以，在进行马克思主义理论研究的过程中，既不能忽视文本的意义，也不能忽视文献的意义。然而，在实际研究过程中，任何一个研究者在处理两者之间的关系时，都不可能实现两者之间

---

① 许冲：《文本阅读视域中的马克思主义中国化省思——以〈联共（布）党史简明教程〉为中心》，载《现代哲学》2014年第6期，第56页。

的平衡，即要么侧重文献，要么侧重文本。

从当代中国学者的研究成果看，文本研究、文献研究和文本文献研究的著作都很多，无法判断何者更为重要，但从处理文本与文献的关系来看，有些著作力争既重视文本也重视文献。聂锦芳的著作《批判与建构：〈德意志意识形态〉文本学研究》一书，就是既重视文本研究，也融入了文献的思想。聂锦芳在该著作中，"依据《德意志意识形态》原始手稿、新的《马克思恩格斯全集》历史考证版（MEGA^2）编辑的最新进展和研究动态，从文献学的角度，对这一文本的产生背景、写作过程、版本源流进行了翔实的梳理和考证；按照原书写作的先后顺序，对其各个组成部分，特别是学界研究非常薄弱而又占全书绝大部分篇幅的第一卷中的《圣麦克斯》《圣布鲁诺》部分以及第二卷进行了详尽的释读，对过去相对来说较为熟悉的《费尔巴哈》章的内容重新进行了认真的辨析；根据作者自己的理解，对其中各章节关涉到的重要问题和思想一一进行了深入讨论"①，通过对文本、文献方面的研究，从总体上建构了《德意志意识形态》一书的理论逻辑，并结合当代社会实践活动，阐释了该马克思主义经典文本的当代价值和现实意义。然而，作者在对某些问题和思想等具体方面的理解和阐发时，其所依据的文本、文献的侧重点则有所不同。例如，在研究马克思、恩格斯对鲍威尔的反批评的回应时，作者就从发表在《社会明镜》上的一篇名为《对布鲁诺·鲍威尔反批评的回答》的短评文献开始入手，进行了深层解读和分析。在此基础上，作者发现马克思、恩格斯对鲍威尔的反批评的批判主要集中在其所引证的材料的不实之上。鲍威尔对《神圣家族》的反批评依据的材料不是《神圣家族》，而是以《威斯特伐里亚汽船》评论员对《神圣家族》的概括为引证对象进行反批评，换言之，鲍威尔把别人对《神圣家族》的概述作为自己对《神圣家族》反批评的引证依据，认为其概括的

---

① 聂锦芳：《批判与建构：〈德意志意识形态〉文本学研究》，北京：人民出版社2012年版，"内容简介"：第1页。

即是马克思、恩格斯的《神圣家族》一书的主要思想,并将此思想和理论强加给马克思和恩格斯,但实际上却未能理解马克思、恩格斯思想与理论的本质。这样一来,鲍威尔对马克思、恩格斯合作完成的《神圣家族》的反批评就显得特别无力、荒唐。在《对布鲁诺·鲍威尔反批评的回答》中,马克思、恩格斯就对《威斯特伐里亚汽船》评论员的概述和鲍威尔引证的材料与《神圣家族》作了细致对比,有力地回击了他们对《神圣家族》的批评。聂锦芳依据该短评文献,梳理了马克思、恩格斯所比较的三组材料以及其主要思想和理论。在对第一组材料进行了深入分析后,聂锦芳发现"《威斯特伐里亚汽船》评论员用极为简单的语言概括了《神圣家族》对鲍威尔的指责,涉及他对犹太人问题和政治解放问题的态度。对法国革命、社会主义和共产主义的评论,对黑格尔、费尔巴哈等人思想的理解,以及'对法国革命、唯物主义和社会主义进行批判斗争的结果和趋向'所进行的论述,等等;但这些概括都曲解了马克思、恩格斯本人的原始思想"[①]。然而,鲍威尔对该概括却没有作任何考察,直接拿来作为自己的引证材料,以此对马克思、恩格斯的思想和理论进行批评。所以,我们即可知道聂锦芳通过对文献《对布鲁诺·鲍威尔反批评的回答》的研究,指出了鲍威尔对《神圣家族》反批评的依据材料,以及马克思、恩格斯在《神圣家族》一书中所要表达的思想。在其著作中,聂锦芳对这种不正当的引证和批判也表达了自己的观点,"本来,原处于同一阵营中的人们,后来在理论观点、政治倾向等方面出现意见不一致的情形,是完全可以理解的,论敌之间的批判和反批评亦属于正常现象,但据以批评和反批评的材料却应当是从对象的文本本身来的,而不能依据第三者的转述和概括,更不能是错误或荒谬的转述和概括。上面三组材料表明,尽管回应《神圣家族》的批评本来是鲍威尔正当的权利,但他却征引了别人对《神圣家族》的概括来陈述《神圣

[①] 聂锦芳:《批判与建构:〈德意志意识形态〉文本学研究》,北京:人民出版社 2012 年版,第 171 页。

家族》的观点，这就使得他的反批评很难服人，甚至有些荒诞了"①。由此可见，聂锦芳认为从文本本身出发研究马克思主义理论是极具重要意义的。在研究马克思、恩格斯对青年黑格尔派部分成员的思想清理的问题时，聂锦芳就侧重从《神圣家族》文本方面来进行理解和阐释。依据《神圣家族》文本，作者分析、整理了马克思、恩格斯对布鲁诺·鲍威尔及其伙伴的批判，"在鲍威尔的批判中，我们所反对的正是以漫画形式再现出来的思辨。我们认为这种思辨是基督教日耳曼原则的最完备的表现，这种原则通过把'批判'本身变为某种超验的力量来作自己的最后一次尝试"②。马克思、恩格斯认为鲍威尔等人所主张的"自我意识"代替了现实的个体的人，即否定了整个现实的自然世界。"自我意识从人的属性变成了独立的主体。这是一幅讽刺人同自然分离的形而上学的神学漫画。因此，这种自我意识的本质不是人，而是观念，因为观念的现实存在就是自我意识。自我意识是变成了人的观念，因而也是无限的。人的一切特性就这样秘密地变成了想象的'无限的自我意识'的特性"③。这即是说，鲍威尔将人的自我意识绝对化了，夸大了人的自我意识的作用，认为人的自我意识才是推动历史发展的动力。"马克思在揭露'批判的批判'的历史观的思辨性质时，通过具体历史事实的分析发展了唯物主义历史观。例如，鲍威尔把法国革命的不成功解释为这次革命所产生的思想没有超出革命所推翻了的那个制度的范围，而马克思则与此相反，认为在任何情况下思想都只能超出旧秩序的思想范围，而不能超出这种旧秩序本身的范围。法国革命无疑地产生了超出旧世界秩序范围的思想，但只有当思想代表现实的阶级利益的时候，它才能取得胜

---

① 聂锦芳：《批判与建构：〈德意志意识形态〉文本学研究》，北京：人民出版社2012年版，第173页。
② 《马克思恩格斯文集》第1卷，北京：人民出版社2009年版，第253页。
③ 《马克思恩格斯文集》第1卷，北京：人民出版社2009年版，第340页。

利"①。在马克思看来,人的全部实践、社会关系都在揭示着其与外部世界的联系,通过对鲍威尔及其追随者的批判,马克思发展形成了区别于其他人的唯物主义历史观。"马克思在描述资本主义社会中对立阶级的不同状况时,认为它们的同一性就在于它们二者即有产阶级和无产阶级都是人的自我异化,只有有产阶级在这种异化中感到自己是心满意足的,把异化看作自身强大的证明,而无产阶级则在这种异化中感到自己是被毁灭的,把异化看作自己无力和非人生存的现实。无产阶级是反抗无权状态的力量,而这种反抗是无产阶级的人类性和它的生活状况之间的矛盾所必然引起的"②。由此可知,在《神圣家族》一书中,马克思已经意识到无产阶级要想获得自身的解放就必须起来反抗,消灭私有制。无产阶级的现实生活条件以及社会阶级的划分就预示了其历史使命。聂锦芳正是通过对《神圣家族》这一文本的深入研究,厘清了马克思、恩格斯对青年黑格尔派部分成员的思想清理问题,并以此阐明了马克思、恩格斯唯物主义历史观的发展过程。

以上分析表明,在马克思主义哲学研究的现实过程中,学者或以文本、或以文献为出发点进行深入研究,总是能够产生研究成果的。从这种意义上理解,在马克思主义理论研究中,文本的意义和文献的意义同等重要,即都有利于对马克思主义理论的理解和阐释。但还有一个不可忽视的问题,即怎样确定哪一本文本或哪一种文献更为重要的问题。因为,马克思的一生写作了诸多的文本,贡献了丰富的文献。仅从文本而言,人们熟知的就有《青年在选择职业时的考虑》(1835 年 8 月)、《黑格尔法哲学批判导言》(1843 年)、《1844 年经济学哲学手稿》(1844 年)、《关于费尔巴哈的提纲》(1845 年)、《德意志意识形态(节选)》(与恩格斯合著)(1845—1846 年)、《罢工和工人同盟》(1847 年上半

---

① 聂锦芳:《批判与建构:〈德意志意识形态〉文本学研究》,北京:人民出版社 2012 年版,第 60 页。

② 聂锦芳:《批判与建构:〈德意志意识形态〉文本学研究》,北京:人民出版社 2012 年版,第 62 页。

年)、《工人联合会》(1847年12月底)、《关于自由贸易的演说》(1848年)、《共产党宣言》(1848年)、《中国革命和欧洲革命》(1853年5月31日)、《伦敦交易所的恐慌——罢工》(1853年9月27日)、《给工人议会的信》(1854年3月9日于伦敦)、《政治经济学批判》导言(1857年8月)、《鸦片贸易史》(1858年8月3日和9月3日)、《政治经济学批判》序言(1859年)、《国际工人协会成立宣言》(1864年9月28日)、《工资、价格和利润》(1865年)、《资本和劳动之间的斗争及其结果》(1865年5月底—6月27日)、《工会(工联)它们的过去、现在和未来》(1866年8月底)、《资本论》第一卷(1867)、《国际工人协会总委员会致社会主义民主同盟中央局》(1869年3月9日)、《法兰西内战》(1871年4月)、《哥达纲领批判》(1875年4—5月)、《资本论》第二卷(1885)、《资本论》第三卷(1894),等等。面对浩瀚的文本和文献,如何确定哪一种文本或文献更能准确表征"当年马克思"的真实思想,的确是十分困难的事情。

三、合理消解原版马克思与当代马克思的历史间距

原版马克思是指当年的马克思,即原初语境中的马克思,当代马克思是指与当代社会实践相结合的马克思,如邓小平理论。原版马克思与当代马克思之间,有着100多年的历史间距。与原版马克思相比,当代马克思面临经济全球化的全面深入发展、工业化时代向信息化时代的转变、"战争与革命"的时代主题向"和平与发展"的时代主题变更。这即是说,原版马克思侧重于解决当年历史情境中的具体问题,既不可能穷尽我们当代面临的所有问题,也不可能解决我们当代世界的所有理论需求。既然原版马克思与侧重于解决当代问题的当代马克思有一定的历史间距,这种历史间距就是马克思主义文本文献学研究范式不可回避的视域局限。所以,所谓消解原版马克思与当代马克思的历史间距的努力,只能是尽可能缩小其历史间距,即尽可能实现两者的统一。

要消解原版马克思与当代马克思的历史间距,首先应该回归原版马克思,即回归原版马克思的原初历史语境,这是发展当代马克思的前提条件和必要手段,也是重建马克思主义理论体系的桥梁与纽带。当我们讨论马克思的当代意义时,不能忽视马克思的原初语境或者历史原像,因为总有一个历史前提在支配我们的当代视野,这便是通常所说的原版马克思,原版马克思不是现成的,而是开放的、不断上手的,原版马克思提供给我们的只是启迪智慧的方法论,而不是无需改变、直接拿来就用的理论资源。想要消解原版马克思与当代马克思的历史间距,利用原版马克思主义的文本和文献解决当代社会问题,研究者需要在原版马克思研究的基础上,结合当代视域,对马克思主义文本文献进行提升与再创造。在消解原版马克思与当代马克思的历史间距的问题上,张一兵认为,假如没有一个对马克思哲学文本(特别是 $MEGA^2$)的第一手精心解读,没有对马克思思想发展脉络的科学的全面把握,就不可能真正实现马克思哲学的当代性言说,即使强制性地生造出马克思与某种当代思潮的"对话",就会出现诸如将《1844 年经济学哲学手稿》中的人本主义话语误识成马克思最重要的哲学理念,并将其与新人本主义之后的各种资产阶级意识形态混为一谈之类的非法性言谈。这些所谓的"对话"看起来似乎颇具"当代"意味,但实际上无不是在现成性教条体制统摄下的一种非法的外在链接。这难道不已经是一种值得关注的理论灾难了吗?还不应该让青年一代认认真真地把学问建立在踏实的马克思哲学文本的历史解读之上吗"[①]。由此可知,研究者应该回到原版马克思的历史原像中,仔细研究原版马克思产生的具体的、特殊的历史背景,深入到马克思的思想体系与知识结构中研读原版马克思,以促进原版马克思与当代马克思的有机结合,消解原版马克思与当代马克思的历史间距。

---

① 赵剑英、叶汝贤:《马克思哲学的当代意义》,北京:社会科学文献出版 2006 年版,第 126 页。

为了消解原版马克思与当代马克思的历史间距,研究者应该增强原版马克思与当代社会现实的联系,凸显其与时俱进的理论特性,推进原版马克思向当代马克思转变,反对分裂二者的研究视域,在时代语境中实现原版马克思与当代马克思研究视域的科学统一。关于马克思主义的与时俱进特征,任平在其文章《论马克思主义研究视域的统一性——对马克思主义当代出场路径的反思》中论述道:"与时俱进贯穿着出场学视域,它将人们对'原版'或者'当代'马克思主义的本真意义、思想形态的追问转换为一个'出场学问题':任何马克思思想形态都不是现成在场、永恒不变的。它本质上是由一定时代语境造就、对出场路径深度依赖的出场形态。作为问答逻辑,马克思主义的思想形态会随着历史语境的变化而变化。我们不仅要考量'原版'或'当代'的马克思主义形态,更要追问马克思思想出场形态背后的历史语境,将出场形态看作出场语境的时代性结果。"[1] 由此理解,研究者既要关注原版马克思资本全球化的历史语境,又要关注当代马克思经济全球化深入发展的历史语境,推进原版马克思与当代语境结合,与时代一同进步,消解原版马克思与当代马克思之间历史语境与出场路径的历史间距,采用与时俱进的出场学视域,将原版马克思与当代马克思都作为具体历史的产物看待,而不是作为一成不变的理论结果看待,灵活推进马克思主义研究的当代性,应该做到与时俱进地看待马克思主义的文本文献,而非教条地、僵化地看待马克思主义具体的理论成果。中国当代马克思的研究成果包括邓小平理论、"三个代表"重要思想以及科学发展观,以"三个代表"重要思想为例,"三个代表"重要思想即中国共产党必须始终代表中国先进生产力的发展要求,始终代表中国先进文化的前进方向,始终代表中国最广大人民的根本利益,这一思想是当代马克思的重要理论成果,是在考察原版马克思思想的基础上,结合中国具体国情实现的原版马克

---

[1] 任平:《论马克思主义研究视域的统一性——对马克思主义当代出场路径的反思》,载《马克思主义研究》2007年第7期,第72页。

思的与时俱进，促进原版马克思与当代马克思的交融，不断推进原版马克思的当代化、现实化和中国化。当然，"三个代表"重要思想并不是马克思主义思想的最终理论成果，而只是阶段性成果，仍然需要结合中国具体实际的变化而改进，例如习近平的重要讲话精神也是马克思主义与时俱进的阶段性成果之一。总之，与时俱进是马克思主义的理论品格，坚持马克思主义的与时俱进，就是坚持马克思主义的不断发展与创新，就是"重新准确指认马克思主义言说的时代语境，深刻反思当代问题谱系和理论前沿，探索马克思主义出场路径和出场形态，成为全球左派学者的深切关注和时代聚焦点。只有与时俱进的出场学视域，才能打破'当年'与'当代'马克思主义研究范式的对立，在新全球化时代背景下'接着讲'，与时俱进地创新中国马克思主义"①。

消解原版马克思与当代马克思的历史间距外，研究者除了要在宏观层面回归马克思的原初语境，增强马克思主义理论的与时俱进，拉近原版马克思与当代马克思的历史间距外，还要在研究领域上消解二者的历史间距，即打破当代马克思主义研究的学科壁垒，建立以问题意识而非以学科意识为中心的统一研究视域。众所周知，马克思主义是马克思主义哲学、马克思主义政治经济学与科学社会主义的统一，但由于研究者对马克思主义研究分类化、研究话语封闭化，造成了马克思主义研究的学科壁垒结果，统一的马克思主义被割裂为完全不同的三个部分，马克思主义哲学、马克思主义政治经济学以及科学社会主义之间完全分离，这三个部分又被分为许多不同的学科门类，例如马克思主义哲学就包括许多学科，如马克思主义基本原理、马克思主义发展史、马克思主义中国化研究、国外马克思主义研究等，这些学科之间自成体系，只是追求自身逻辑的严谨性，相互分离，自说自话，从而造成了严重的话语封闭结果，致使马克思主义研究领域学科林立，壁垒森严，马克思主义学科

---

① 任平：《论马克思主义研究视域的统一性——对马克思主义当代出场路径的反思》，载《马克思主义研究》2007年第7期，第72页。

体系意识浓厚，问题意识则相对薄弱。此外，"学科壁垒彻底颠倒了理论与实践、学科视域与研究对象的关系，走上了学科话语自我中心、自我表现和自我膨胀的旧形而上学之路。正如马克思反复强调的：哲学家用各种不同的方式解释世界，而问题在于改变世界。'改变世界'需要以综合统一的实践问题为中心，而不是以分门别类的学科为中心"①。由此理解，马克思主义研究若以学科体系为研究焦点，容易导致研究的教条化和僵硬化，阻碍研究的进一步深化。马克思主义研究若以问题意识为研究中心，即以反思当今时代重大问题为研究中心，则会促进研究与具体实际的结合，拉近原版马克思与当代马克思的距离，增强马克思主义研究视域的创新力和生命力，有利于促进马克思主义理论对解决当代重大问题的指导意义，促进马克思主义研究的深化发展。"因此，我们决不能仅仅根据僵化的学科视域就作出马克思主义理论形态一劳永逸的结论。我们不能将在特定的出场语境和出场路径中形成的学科领域奉为学科的永恒。我们不仅需要深刻地解读学科结论、把握学科结构，更重要的是要深度考察学科赖以出场的历史语境和路径。学科领域、理论形态实际上只不过是解答问题的出场形态，是受问题中心的出场语境和出场路径决定的"②。也就是说，马克思主义研究者要消解原版马克思与当代马克思的历史间距，应该努力打破马克思主义的学科壁垒，不断加强对当代重大问题的研究与关注，即在科学解读原版马克思的基础上，将当代马克思与社会实践结合起来，促进马克思主义理论对当代实践的指导作用，以消解原版马克思与当代马克思之间的历史间距。

（作者张丽霞系江苏师范大学哲学范式研究院研究人员，讲师；主要研究方向：马克思主义理论、马克思主义哲学。）

---

① 任平：《论马克思主义研究视域的统一性——对马克思主义当代出场路径的反思》，载《马克思主义研究》2007年第7期，第70页。

② 任平：《论马克思主义研究视域的统一性——对马克思主义当代出场路径的反思》，载《马克思主义研究》2007年第7期，第71页。

反思的问题学：新时代和马克思主义哲学创新的双重呼唤

——"反思的问题学"研究范式 2017 年研究综述

孟献丽

[摘　要] 中国特色社会主义进入新时代，新时代条件下更需要聚焦问题、反思问题、解决问题。马克思主义哲学是"时代精神的精华"，只有在不断的反思和解答时代问题中，马克思主义哲学才能实现创新。"反思的问题学"研究范式坚持以"问题"为中心。2017 年，学术界主要对习近平新时代中国特色社会主义思想、全球化与逆全球化、文化自信与文化软实力、"一带一路"倡议、中国周边外交等当代中国发展中遇到的重大现实问题进行了反思和解答。

[关键词] 反思的问题学　习近平新时代中国特色社会主义思想　逆全球化　文化自信　"一带一路"　周边外交

问题是时代的声音，问题是创新的源泉。理论和实践离开"问题意识"，就背离了马克思主义哲学的本意和实质。因此，马克思主义哲学研究必须敢于直面和回应人类在发展过程中面临的重大理论问题和现实问题，在解决重大时代问题的同时促进马克思主义哲学研究的创新。

一、新时代呼唤"反思的问题学"

马克思曾强调:"一个时代的迫切问题,有着和任何在内容上有根据的因而也是合理的问题共同的命运:主要的困难不是答案,而是问题。因此,真正的批判要分析的不是答案,而是问题。"① 如今,中国特色社会主义进入新时代,当代马克思主义哲学更是亟须在创新中得到发展。因此,新时代条件下更需要聚焦问题反思。

问题意识是理论创新、发展的动力。立足于问题反思的马克思主义哲学始终致力于解答现实问题,是指向未来的,具有时代特点和前瞻性的思想。马克思主义哲学"反思的问题学"研究范式聚焦时代发展带来的种种问题,并在对问题的反思和解答中实现马克思主义哲学的时代出场。

21世纪的中国马克思主义注重反思现实问题,这是马克思主义哲学研究的重要内容,也是马克思主义哲学实现理论创新的关键。只有发现现实问题并予以回答,才能丰富和发展马克思主义哲学,赋予马克思主义哲学以时代特征和鲜活强大的生命力,这是马克思主义哲学研究创新的必然路径,也是马克思主义哲学不断出场的重要路径。

二、2017年学术界聚焦的重大现实问题

"反思的问题学"以问题为中心展开研究。2017年,学术界主要聚焦于习近平新时代中国特色社会主义思想、全球化与逆全球化、文化自信与文化软实力、"一带一路"倡议、中国周边外交等当代中国发展中遇到的重大现实问题。

---

① 《马克思恩格斯全集》第1卷,北京:人民出版社1995年版,第203页。

（一）全球化与逆全球化

20世纪90年代以来，经济全球化趋势愈来愈明显，世界大市场进一步融通，尤其是多个新兴经济体的快速崛起，给全球化增加了新的内涵。但在2008年金融危机之后，西方国家特别是美国突然意识到，现在实际进行着的全球化已不再是它们所宣扬的"全球化"了，它们原来采取的那些"美国化""西方化"手段在全球各处不断失利、失效，受到越来越多的反对和抵制。于是，它们开始倾向于对世界经济、国际贸易设置新的限制和关卡，以优先维护自己的私利。以特朗普当选美国新一任总统、英国全民公投脱离欧盟等重大事件为标志，逆全球化现象引发了前所未有的关注和讨论。关于全球化与逆全球化的理论研究主要从以下方面展开。

1. 逆全球化的含义及其表现

2008年全球金融危机所带来的影响至今仍未消除，欧美国家经济发展低迷不振，失业率呈上升的势头得不到有效控制。由此，逆全球化出现了前所未有的高潮。逆全球化，又称"去全球化"，它与以资本、生产和市场在全球层面加速一体化的全球化进程背道而驰，是指重新赋权给地方和国家层面。[①] 全球化是人类历史发展的潮流、趋势，而逆全球化是与其相反的一种现象，它限制生产要素在国际间的自由流动，使得生产要素的自由流动由原来的方便变得不方便。[②] 也有学者认为，逆全球化具体是指与资本、生产和市场在全球层面一体化的进程背道而驰的行为，即世界各国及地区在经济、政治、文化等各个维度方面的去整合化。[③]

---

① 延明、周新辉：《应对逆全球化的策略》，载《党政论坛》2017年第10期。
② 潘超伟：《逆全球化现象的致因与中国对策研究》，载《中学政治教学参考》2017年第18期。
③ 郑春荣：《欧盟逆全球化思潮涌动的原因与表现》，载《国际展望》2017年第1期。

"逆全球化"既是经济现象,也是政治进程。有学者认为,逆全球化同时包含着两个层面的含义。一方面,它指向纯粹经济意义上的、生产要素的跨国流动及其停滞或倒退,从经济层面来看,贸易、金融乃至投资等诸多领域的全球化均出现了程度不一的停滞甚至收缩;另一方面,它还指向阻碍或禁止生产要素跨国流动的政治进程。①

逆全球化现象是近年来全球的热点话题。英国脱欧公投和特朗普当选美国总统则是"逆全球化"思潮的标志性产物。欧盟的一体化是全球化过程中的重要成果,英国脱离欧盟就意味着其对欧盟一体化模式的反对,这也代表了全球化的倒退。另外,美国新任总统特朗普上台后推出了一系列政策,他提出"在美墨边境修建城墙"、废除奥巴马医改、阻止外国穆斯林进入美国等极端却鲜明的主张,以上思想的核心就是"本土主义",这是逆全球化的鲜明表现。"从全球角度看,英国退欧可以看作逆全球化的开始,表明全世界特别是西方发达国家民粹主义势力上升。"② 祝庆也认为,特朗普当选美国总统、英国公投退出欧盟、贸易保护主义不断加深等,都是逆全球化的现象。③

2. 逆全球化发生的原因

逆全球化现象已经成为学者广泛关注的问题,其原因也多种多样。有的学者侧重于从经济方面分析发生逆全球化现象的具体原因,将其归结为全球性贫富分化加剧和西方国家的产业空心化。④ 潘超伟在分析金融危机等经济根源的同时还指出,难民、恐怖主义等问题随着全球化进程的不断放大也是逆全球化发生的原因。⑤ 还有的学者从政治、经济、社会等多个角度分析逆全球化现象的原因。毕秋从四个维度分析了当前

---

① 孙伊然:《逆全球化的根源与中国的应对选择》,载《浙江学刊》2017年第5期。
② 沈骏霖:《逆全球化现象浅析》,载《甘肃广播电视大学学报》2017年第3期。
③ 祝庆:《论经济逆全球化的现象和原因》,载《现代商贸工业》2017年第19期。
④ 沈骏霖:《逆全球化现象浅析》,载《甘肃广播电视大学学报》2017年第3期。
⑤ 潘超伟:《逆全球化现象的致因与中国对策研究》,载《中学政治教学参考》2017年第18期。

逆全球化的兴起缘由，分别是，时代之维：国际格局的深刻调整；思想之维：国家主义的思维囿见；经济之维：全球化引发的贫富悬殊；政治之维：新民粹主义的逆势而起。①

受益群体与受损群体之间的矛盾，是全球化逆转的重要推动力，这是许多学者所认同的。孙伊然指出，美国等发达国家的中产阶级，尤其中下阶层是全球化的主要受损者，他们直接承受着相对收入下降、工作岗位调整甚至失业等由自由贸易、开放经济所导致的负面影响。而资本所有者、高技能劳动力是全球化无可争议的主要受益者。这两类群体所受到的待遇存在巨大的反差，这促使前者投身政治进程，掀起逆全球化的潮流。② 祝庆也认为，逆全球化是中下阶层群众与上层人群的冲突的直接结果。③ 沈骏霖认为，全球性贫富分化的加剧是逆全球化的深层原因。当今世界的全球化首先体现为经济全球化，由此导致广大发展中国家卷入世界市场，使资本通过投资赚取大量的利润。但是，大部分的劳动者却遭受严酷的剥削、降薪甚至失业。与此同时，发展中国家经济还深受西方国家经济运行的影响，金融危机导致发展中国家经济严重波动。在全球化过程中，西方资本的全球扩展在给世界各国带来经济繁荣的同时，也使贫富分化加剧，由此导致逆全球化产生。④

逆全球化问题的核心原因是全球失衡。全球化在最近几十年的发展很快，而且带动了经济的更快增长，使得包括中国在内的各国经济取得了较快提升。但是我们也看到，美国、英国还有一些其他国家出现反对全球化的现象。究其根本，就是全球失衡。陈建奇认为，在国家层面上，具有竞争优势的国家可以在全球化过程中提高其国际影响力，但也有一些国家的竞争力明显不足。在个体层面上，欧洲国家中也有一些产业或个人在全球化过程中获得较快发展，还有一些行业及其员工从中获

---

① 毕秋：《当前逆全球化的兴起缘由与发展趋势》，载《法制与社会》2017年第32期。
② 孙伊然：《逆全球化的根源与中国的应对选择》，载《浙江学刊》2017年第5期。
③ 祝庆：《论经济逆全球化的现象和原因》，载《现代商贸工业》2017年第19期。
④ 沈骏霖：《逆全球化现象浅析》，载《甘肃广播电视大学学报》2017年第3期。

益很少甚至比原来更差。由此,他认为,这种全球化过程中出现的失衡现象是逆全球化问题的核心原因。① 沈骏霖也认为,逆全球化现象本质上体现了全球化过程中积累的利益分配不均的问题。②

3. 对逆全球化的应对

面对逆全球化这一非本质现象,中国应积极应对,许多学者也提出了一系列的应对方案,主要有以下几种措施。

以推动全球治理应对逆全球化。从国际角度来看,全球性问题的解决离不开各国的合作,因此,逆全球化问题的应对在很大程度上取决于全球治理的改革进程。孙杰指出,虽然目前联合国、国际货币基金组织、世界银行、世贸组织以及其他负责全球治理的机构都在努力适应全球化的新形势,但成效不彰,逆全球化问题日趋严重。因此,全球治理的推动成为当务之急。③ 另外,陈建奇也指出,面对逆全球化问题,我国要考虑现有全球化体系怎么进一步推进、完善甚至改革的问题。中国可以为构建新的全球治理体系提供经验和样本。关于我国对全球治理体系构建的推动,他提出三点:不回避未来参加高标准谈判;自贸园区、自贸区战略以及"一带一路"倡议。④ 另外,中国在参与全球治理过程中还应该倡导合作共赢,因为这种全球经济治理理念可以有效解决逆全球化的问题。逆全球化的产生就是因为全球失衡,而合作共赢能使世界主要经济体在开放过程中都得到好处,这样全球化就不会被反对,逆全球化问题自然迎刃而解。

以"一带一路"应对逆全球化。2013 年,习近平主席提出了建设"一带一路"的倡议,得到了广大发展中国家的支持与赞赏,"一带一路"也成为中国向世界提供的最重要的公共产品。"一带一路"最主要的理念就是"互联互通",它旨在促进经济要素有序自由流动、资源高

---

① 陈建奇:《当代逆全球化问题及应对》,载《领导科学论坛》2017 年第 10 期。
② 沈骏霖:《逆全球化现象浅析》,载《甘肃广播电视大学学报》2017 年第 3 期。
③ 孙杰:《逆全球化与全球化的新常态》,载《中国外汇》2017 年第 5 期。
④ 陈建奇:《当代逆全球化问题及应对》,载《领导科学论坛》2017 年第 10 期。

效配置和市场深度融合,推动沿线各国实现经济政策协调,开展更大范围、更高水平、更深层次的区域合作,共同打造开放、包容、均衡、普惠的区域经济合作架构。因此,许多学者主张通过实行"一带一路"来应对逆全球化。延明、周新辉提出三条以"一带一路"应对逆全球化的策略,即:保持战略定力,增强"一带一路"的信心;积极倡导公平合理的国际贸易新秩序;灵活应对,重点发展。[1] 除此之外,其他学者也有各自的见解。潘超伟指出,要坚决反对贸易保护主义,理性看待逆全球化现象。[2] 孙伊然指出,中国已经选择了一条"稳中求进"的发展路径。对内表现为供给侧结构性改革、"中国制造2025"等战略方针;对外,这条路径力图稳定与发达国家之间经济关系、维系全球化不出现明显倒退,同时致力于"一带一路"等由中国提倡发起的新型全球化及其推进。[3]

(二) 文化自信与文化软实力

文化是一个国家的精神,是一个民族的灵魂。文化兴,则国运兴,则民族兴。没有高度的文化自信,没有文化的繁荣兴盛,就没有中华民族的伟大复兴。文化自信是对本民族文化价值和文化生命力的充分肯定和高度认可,它是我们坚定理论自信、制度自信和道路自信,把中国特色社会主义伟大事业不断推向前进的文化基础。我们要不断增强文化自信,提升文化软实力,争取为新常态下中国特色社会主义事业的发展提供长久动力,为国家长治久安、社会和谐有序、人民安居乐业提供强大的精神支撑。党的十九大以来,我国对文化自信和文化软实力的建设更加重视。关于文化自信与文化软实力的理论研究主要从以下方面展开。

---

[1] 延明、周新辉:《应对逆全球化的策略》,载《党政论坛》2017年第10期。
[2] 潘超伟:《逆全球化现象的致因与中国对策研究》,载《中学政治教学参考》2017年第18期。
[3] 孙伊然:《逆全球化的根源与中国的应对选择》,载《浙江学刊》2017年第5期。

1. 文化自信与文化软实力的内涵

厘清文化自信的基本内涵，是文化自信研究的逻辑起点，也是树立和提升文化自信的实践起点。学术界的学者对文化自信的概念也进行了研究。文化自信并不是文化与自信的简单相加，而是"在把握文化发展历史、熟知文化基本内容、明确文化发展方向的基础上对自身文化价值作出的肯定性体认"①。冯静、张锐认为文化自信不是一个不证自明的概念，他们主张从三个维度来考察文化自信：一是对民族文化资源的认知；二是对影响文化自信的社会环境的考察；三是对文化传播机制及其传播效果的分析。②

文化自信体现了中华民族的底蕴底色。中华文化源远流长，积淀着中华民族最深层的精神追求，代表着中华民族独特的精神标识，为中华民族生生不息、发展壮大提供了丰厚的滋养。中国特色社会主义的文化自信，就是对五千年源远流长的优秀传统文化的自信。郭建宁认为，文化自信是一个民族对其文化精神清醒的自觉、坚定的认同、执着的追求和传承创新。③ 杜芳认为，中华优秀传统文化是文化自信的基石，文化自信是立足于中华优秀传统文化的信心。④ 仲呈祥指出，所谓文化自信，就是要对中国优秀传统文化充满自信，就是要对中国共产党领导人民创造的革命文化充满自信，就是要对社会主义核心价值观和实现中华民族伟大复兴的中国梦充满自信。⑤

约瑟夫·奈是第一个提出"软实力"一词的人。"文化软实力"是在党的十七大报告里正式提出的，它是党中央对文化的价值及其战略地

---

① 石文卓：《文化自信：基本内涵、依据来源与提升路径》，载《思想教育研究》2017年第5期。
② 冯静、张锐：《理解文化自信的三重维度》，载《理论导刊》2017年第4期。
③ 郭建宁：《文化自信与民族复兴》，载《前线》2017年第3期。
④ 杜芳：《中华优秀传统文化与文化自信》，载《探索》2017年第2期。
⑤ 仲呈祥：《中国优秀传统文化是中华民族最深厚的文化软实力》，载《前线》2017年第2期。

位的全新认同和论断。近年来，我国对文化软实力的研究成果也越来越多，关于文化软实力的内涵，也有多种说法。王春荣认为，文化软实力是一个国家综合国力的重要考量部分，包括政治、文化以及民族底蕴等一个国家的内在文化力量。① 高福进认为，文化软实力是综合国力的重要标志，就我国目前而言，它包含以下要素：我国数千年文明史积累起来的优秀传统文化；丰富多彩的民族文化；当今以社会主义核心价值观为导向的中国特色社会主义新文化；那些可以量化的文化产品及成果，包括影视、音乐、出版、新媒体等产业化运营的物质载体及其成果。② 文化软实力具有丰富的内涵，包含着多层次、多维度、多元素的内容，是一个国家和民族文化实力乃至精神力量的体现，也是当今世界制定国家文化战略乃至国家对内对外方略的参照指标。

2. 文化自信与文化软实力的多重研究视角

习近平关于文化自信的论述。文化自信是习近平总书记继道路自信、理论自信和制度自信之后提出的又一自信。党的十八大以来，习近平立足于实现中华民族伟大复兴的思想高度，对文化问题进行了深入的思考，并发表了一系列的讲话，从而形成了完整的文化思想，这对实现伟大民族复兴的中国梦有着重要的指导意义。张克兵研究了习近平关于当代中国文化自信力量源泉的三维审视，指出，中华优秀传统文化、中国特色革命文化和社会主义先进文化等文化形态，是具有深刻文化根基、文化内涵和文化理想的复合体系，是当代中国之所以可以并且能够实现文化自信的力量源泉。③ 陆卫明和孙泽海从文化自信的战略地位、提升文化自信的根本凭藉和增强文化自信的基本途径等三个方面阐释了习近平关于文化自信的论述。代金平和秦锐还从文化引导力、文化生产力、文化凝聚力、文化包容力、文化防御力、文化影响力、文化领导力

---

① 王春荣：《文化软实力的提升之道》，载《人民论坛》2017年第25期。
② 高福进：《试论文化软实力提升的战略意义》，载《贵州社会科学》2017年第9期。
③ 张克兵：《习近平关于当代中国文化自信力量源泉的三维审视》，载《湖湘论坛》2017年第1期。

等七个维度系统深入地研究习近平的文化自信的论述，具有重要的学理价值和现实意义。①

大学生与文化自信。以文化人，以文育人，文化对人成长的影响力毋庸置疑，因此关于大学生与文化自信的研究也是学者的研究重点。张军成、张世超分析了文化自信语境下对当代大学生进行革命传统文化教育的重要性和途径。刘带将文化自信与大学生理想信念教育相融合，从思想价值、实践价值、激励价值、目标价值、效能价值等五个方面阐述了大学生理想信念教育的途径，展示了文化自信在其中发挥的重要作用。② 目前，受社会思潮和外部环境的影响，大学生的文化自信受到了不同程度的挑战。许筱靖指出，涵育当代大学生的文化自信应当全方位、立体式地推进以文化人、以文砺人、以文育人，通过课堂教学渗透、专业训练融通、社会实践体悟、环境文化浸润来有效增强大学生的文化自信。③

社会主义核心价值观与文化软实力。核心价值观是文化软实力的基础要素，是国家存在和发展的和谐要素，是文化竞争力的核心要素。中国特色社会主义核心价值观作为当前中国文化软实力的内在精神要素，是团结全体人民走向未来的思想基础、精神灵魂、认同因子和向心力量。刘卓红指出，增强文化软实力与核心价值观的培育和践行是紧密相连的。培育和践行社会主义核心价值观要以增强文化软实力、建设文化强国为主要目标，把社会主义核心价值观融入文化软实力建设的各个方面，为文化软实力建设提供精神支撑，而文化软实力的强大又可以推进社会主义核心价值观的贯彻和执行，两者相辅相成。④ 孙绍勇指出，社

---

① 代金平、秦锐：《习近平文化自信思想的七个维度》，载《探索》2017 年第 4 期。
② 刘带：《价值向度：文化自信与大学生理想信念教育的融合》，载《教育评论》2017 年第 8 期。
③ 许筱靖：《大学生文化自信的生成机理及涵育路径》，载《教育评论》2017 年第 9 期。
④ 刘卓红：《社会主义核心价值观与文化软实力建设》，载《学习与探索》2017 年第 2 期。

会主义核心价值观对国家文化软实力塑造的关键在于使其实化、细化为人们的伦理道德自觉,在增强国民的伦理价值认知和道德素质水平的过程中,彰显国家文化软实力。他从国家伦理、社会伦理和个体伦理三个角度把握核心价值观塑造国家文化软实力的伦理价值内在契合;从道德理性、集体主义、以人为本三个维度认识核心价值观与国家文化软实力的伦理价值共识,以伦理道德的垂范力、感召力、聚合力凝魂聚气、强基固本,塑造国家文化软实力。①

3. 文化自信与文化软实力的提升途径

文化自信不是自然而然获得的,而是在文化自觉的基础上,通过推动文化的创新发展树立和提升起来的。文化软实力的提升也是建立在文化自信增强的基础上的。在新的历史境遇下,文化自信与文化软实力的提升可以从以下几个方面着手。

第一,继承发扬优秀传统文化。石文卓主张推动传统文化的创造性转化和创新性发展,在文化创新中提升文化自信。② 高福进认为,文化软实力的不断增强和提升有赖于从优秀传统文化这些肥沃土壤中大量地汲取营养,不仅如此,还必须将这些优秀的文化创造性地利用,使传统文化与时俱进,焕发出新时代的"青春靓丽"。③ 我国是四大文明古国之一,拥有着悠久的历史文化,我国目前所获得的成就也源自于优秀的传统文化和民族凝聚力。在现代化的发展和追求过程中,我们不能忘却了我们的传统文化,忽视文化力量对于推动经济发展的潜在动力。特别是在文化全球化日益扩大的新时期,我们更应该发掘传统文化资源,开发新的文化产品,充分发挥我国的文化资源优势,在世界舞台上展现自己

---

① 孙绍勇:《社会主义核心价值观塑造国家文化软实力的伦理价值意蕴》,载《湖湘论坛》2017年第6期。

② 石文卓:《文化自信:基本内涵、依据来源与提升路径》,载《思想教育研究》2017年第5期。

③ 高福进:《试论文化软实力提升的战略意义》,载《贵州社会科学》2017年第9期。

强大的文化软实力。①

第二,推进文化体制改革。当下,我国的文化产业迅速发展,我们应大力推进文化体制机制创新,为文化软实力的建设融入新元素,满足当代民众的精神文化需求。②文化的发展必须有制度作为保障。文化体制改革作为全面深化改革的重要内容,是增强文化竞争力的必然选择,是提升文化自信的必然要求。因此,石文卓指出,在兼顾文化事业和产业双重属性的前提下,改革文化管理体制,完善文化发展机制,扫清文化发展的制度障碍,这是增强文化自信、提升文化软实力的重要路径。③

第三,坚持推进马克思主义中国化,推动理论创新。马克思主义是中国文化发展的行动指南,它具有与时俱进的理论品质。因此,石文卓认为,推动马克思主义中国化,实现理论创新,这是永葆马克思主义生命活力的关键所在,也是提升文化自信的必经之路。④曾麒玥也强调要推动马克思主义与时俱进,必须进入当前的问题,对马克思主义进行进一步中国化,让新时代的中国人民,特别是中国的青年人真正认识到马克思主义对时代的适应性,对问题的解决能力,以现实促自信,坚实文化自信的思想根基。⑤

(三)"一带一路"倡议

"一带一路"是"新丝绸之路经济带"和"21世纪海上丝绸之路"的简称。该战略"是由中国主导,沿路、沿海各国自愿参与、协调、平

---

① 王春荣:《文化软实力的提升之道》,载《人民论坛》2017年第25期。
② 单昕、匡延昌:《中国文化软实力如何"硬"起来》,载《人民论坛》2017年第10期。
③ 石文卓:《文化自信:基本内涵、依据来源与提升路径》,载《思想教育研究》2017年第5期。
④ 石文卓:《文化自信:基本内涵、依据来源与提升路径》,载《思想教育研究》2017年第5期。
⑤ 曾麒玥:《文化自信的实现路径——习近平的文化自信观探究》,载《社会主义研究》2017年第4期。

等、互惠互利的贸易投资便利化的倡议和安排"①。"一带一路"倡议以"和平与发展"为时代主题，以"五通"为主要内容，推进全方位务实合作，打造经济、政治、文化等方面的一体化新格局。自"一带一路"倡议被提出以来，受到学者的广泛关注，也成为学术界一个研究重点。关于"一带一路"的理论研究主要从以下方面展开。

1."一带一路"建设的重要作用

"一带一路"战略是对古老丝绸之路的时代阐释，它以崭新的时代内涵为中国的改革开放注入新的生机活力，勾勒了中国与亚欧非国家深化合作的中国愿景。几年来，"一带一路"倡议的全面实施已经给中国和世界带来了深刻的影响，并将对中国和世界产生更加全面和深入的影响。

"一带一路"建设对中国自身的发展有着很大的推动作用。陈江生、田苗指出，"一带一路"倡议是"十三五"规划的重要支撑，它的实施不仅能够更好地改善我国发展的外部环境，而且也有利于我国全面深化改革的推进，还将引领新一轮全方位对外开放。另外，他们还指出，"一带一路"倡议的成功实施将有利于全面提高中国在世界经济中的话语权。②

站在整体世界史观的角度，我们可以看到，"一带一路"倡议构想的主要内容是符合世界历史整体发展趋向的，是世界历史整体发展到和平、发展、合作、共赢新时期的产物，因此它对世界各国的发展具有重要的意义。陈江生、田苗指出，"一带一路"倡议可以为世界经济增长注入新动力，为全球经济治理提供一种新模式，使全球治理结构不断朝着公平、合理的方向发展。另外，它强调的互联互通有利于破除国际经济交流合作的软硬件障碍，夯实发展合作、互利共赢的基础，为国际经

---

① 凌兰兰、陶士贵：《"一带一路"战略研究述评》，载《改革与战略》2017年第1期。
② 陈江生、田苗：《"一带一路"战略的形成、实施与影响》，载《中共党史研究》2017年第2期。

济合作奠定新基础。① 在胡德坤和邢伟旌看来，习总书记倡导的"一带一路"倡议构想是新形势下的和平发展模式，它能帮助各国快速发展，缩小南北差距，实现合作共赢；它能改进和完善当今世界秩序，促进多元国际社会的和谐共处。② 在当今这个全球一体化的时代，"和平、发展、合作、共赢"已成为当今时代潮流，"一带一路"倡议构想的提出更有利于各国间合作的加强，对世界历史整体发展具有积极的促进作用。

2. "一带一路"建设面临的挑战

"一带一路"倡议自提出以来，便受到各个国家的广泛关注。"一带一路"建设是一项涉及面广、周期长、任务重的宏大工程，从提出至今，"一带一路"建设取得了很大的进展，但也不可避免地面临一系列困难和挑战，这受到了学术界学者的关注和研究。

张燕生等人侧重于从经济发展的角度分析"一带一路"建设面临的挑战，即：重大设施联通建设项目隐含财务风险；境外经贸产业合作区建设和运营存在挑战；金融机构"走出去"面临着更大的金融风险；复杂多变的投资环境增大了决策风险。③ 傅梦孜和徐刚则从国际角度指出"一带一路"在建设过程中面临的困难与挑战：全球化退潮威胁严峻。2016年以来，全球政经领域"黑天鹅事件"频繁发生，如英国脱欧、美国特朗普胜选、欧洲右翼势力影响上升等一系列事件，这表明西方政治生态正发生急剧转变。另外，大国竞争与博弈的加剧也阻滞"一带一路"的推进。④

---

① 陈江生、田苗：《"一带一路"战略的形成、实施与影响》，载《中共党史研究》2017年第2期。

② 胡德坤、邢伟旌：《"一带一路"战略构想对世界历史发展的积极意义》，载《武汉大学学报（人文科学版）》2017年第1期。

③ 张燕生、王海峰、杨坤峰：《"一带一路"建设面临的挑战与对策》，载《宏观经济研究》2017年第11期。

④ 傅梦孜、徐刚：《"一带一路"：进展、挑战与应对》，载《国际问题研究》2017年第3期。

"一带一路"建设还受到沿线国家的影响。"一带一路"建设涉及亚欧非大陆上很多发展中国家,一些国家始终无法突破低收入陷阱,进入经济起飞阶段,另一些国家则长期无法突破"中等收入陷阱"。突破发展中国家面临的发展陷阱是一个世界性难题,这给"一带一路"建设带来不小的挑战。[1] 傅梦孜和徐刚指出,不少沿线国家政治环境不佳,对有关建设项目故意予以阻挠。同时,某些对华不友好的非政府组织等民间团体常以环保问题、拆迁问题、腐败问题等制造负面舆论,这些都对"一带一路"建设产生消极影响。[2] 李向阳也指出,沿途部分国家政府把"一带一路"理解为中国的对外援助项目,在参与"一带一路"合作项目中出现"等靠要"心态和向中方"索取高价"现象。甚至某些沿途国家,尤其是一些区域外大国质疑中国推进"一带一路"的动机。[3]

另外,还有学者从理论认知角度指出,由于"一带一路"涉及的领域很广,不同领域的学者把本领域内中国需要解决的问题都赋予在它身上,这使得目前在国内学术界,存在对"一带一路"的界定的"泛化"和"虚化"。[4] 还有的学者将地方政府的机会主义行为也视为"一带一路"建设面临的挑战。

3. 对"一带一路"建设面临挑战的应对

面临一系列的困难、挑战,我国应该采取多种措施应对,以更好地建设"一带一路",这也成为近年来学术界的研究热点。对"一带一路"建设面临挑战的应对措施主要可以归纳为以下几个方面。

注重国际合作,加强国际交流。前车之鉴后世之师,他山之石可以攻玉。我国在建设"一带一路"的过程中可以广泛吸收、接纳世界各国

---

[1] 张燕生、王海峰、杨坤峰:《"一带一路"建设面临的挑战与对策》,载《宏观经济研究》2017年第11期。

[2] 傅梦孜、徐刚:《"一带一路":进展、挑战与应对》,载《国际问题研究》2017年第3期。

[3] 李向阳:《"一带一路"面临的突出问题和出路》,载《国际贸易》2017年第4期。

[4] 李向阳:《"一带一路"面临的突出问题和出路》,载《国际贸易》2017年第4期。

的历史经验，如美国的马歇尔计划、日本的黑字还流计划、苏伊士运河、英法海底隧道建设等。这些措施、计划在技术、成本和工程等方面都有值得我们借鉴之处，因此，我们应该注重国际间的交流、合作。张燕生等人主张设立国际经济合作开发署，推动公平、创新、良治的新型全球化向前发展，以发挥"一带一路"作为扩大对外开放重大战略举措、作为经济外交顶层设计的功能等，以此来加强国际合作，统筹推进"一带一路"建设。① 傅梦孜、徐刚也曾指出，要处理好与大国特别是美国的关系，加强合作，避免对抗，互利共赢。另外，他们还主张推动"一带一路"机制化建设，共创新型合作模式，打造多元合作平台。②

从自身出发，凸显中国特色。"一带一路"建设是2013年习近平总书记提出的旨在促进我国与沿线国家的经济合作，共同打造政治互信、经济融合、文化包容的利益共同体、命运共同体和责任共同体的一项工程。因此，"一带一路"建设更应该是对中国文化、中国特色的彰显。傅梦孜和徐刚就指出，中国应秉承积极进取立场，坚持创新、协调、绿色、开放、共享等理念创新，以"一带一路"为抓手，推动具有中国元素、彰显中国智慧的新一轮全球化，吸引世界各国广泛参与。③

另外，还有学者从一个小方面入手提出建设建议。解然侧重于在绿色"一带一路"建设方面提出相关建议，如依托现有多双边环境国际合作资源网络、推动"一带一路"投资建设项目环境监管、加强人员交流与能力建设以及识别沿线各国在"一带一路"建设中的优势与诉求，突出"共商、共享、共建"，以"共赢"为导向，构建绿色"一带一路"

---

① 张燕生、王海峰、杨坤峰：《"一带一路"建设面临的挑战与对策》，载《宏观经济研究》2017年第11期。

② 傅梦孜、徐刚：《"一带一路"：进展、挑战与应对》，载《国际问题研究》2017年第3期。

③ 傅梦孜、徐刚：《"一带一路"：进展、挑战与应对》，载《国际问题研究》2017年第3期。

利益共同体。①

(四) 中国周边外交

十八大以后,我国调整了周边外交政策,将周边外交放在与大国外交同等的地位,这充分地体现了我国对周边外交的重视。一方面,周边是我国和平崛起的战略依托,我国的发展离不开世界尤其是离不开周边国家的支持和帮助;另一方面,我国"一带一路"建设的实施首先是把我国周边作为项目推进的核心区域,要让我国的发展惠及世界,首先就要惠及周边。不仅在实践中,理论界对中国周边外交也给予高度重视,掀起一股研究中国周边外交的热潮。关于中国周边外交的理论研究主要从以下方面展开。

1. 关于中国周边外交的理念

十八大以来,中央高度重视周边外交,因此,中国周边外交的理念也成为理论界学者的研究重点。陈瑞欣总结概括出十八大以来中国周边外交理念是:"亲、诚、惠、容"的周边外交理念、新型义利观、周边命运共同体理念以及和平发展的战略思想。②"亲、诚、惠、容"是新时期中国周边外交理念的精髓,是习近平在周边外交工作座谈会上特别强调的,它意指中国应与周边国家坦诚相见、互相信任、互惠互利、共同发展,以更加开放包容的胸襟促进和平、安定、繁荣的地区建设。新型义利观强调有原则、讲情义、讲道义,多向发展中国家提供力所能及的帮助。周边命运共同体理念是指把中国梦同周边各国人民过上美好生活的愿望、同地区发展前景对接起来,与周边国家一起建成周边命运共同体。王鹏指出,我国既奉行"亲诚惠容"的周边外交理念,但同时也有

---

① 解然:《绿色"一带一路"建设的机遇、挑战与对策》,载《国际经济合作》2017年第4期。
② 陈瑞欣:《十八大以来中国周边外交理念与实践的新发展》,载《当代中国史研究》2017年第3期。

一定底线,那就是有决心、有能力维护自身的主权和合法权益。① 另外,就像习总书记所说,我国奉行防御性的国防政策,坚持永远不称霸,永远不搞扩张。

关于新时期中国周边外交理念之间的关系。陈瑞欣指出,周边命运共同体理念是新时期中国周边外交的最高目标。"亲诚惠容"的周边外交理念是周边外交的精髓和总括;新型义利观是"惠"的发展,是周边外交的方针;走和平发展道路、坚守底线思维是实现周边命运共同体的方式。这四者各有侧重,但相互之间又紧密联系,相互依托,相辅相成。② 羊绍武则分析了"亲诚惠容"周边外交理念中"亲""诚""惠""容"四者之间的内在联系,它们各有内涵,又融为一体,共同构成党处理周边关系理念的一个有机整体。③

2. 中国周边外交的重要性

习近平总书记上任一开始,就高度重视周边外交工作,他在 2013 年 10 月召开的"周边外交工作座谈会"上,就明确指出周边外交工作的重要性。周边国家对我国具有十分重要的意义,不管是从地理方位还是从日后发展来看,我国都应该发展好同周边国家的外交关系。其实从这次会议就可以看出中国周边外交的重要性。"这是自 1949 年新中国成立以来中国外交的最高级别会议,也是中央首次就周边外交工作专门召开的一次会议,由此可见中央对周边外交工作的重视程度。"④

关于中国周边外交的地位,许多学者都明确指出其重要性。王鹏指出,中国有 14 个陆上邻国和 6 个海上邻国,如何搞好周边外交,营造良

---

① 王鹏:《砥砺奋进的大国外交:永不称霸但也决不可欺》,载《中国报道》2017 年第 11 期。

② 陈瑞欣:《十八大以来中国周边外交理念与实践的新发展》,载《当代中国史研究》2017 年第 3 期。

③ 羊绍武:《"亲诚惠容"周边外交理念的内在联系及其实践》,载《学理论》2017 年第 12 期。

④ 陈瑞欣:《十八大以来中国周边外交理念与实践的新发展》,载《当代中国史研究》2017 年第 3 期。

好的周边安全环境，对于实现中国崛起、民族复兴至关重要。① 孔志国、罗建波通过阐述中国周边现状及存在的困局来说明中国周边外交的重要性，他指出，中国及中国周边地区是世界上重要的地区，涉及众多利益攸关方。中国的强大给周边国家带来一定的压力，形成了目前中国周边问题诸多困局。② 因此，中国周边外交问题成为目前必须解决的重大问题，其重要性也不言而喻。王俊生也指出，党的十八大以来，中国政府将周边外交放到与大国外交同等重要的位置，中国外交由此前的"一个重心"变成"两个重心"。③ 这些都是对中国周边外交重要性最好的证明。

3. 关于中国周边外交的实践

十八大以来，我国周边外交实践取得了很大的进展。陈瑞欣指出，十八大以来我国不断加强与周边国家政治互信，建立互信、包容、合作、共赢的新型伙伴关系；深化与周边国家经济融合，"一带一路"建设、丝路基金、亚洲基础设施投资银行等，均已全面展开；拓展与周边国家在传统安全和非传统安全领域（反恐、减贫、禁毒、绿色能源等）的合作；扩大与周边国家的人文交流，加大对周边国家教育援助力度，与周边国家互办友好年等。④ 李晨阳、杨祥章也表示，进入21世纪以来，我国与周边发展中国家的合作取得了明显成效，合作机制不断丰富，合作领域逐步扩大，合作程度日益深化。⑤ 具体来说，王鹏也通过一系列事例，如中国—东盟"2+7"合作框架的提出，澜沧江—湄公河

---

① 王鹏：《砥砺奋进的大国外交：永不称霸但也决不可欺》，载《中国报道》2017年第11期。

② 孔志国、罗建波：《试论儒家文化在中国周边外交中的作用》，载《山东行政学院学报》2017年第1期。

③ 王俊生：《重塑战略重心：十八大以来的中国周边外交》，载《当代世界与社会主义》2017年第2期。

④ 陈瑞欣：《十八大以来中国周边外交理念与实践的新发展》，载《当代中国史研究》2017年第3期。

⑤ 李晨阳、杨祥章：《论21世纪以来中国与周边发展中国家的合作》，载《国际展望》2017年第2期。

合作机制的建立,我国同所有中亚国家战略伙伴关系的建立以及与南亚国家合作的显著增强等说明,在砥砺奋进的五年中,我国与周边睦邻友好合作迈上了新的台阶。① 郑启荣具体说明了 2016 年中国周边外交取得的进展,突出表现在以下几个方面:目标更加明确;机制更加完善,积极推动周边各种机制建设;开展周边外交的手段更加丰富务实;方法更加灵活,既积极主动,又顺势而为。②

当然,中国周边外交在取得进展的同时,也面临一些挑战。郑启荣就指出,中美在中国周边地区的博弈在过去一年有所加剧,中国面临着能否有效管控分歧的问题;中国还面临稳住周边局势的问题,如与越南、马来西亚、文莱等国的关系;我国周边存在不少安全隐患,包括朝鲜半岛局势、中亚局势、阿富汗局势和缅甸局势等,周边安全能否得到维护,半岛紧张局势能否化解,这也是很大的挑战。③

三、在问题的反思中不断实现马克思主义哲学的当代出场

"反思的问题学"的本质和关键就是问题反思,它立足于"问题"来开展研究,主要是为了深刻剖析、反思时代问题,最终为解决实际问题奠定基础。马克思主义哲学的实践性和时代性品格决定了其必然要对现实问题进行反思。从实践性来看,马克思哲学不是思辨哲学,而是实践哲学,它以"改变世界"为己任。因而它必须面对现实生活中的重大问题,对其在反思的基础上进行解答。从时代性来看,马克思主义哲学是"时代精神的精华",因而它必须面对时代性的问题,通过哲学的方式解答时代问题,从而保证其与时代的同步性。

---

① 王鹏:《砥砺奋进的大国外交:永不称霸但也决不可欺》,载《中国报道》2017 年第 11 期。
② 郑启荣:《中国周边外交的新进展与新挑战》,载《边界与海洋研究》2017 年第 3 期。
③ 郑启荣:《中国周边外交的新进展与新挑战》,载《边界与海洋研究》2017 年第 3 期。

对时代问题的反思有利于使马克思主义哲学永葆生机和活力。马克思主义哲学十分注重反思精神，当代马克思主义哲学也是在问题的哲学反思中不断实现自身的出场，从而实现在不同的时代背景中始终保持自身的在场状态的。马克思主义哲学所关注的时代问题是真正能反映现实生活的问题，对这些现实问题进行深刻反思，能够抓住时代的脉搏，使马克思主义哲学研究能够与时俱进，得到创新发展。聚焦问题、反思问题、进而解决问题，这是马克思主义哲学的使命，也是马克思主义哲学研究创新的必然路径。

(作者孟献丽系江苏师范大学当代中国马克思主义哲学研究范式创新研究中心研究人员，副教授，博士；研究方向：马克思主义理论与社会发展问题。)

2017年马克思主义哲学中国化研究范式：延续、传承与创新

覃世艳

[摘 要] 马克思主义哲学中国化研究既以自身为对象，考察马克思主义哲学中国化的历史与传统，又以中国具体实际为反思对象，为中国社会主义现代化事业提供"思想智慧"。该范式日益凸显其规范性与功能性、历史性与现实性、总体叙事与微观叙事以及政治话语与学术话语相结合的多重特点。总体而论，2017年的马克思主义哲学中国化研究范式既有延续了对传统论题的持续性关注，更有直面中国实践创新的新的哲学思考。当前应特别注意以下五大问题：对马克思主义哲学中国化的一些误读、误判，不同历史时期马克思主义哲学如何进行自我同一性论证，如何具体看待马克思主义哲学中国化进程中党的创新与学术创新、政治话语与学术话语的关系，如何避免研究的工具化和实用化倾向，如何解决中国马克思主义哲学的理论创新乏力等。应注重发挥马克思主义哲学的批判性和前瞻性功能，不断促进马克思主义哲学中国化的理论创新和实践创新。

[关键词] 2017年 马克思主义哲学中国化研究范式 延续 传承 创新 问题

马克思主义哲学中国化研究是当前中国马克思主义哲学创新图谱九种范式①中的突出范式、甚至"根本范式"②，是深度总结百余年马克思主义中国化的历史经验，将马克思主义中国化道路自信转化为方法论自觉的研究范式。③ 从方法论自觉的角度来看，"后教科书时代"的马克思主义哲学中国化研究范式很难诉诸体系化冲动，而凸显解决时代关切的"问题意识"，并逐渐形成了具有某种共识性倾向的"路径依赖"，比如主张通过积极关注和回答21世纪中国重大现实问题，深化马克思主义哲学中国化研究；通过相关论著、论点和人物的研究，特别是我党的理论创新厘清马克思主义哲学中国化的思想轨迹；通过历史经验，检视并发展中国化的马克思主义哲学。

一、范式再议

任平认为，"一个学派的研究范式就是一个学派共同遵守的理论纲领。"④ 库恩也将是否形成研究范式作为判断是否形成了科学家共同体的根本标准，认为"范式是一个成熟的在某段时间内所接纳的研究方法、问题领域和解题标准的源头活水"⑤，范式就是行动指南。百余年来，马克思主义哲学中国化研究就其根据、实质、目标、理路、方法、立场等方面越来越趋向共识和规范化。比如，马克思主义哲学中国化的根据是由马克思主义哲学的理论特质和中国实践需要所共同决定的，实质是马

---

① 任平：《当代中国马克思主义创新范式图谱》，载《中国社会科学》2017年第1期。
② 汪信砚：《范式的追寻——作为范式的马克思主义哲学中国化研究》，北京：人民出版社2014年版，第57页。
③ 任平：《论马克思主义中国化的研究范式——为〈实践论〉问世80周年而作》，载《武汉大学学报（哲学社会科学版）》2017年第4页。
④ 任平：《论当代中国马克思主义哲学研究的出场学派》，载《江海学刊》2017年第2期。
⑤ 托马斯·库恩：《科学革命的结构》，金吾伦、胡新和译，北京：北京大学出版社2003年版，第95页。

克思主义哲学与中国实践的双向对象化①,目标是寻找中国道路、解释中国道路、引领中国道路,理路是关注马克思主义哲学中国化历史和关注中国具体实际,方法是历史与逻辑、理论与实践保持一致,立场是中国的马克思主义等。

马克思主义哲学中国化研究范式还日益凸显其功能化特点。功能化特点指越来越注重对中国问题的回应、对中国经验的凝练、对中国话语的倡导、对中国新文明类型的概括、并力图对中国道路有所引领等。中国化的马克思主义哲学从来不是现成的教条,而具有直接现实性、批判性和前瞻性的理论品格。马克思主义哲学中国化的功能定位不是脱离中国实际的抽象的哲学思辨,不是对中国实践片断进行无根基的理论剪裁,不是扮演国外理论的搬运工和话语复读机,而是与时俱进,不断检视、解释和引领中国实践的理论锐器。

马克思主义哲学中国化研究范式比较特别:一方面,它是以自身为反思对象的研究范式,通过考察马克思主义哲学中国化的历史和理论,归纳基础性理论问题,同时把握马克思主义哲学中国化的内在规律;另一方面,它又是直面中国具体实际、与时俱进的研究范式,通过不断的马克思主义中国化和中国实际的马克思主义化,以丰富和发展马克思主义。它不断地将马克思主义哲学转化为中国实践,同时又将中国经验进行及时的哲学审视和理论凝练,为中国的社会主义现代化发展提供"思想智慧"。客观上,马克思主义哲学与中国实践之间彼此呼应、相互批判、双向转化,中国的革命、建设和改革正是在中国马克思主义哲学的思想指导之下取得的,反过来,中国马克思主义哲学正是对中国现代化发展历程的哲学总括。应在马克思主义哲学中国化视域中把握当代中国实践发展与创新,也应在当代中国实践创新的视域下把握马克思主义哲学中国化的发展与创新,此亦几近成为学界共识。

---

① 董波、覃世艳:《论马克思主义与中国传统文化融合的内涵及其实现》,载《毛泽东思想研究》2016年第6期。

如何定位马克思主义哲学中国化研究范式？如何看待该范式与其他马克思主义哲学范式之间的关系？范式问题在本年度亦有所探讨。任平认为，至少有九种当代中国马克思主义哲学创新图谱，而马克思主义中国化研究范式是其中一种。还从方法论的角度肯定了该范式，认为它"是深度总结百余年马克思主义中国化的历史经验，将马克思主义中国化道路自信转化为方法论自觉的研究范式"。① 该范式的理论特点和创新功能是：聚焦中国问题，我们的研究要以中国问题为中心；坚守中国立场，我们研究中国问题的立场要坚定地从中国人民立场出发；创新中国视域，要有自己的理论眼光和理论视域；原创中国理论，真正解释和指导自己的实践；形成中国学术话语，使中国学术走出国门，影响世界学术。②

汪信砚的回答则略有变化。他曾认为马克思主义哲学中国化研究范式是"整个中国马克思主义乃至整个中国人文社会科学的根本研究范式"，"整个中国马克思主义研究应该紧紧围绕着把马克思主义与中国的具体实际相结合这个中心来展开，它的理论目标就是要使马克思主义从内容到形式完全变成中国的东西，不断创造出与时代要求和中国社会发展需要相适应的中国的马克思主义；是否有利于推进马克思主义中国化，应该成为衡量中国马克思主义研究的问题和成果的意义的标准。"③ 同时，区分了狭义的马克思主义哲学中国化和广义的马克思主义哲学中国化，认为广义的马克思主义哲学中国化才是中国马克思主义哲学创新的根本范式。狭义的马克思主义哲学中国化是指将它仅仅作为中国马克思主义哲学的一个研究领域；广义的马克思主义哲学中国化则是指将它

---

① 任平：《论马克思主义中国化的研究范式——为〈实践论〉问世80周年而作》，载《武汉大学学报（哲学社会科学版）》2017年第4版。
② 任平：《当代中国马克思主义哲学创新学术史的范式图谱演化》，载《当代中国马克思主义哲学研究（2016）》，北京：中央编译出版社2017年版，第8页。
③ 汪信砚：《范式的追寻——作为范式的马克思主义哲学中国化研究》，北京：人民出版社2014年版，第59页。

作为整个中国马克思主义哲学的根本范式,整个中国马克思主义哲学研究都是为了把马克思主义哲学中国化,把包括马克思主义哲学基础理论、马克思主义哲学史(包括马克思主义哲学经典文本)、现当代国外马克思主义哲学等中国马克思主义哲学各个领域的研究都自觉地以马克思主义哲学中国化为理论目标、解释原则和评价标准。①

不过,用广义马克思主义哲学中国化研究范式取代狭义马克思主义哲学中国化研究范式,表面上突出了马克思主义哲学中国化研究范式,但实质上貌似有取代、甚至取消其他一切范式之嫌疑。不知道是否因为这个缘故,2017年汪信砚的回答有了变化,他不再坚持"根本范式"之说,而称之为"应有范式",认为它不同于当前学术研究中这样那样的"无根"的范式,而是当代中国马克思主义哲学研究的应有范式。他也从方法论的高度肯定了马克思主义哲学中国化研究的重要性和必要性,"当代中国马克思主义哲学研究一直受到方法论上的严重困扰,其突出表现就是始终未能对马克思主义哲学中国化这一应有的研究范式形成真正普遍的共识。要推进当代中国马克思主义哲学研究的深入发展,首先必须摆脱这一方法论上的困扰,牢固确立马克思主义哲学中国化的研究范式。"② 于是,关于马克思主义哲学中国化研究范式,作为当前马克思主义哲学创新范式研究的两位重要前辈——任平先生和汪信砚先生的看法几近一致。

二、关注马克思主义哲学中国化基础理论的研究理路

21世纪以来马克思主义哲学中国化成就显著,取得了不少共识,比如马克思主义中国化的思想脉络渐被厘清,马克思主义中国化的历史进

---

① 汪信砚:《马克思主义哲学中国化:传统与创新》,北京:北京师范大学出版社2017年版,第139页。

② 汪信砚:《马克思主义哲学中国化:传统与创新》,北京:北京师范大学出版社2017年版,第144页。

程日显明晰，马克思主义中国化的理论前提、现实条件和实现机制问题得到了深度耕犁，马克思主义中国化的基本经验和内在规律有了初步总结，重要代表人物思想研究已普遍展开等。① 本年度延续了对这些传统论题的研讨，并有所创新。

安启念指出，马克思主义哲学中国化必须开启新的历史阶段，因为今天中国社会发展进入了新的历史阶段。今天的马克思主义哲学中国化将面临着新的中国社会问题，比如如何解决当前中国人的生存困境和价值观缺失、信仰缺失、精神家园缺失的问题。这一新阶段主要的不是寻找客观规律，不是凸显工具理性，而是高扬价值理性，确立新的判断是非的价值标准。应回到早期马克思的人学思想之中。②

许俊达则进一步提出，伴随着时代变迁，构成马克思主义哲学某一阶段的体系特征和核心范畴也应转换。在马克思主义哲学中国化不同历史时期，应注重提炼具有不同标识性的新范畴新理论，这也是马克思主义哲学中国化的创新。③

丰子义关注了马克思主义哲学中国化的逻辑转换问题。他认为，要经历"把马克思主义哲学从'一般化'转向'时代化'"和"把马克思主义哲学从'时代化'转向'现实化'"这两次逻辑转换。要实现这两次转换，就必须加强问题研究、突出问题导向。在方法论上注意以下几点：第一，要恰当地提炼出"真问题"；第二，研究"中国问题"要有全球视野；第三，研究"中国问题"要关注实践逻辑。将"中国问题"纳入到当代中国发展的实践逻辑中来理解和把握。④

---

① 汪信砚：《范式的追寻——作为范式的马克思主义哲学中国化研究》，北京：人民出版社2014年版，第66—71页。

② 安启念：《马克思主义中国化的新阶段与中国马克思主义哲学》，载《北京行政学院学报》2017年第2期。

③ 许俊达：《论马克思主义哲学中国化的范畴转换》，载《重庆邮电大学学报（社会科学版）》2017年第4期。

④ 丰子义：《马克思主义哲学中国化的逻辑转换与问题导向》，载《重庆邮电大学学报（社会科学版）》2017年第4期。

倪志安重新思考了马克思主义哲学中国化的主体问题。他认为有两种：一种是"实际行动主体"，即马克思主义哲学中国化理论创新和实践创新的主体，既包括个体的人，又包括群体的人。另一种是"理论导向主体"，即马克思主义哲学中国化活动中的"谁化谁"的问题，只能用"马克思主义哲学"去化"中国实际的重大问题、中国传统的优秀文化"等，而不是相反。并非传统"体用关系"思维模式和"主客体关系"思维模式中的主体问题。①

关于马克思主义哲学中国化的方法论问题，叶险明认为，没有现成答案。② 郝万喜主张"中西马"会通方式建立中国化马克思主义哲学。③ 胡娟主张，用辩证叙事探究的方法去解决马克思主义哲学的宏大叙事与中国现实多样性之间的矛盾。④

值得关注的是，众多学者提出了马克思主义哲学中国化的中国话语方法。任平认为中国话语不仅是中国风格、气派、品格最直接、最具有标志性的存在，更是民族思想存在的象征。中国话语的创制应当在三个坐标系中展开：全球文明对话、古今对话、马克思主义与非马克思主义之间对话。中国话语的创制应当遵循四个原则：整体性继承原则、综合批判性创新原则、历史性梳理原则和思想引领原则。⑤

庄友刚提出马克思主义哲学的原初话语形式并不能直接用于指导中国的社会建设，教条主义地理解和应用必然招致重大的消极后果；同时，要对中国特色社会主义实践新进展进行理论概括，也必须创新话语方式。中国话语的马克思主义哲学首要是对当代中国特色社会主义的概

---

① 倪志安：《马克思主义哲学中国化的"主体"问题》，载《重庆邮电大学学报（社会科学版）》2017年第4期。

② 叶险明：《马克思主义哲学中国化研究中的两个方法论问题》，载《重庆邮电大学学报（社会科学版）》2017年第4期。

③ 郝万喜：《马克思主义哲学中国化路径研究》，载《人民论坛》2017年第13期。

④ 胡娟：《马克思主义哲学中国化的方法论》，载《学术探索》2017年第2期。

⑤ 任平：《走向世界的中国学术：解答新全球化时代问题的中国方案》，载《苏州科技大学学报（社会科学版）》2017年第1期。

括与反应，它在内容上必然以独特的新范畴或是新范式来呈现，它同时还是理论形式的创新、范式的创新等。①

韩庆祥、王海滨指出，中国话语方法背后的支撑是现实逻辑、现实问题。研究当代中国发展的现实逻辑和中国问题，必然会产生一系列的中国话语。中国话语自觉是提升中国话语权的重要方式，要注意言之有向，言之有物，言之有道，言之有理，言之有效，言之有信，言之有声，言之有力。②

赵士发认为中国话语方法有助于解决当代中国面临的"挨骂"问题。应以马克思主义中国化为核心构建当代中国话语体系。要强化汉语的作用和地位。要对当代中国话语体系与中国特色社会主义现代化、社会主义核心价值观、中国道路、中国人的生存和发展等问题进行系统研究。③

刘超、李一楠也认为中国话语方法有利于摆脱西方霸权，是塑造中国形象、表达中国态度的话语支撑，是发展中国特色哲学社会科学的应有之义。中国话语体系的价值内核是社会主义核心价值观。构建原则是坚持马克思主义为指导，继承传统文化的优秀基因，赋予话语"世界意义"。④

---

① 庄友刚：《论中国话语马克思主义哲学的建构》，载《中国矿业大学学报（社会科学版）》2017年第6期。
② 韩庆祥、王海滨：《建构"理论中的中国"与中华民族的"学术自我"——现实逻辑、中国问题和中国话语》，载《江海学刊》2017年第3期。
③ 赵士发：《马克思主义中国化与当代中国话语体系的构建》，载《马克思主义哲学研究》2017年第1期。
④ 刘超、李一楠：《中国化马克思主义话语体系：价值内核与构建原则》，载《理论学习》2017年第10期。

三、关注马克思主义哲学中国化历史的研究理路

汪信砚认为,"离开对马克思主义哲学中国化历史的研究,是不可能把握马克思主义哲学中国化的内在规律的。"① 对马克思主义哲学中国化历史的研究,是为了把握马克思主义哲学中国化的理论内涵、历史进程、发展规律。本年度马克思主义哲学中国化的历史研究主要聚焦在对毛泽东《实践论》和《矛盾论》(以下简称"两论")的当代价值方面。

(一)对"两论"的当代解读

2017年正好是《实践论》、《矛盾论》发表80周年,"两论"是马克思主义哲学中国化的光辉典型,是马克思主义哲学中国化的奠基之作。如何在新时代重新诠释两论的理论价值和实践价值、如何建构"两论"在新时代的出场方式等成为了本年度的研究热点之一。

王伟光认为"两论"是自觉按照马克思主义的基本立场观点方法,充分吸取中国优秀传统文化的有益要素,并从哲学层面进行了系统深入的理论概括和总结,具有高度的科学性和真理性,代表了马克思主义哲学中国化所应有的理论高度。它是总结中国革命经验教训的产物,是指导中国共产党正确领导中国实践的强大思想武器。在马克思主义哲学史上,"两论"第一次对认识的辩证发展过程作了科学全面的论述。"两论"创造性地运用中国话语、中国概念,提出了"从实践到认识,又从认识到实践""从群众中来,到群众中去""实践是真理的标准""改造客观世界,也改造自己的主观世界"等一系列中国化的马克思主义认识论的标识性概念。发展了列宁的真理观。体现了马克思主义哲学辩证法

---

① 汪信砚:《马克思主义哲学中国化:传统与创新》,北京:北京师范大学出版社2017年版,第34页。

中国化的理论与话语创新体系。①

杨瑞森认为,"两论"是马克思主义哲学中国化的标志性理论成果,是中国革命历史经验的哲学总结,为我们党确立和坚持正确的思想路线奠定了坚实的理论基础。贯穿在"两论"中的精神实质或理论精髓是求真务实,它是我们党领导中国革命、建设和改革伟大事业取得胜利的方法论指南。"两论"完整地、明晰地和创造性地揭示和阐发了马克思主义认识论和辩证法的深刻道理,它是我们学习马克思主义特别是学习马克思主义哲学基本理论的极好教材。"两论"采用大众喜闻乐见的语言和写法,具有鲜明的中国作风和中国气派,是实现马克思主义民族化和大众化的杰出典范。"两论"是中华优秀传统文化的继承、弘扬和发展。研究"两论"的当代价值要深入探讨"两论"同弘扬中华优秀传统文化的关系及"两论"同习近平新时代中国特色社会主义思想的关系。②

孙正聿认为,从现实意义上看,毛泽东的这两部著作都是"转识成智"、指导实践的世界观和方法论。③

何建华认为,"两论"不仅以其理论创新丰富和发展了马克思主义哲学,更重要的是以其实践引领推进了马克思主义哲学的中国化。"两论"着眼于中国革命重大问题的哲学反思,善于把经验性认识上升到哲学高度加以审视。"两论"着眼于哲学的理论创新,善于在同具体实际的结合中不断推进马克思主义哲学的中国化。"两论"着眼于世界观和方法论的实践运用,善于通过不断改造主观世界提高实事求是的能力。④

---

① 王伟光:《读懂用好〈实践论〉〈矛盾论〉的哲学智慧》,载《理论参考》2017年第10期。

② 杨瑞森:《关于"两论"的当代价值(一)——纪念〈实践论〉〈矛盾论〉发表80周年》,载《马克思主义理论学科研究》2017年第6期。

③ 孙正聿:《毛泽东的"实践智慧"的辩证法——重读〈实践论〉〈矛盾论〉》,载《理论参考》2017年第10期。

④ 何建华:《马克思主义哲学中国化的基本经验——纪念〈实践论〉〈矛盾论〉发表八十周年》,载《政工学刊》2017年第12期。

赵士发、王颖辉认为,"两论"批判了教条主义和经验主义,这二者是导致革命道路上"左"倾冒险主义、右倾机会主义和城市武装暴动等的主观原因。教条主义和经验主义的错误思想根源就在于割裂了世界观与历史观的统一。"两论"对中国特色社会主义现代化事业的重要启示:一是重视对哲学基础理论的学习与克服教条主义束缚;二是注重对中国哲学与中国传统文化的继承与发展。三是推进马克思主义哲学中国化与当代中国话语体系的构建。①

张明提出建构"两论"的当代出场方式。首先,对"两论"的理解应当突破单纯哲学文本或历史文献的单一定性,而上升到"马克思主义哲学中国化典范"的高度以锚定"两论"的理论与现实坐标,这是解决"是什么"的问题。其次,当前历史条件下阅读"两论",绝非是拘泥于对其中具体结论或抽象哲学概念的"专研",而是对其中闪耀的普遍性哲学思维的灵活运用,这是解决"读什么"的问题。最后,阅读"两论"必须实现走出书斋、面向实践的逻辑转换,围绕我们正在做的事情展开阅读,结合新的时代特点与实践经验撰写出21世纪的"两论",这是解决"怎么读"的问题。②

(二)其他方面的马哲史考察

康文龙探讨了大革命时期,中国共产党人在马克思主义哲学中国化方面的一系列探索,认为新青年社出版的《中国革命论文集》是这一时期重要的理论成果。③刘小红探讨了延安时期,以毛泽东为核心的中国马克思主义者没有教条地从理论出发寻找出路,没有盲目遵从共产国际

---

① 赵士发、王颖辉:《〈实践论〉与〈矛盾论〉的内在关联及时代价值》,载《理论参考》2017年第10期。

② 张明:《建构〈实践论〉〈矛盾论〉的当代"出场"方式》,载《贵州社会科学》2017年第12期。

③ 康文龙:《早期中国共产党人马克思主义哲学中国化成果的问题》,载《重庆邮电大学学报(社会科学版)》2017年第4期。

的主张，没有照搬苏联经验，而是立足中国社会实践，具体分析中国的社会状况，寻找出路，马克思主义哲学中国化实现了走向实践的跨越和发展，这是马克思主义哲学与中国社会的实质性融合。①

张明认为，从理论与实践双位叠合的视角而言，党的六届六中全会标志着马克思主义中国化完整逻辑起点的生成。马克思主义中国化的逻辑起点始自党的六届六中全会"马克思主义在中国的具体化"。②

杜运辉继续了对马克思主义哲学中国化进程中重要历史人物张岱年的研究。在中、西、马"三流合一、综合创新"视阈下，张岱年先生把哲学史诠释和哲学创新相结合，主张以"析古"态度分疏中国传统哲学的浅层思想与深层奥义。他还积极推动马克思主义哲学与中国优秀传统哲学相结合，最早建立了比较系统化的中国化马克思主义价值哲学、文化哲学和人生哲学。他也发扬中国传统哲学重视价值和人生等优长，反拨西方现代哲学本体论、人生论、价值论的某些偏向。张岱年的哲学实践，对当代中国哲学继续坚持中、西、马思想资源的多样性、面对现实凝练问题意识的创造性、以中国化马克思主义为主导原则的系统性相结合有着重要启迪。③

周可则关注了马哲史中的李达。认为，李达通晓中国古代文史典籍，对中国古代的政治、经济和文化有充分了解，具有深厚的传统文化素养。他运用马克思主义的理论和方法探究中国古代社会、历史和思想文化，思考中国革命和民族命运问题，在诸多研究中代表了马克思主义与中国传统文化相结合的批判研究路径。考察李达与中国传统文化的关系，有助于揭示马克思主义中国化的丰富内涵，推进马克思

---

① 刘小红：《延安时期马克思主义哲学中国化的实践转向》，载《学术探索》2017年第2期。

② 张明：《马克思主义中国化逻辑起点的双重维度——基于"实践型"与"理论型"的二元界划》，载《高校马克思主义理论研究》2017年第1期。

③ 杜运辉：《中国传统哲学转型的综合创新路径——以张岱年哲学为中心的考察》，载《理论与现代化》2017年第6期。

主义中国化。①

四、关注中国传统文化现代性转化的研究理路

马克思主义哲学中国化需要具备世界视野，但更重要的是要扎根于中华文化沃土。中国传统文化是中华民族的独特标识、精神命脉和文化根基，它"植根在中国人内心，潜移默化影响着中国人的思想方式和行为方式。今天，我们……必须从中汲取丰富营养，否则就不会有生命力和影响力。"② 马克思主义哲学中国化面临着挖掘中国本土思想资源、推动包括中国传统哲学在内的中国传统文化实现创造性转化创新性发展的文化使命。

（一）中国优秀传统文化创造性转化的必要性

陈先达认为，在当代中国社会，要培育人民的文化自信，应继承和发扬革命文化和社会主义先进文化，并在创造性转化和发展中继承中国传统文化，正确处理马克思主义与中国传统文化的关系，创造出与社会主义经济制度和政治制度相适应的文化形态。③ 徐家林认为，中国传统文化在当代中国文化结构中的地位和价值主要体现在为中国治国理政提供具体经验，为中国人民提供生存智慧与道德伦理。当代中国文化需要以马克思主义为核心并在马克思主义指导下进行整合，以形成中国特色社会主义新的文化体系和文化结构。④ 谢连生也认为，哲学是文化的核心，文化自信的基础是哲学自信，马克思主义哲学与中国传统哲学的融

---

① 周可：《论李达与中国传统文化》，载《哲学动态》2017 年第 2 期。
② 《习近平谈治国理政》（第一卷），北京：外文出版社 2014 年版，第 170 页。
③ 陈先达：《中国传统文化的创造性转化和发展》，载《前线》2017 年第 2 期。
④ 徐家林：《马克思主义、中国传统文化与当代中国文化整合》，载《毛泽东邓小平理论研究》2017 年第 3 期。

合是增强中国哲学自信的重要路径。①

（二）马克思主义与中国传统文化关系及其历史演进

吴洋认为，传统文化与马克思主义中国化融合是马克思主义发展的需求，它是社会实践发展的需求。传统文化能为马克思主义中国化提供土壤，而马克思主义中国化需要找到与传统文化的结合点，马克思主义中国化需要对传统文化进行批判性的改造。传统文化在马克思主义中国化中具有符号价值和发展价值。此外，二者还具有互补价值。应利用优秀传统文化的表达方式和语言形态推动马克思主义中国化，同时在马克思主义中国化中注重发展优秀传统文化，构建精神家园。② 侯菲菲等主张，实现中国传统哲学与马克思主义哲学的融合发展，一方面，要自觉运用马克思主义哲学的立场、观点和方法分析看待中国传统哲学；另一方面，在大力推动中国传统哲学走向现代化的进程中，积极为马克思主义哲学中国化的发展提供源源不断的思想营养与力量源泉。③ 不过，黄仕成认为，追求马克思主义哲学与中国传统文化无缝隙的"融合"是不符合历史发展规律的。④

丁俊萍等认为，马克思主义与中国传统文化之间的关系经历了一个历史过程。19世纪末至五四运动前，马克思主义借助中华传统文化传入中国；五四运动至20世纪30年代前中期，马克思主义客观上对中华传统文化形成冲击；20世纪30年代后期至50年代末，马克思主义与中华传统文化开始有机结合；20世纪50年代末至十一届三中全会前，"左"倾错误对中华传统文化的批判与否定，严重破坏了马克思主义与中华传

---

① 谢连生：《马克思主义哲学与中国传统哲学融合视野中的文化自信》，载《马克思主义哲学论丛》2017年第4期。

② 吴洋：《中国传统文化与马克思主义的融合与发展》，载《人民论坛》2017年第2期。

③ 侯菲菲等：《略论马克思主义哲学与中国传统哲学融合的价值向度》，载《北京交通大学学报（社会科学版）》2017年第3期。

④ 黄仕成：《对马克思主义与中国传统文化"融合论"的反思》，载《理论与现代化》2017年第6期。

统文化的结合;1978年党的十一届三中全会以后,马克思主义与中华传统文化重新结合。① 郭英敏提出,马克思主义与中国传统文化的融合经历了传播与依附、争鸣与交锋、结合与运用、批判与疏离以及融合与创新等五种关系演变形态。② 马军等认为,在马克思主义中国化历程中,中国共产党对待传统文化的态度经历了从"破"到"立"、从辩证否定到辩证肯定、从工具理性到价值理性的历史嬗变。在实践维度上,这是马克思主义与中国传统文化关系从彼此决裂到相互融合、从简单相加到深度转化、从形式借鉴到内容互通演变的逻辑必然。在文化维度上,代表了中国传统文化经历新民主主义文化与社会主义文化两次转型,在正确处理传统与现代、民族与世界、历史与现实的关系中实现"守"与"变"动态统一的转型方向。③

(三) 中国传统文化的当代价值及其重构困境

何中华认为,中国传统文化的当代价值主要表现在:一是文化认同得以重建的基础;二是文化自信得以确立的根据;三是抵御外来文化同化的"盾牌";四是扭转"礼崩乐坏"局面的法宝;五是马克思主义中国化的土壤;六是弥补西方文化局限的资源;七是预防现代性弊病的"免疫剂"。中国传统文化当代价值得以凸显的历史契机主要在于:一是从现代性到后现代性的时代维度的转换;二是对过分否定传统文化价值之偏执的反拨;三是从"西学东渐"到"东学再西渐"的转变;四是对马克思主义中国化实质再认识的需要。④

---

① 丁俊萍、林建雄:《马克思主义与中华传统文化关系的历史考察及启示》,载《思想教育研究》2017年第4期。
② 郭英敏:《马克思主义与中国传统文化融合的历史考察与启示》,载《学术探索》2017年第7期。
③ 马军、高晓雁:《中国共产党对待传统文化态度的历史演进》,载《理论导刊》2017年第9期。
④ 何中华:《中国传统文化当代价值重估》,载《理论学刊》2017年第4期。

陈翠芳等认为，马克思主义为中国传统价值观现代转换确立了理论基础和科学方法，也在价值观层面上直接改造和提升中国传统价值观，赋予中国传统价值观现代内涵、先进性和无产阶级属性，促进了中国传统价值观从传统走向现代。①

王永友等认为，当前，传统文化重构面临准确定位难、结构确定难、内容甄选难等"三重"困境。重构的准确定位存在"文化自负""文化自卑"和"文化自迷"等心理难题；重构的结构确定面临解构与建构统一难、稳定与开放协调难、主结构与补结构融合难等理论难题；重构的内容甄选面临传统文化内容取舍难、挖掘难和出新难等实践难题。②

（四）实现传统文化创造性转化创新性发展的路径、原则、方法

陈先达认为，中国传统文化的创造性转化和发展，归纳起来主要有三条：一是分辨，区分精华与糟粕；二是激活，通过与时代结合对传统文化作出与时代相适应的新的诠释；三是创新，接续中华民族文化优秀基因推进社会主义文化建设，提出新的概念、新的观点。③

杨金海主张，在如何处理马克思主义与中国传统文化关系问题上，应当坚持历史的辩证的观点。不能把二者简单割裂开来，甚至对立起来。把马克思主义与中国优秀传统文化相结合，推动我国社会良性发展，推动马克思主义在中国落地生根。要以马克思主义为引领，推动中国传统文化的创造性转化和创新性发展，推动中国现代文化的全面跃升。加强对传统文化的正面研究和宣传，增强文化自信。借鉴中国优秀传统文化的成果，加强马克思主义德治体系、信仰体系建设，加强对全

---

① 陈翠芳、刘一恒：《马克思主义在中国传统价值观现代转换中的价值》，载《价值论与伦理学研究》2017年第2期。

② 王永友、潘昱州：《文化自信视域下传统文化重构的"三重"困境》，载《南京社会科学》2017年第7期。

③ 陈先达：《中国传统文化需创造性转化和发展》，载《红旗文稿》2017年第5期。

社会的马克思主义思想道德和理想信念教育等。①

万光侠提出中国传统文化创造性转化创新性发展，应坚持辩证唯物主义和历史唯物主义的方法论原则，实现中华传统文化的现代转型与提升超越，实现中华传统文化的现代化。应坚持传统与现代、主导性与多样性以及民族性和世界性相统一的基本原则，坚持理性认知与情感认同并重、显性宣传与隐性融入互补、生活世界与实践养成相统一的方式方法，坚持加强国民教育、家庭教育、社会教育的教化作用、强化宣传普及、创新文化话语体系、发挥人民群众主体作用的实践路径。② 同时，在中国特色社会主义进入新时代的今天，马克思主义与儒学的结合应该从低层次的"取同"走向高层次的"取异"（比如在维持社会和谐方面和个人道德修养方面），儒学能对马克思主义中国化事业起到辅助与补益的思想因素。在充分吸取儒学精华的基础上进一步推进马克思主义中国化的时代进程。③

五、关注中国实践的研究理路

如何立足于马克思主义立场、观点和方法，运用中国话语，解读中国实践的巨大创新，是摆在当代中国理论研究者面前的重大时代问题。这一解读，如何是中国立场的，符合马克思主义中国化历史事实和价值立场的，而不是马克思主义只言片语对于中国经验片断的随意剪裁和拼凑，更不是西方理论的搬运工和复读机，这是摆在我国马克思主义研究者面前的重大理论问题和时代任务。本年度，学界主要围绕着"中国道

---

① 杨金海：《大力推进马克思主义与中国优秀传统文化的结合》，载《广西社会科学》2017年第9期。

② 万光侠：《中华传统文化创造性转化创新性发展的哲学审视》，载《东岳论丛》2017年第9期。

③ 杨俊峰：《马克思主义中国化视野中的儒学问题》，载《广西社会科学》2017年第11期。

路""中国现代性""中国方案"和"人类命运共同体"等实践或者实践话语，进行了创新性的学术研究。

（一）对中国道路的解读

马克思主义哲学中国化的根本实践旨趣正是为了寻找中国道路。较之于西方，中国的现代化道路具有怎样的中国特点？围绕着这个问题，中国学界见仁见智。

任平认为，中国道路是马克思主义中国化自觉探索的产物，也是对资本全球化造就全球分裂的历史语境采取"挑战—应战"的革命性、结构性回应。所谓革命性的回应，就是指中华民族不屈服于帝国主义压迫，用革命方式争取民族独立和人民解放。所谓结构性的回应，就是尊重全球分裂造成的独特语境和独特国情，不能将国外马克思主义简单地跨界平移到中国，对中国革命加以外部反思，而是要将马克思主义一般原理与中国革命实际结合，重构中国现实，成为中国化马克思主义。[①]赵剑英则认为，实事求是、人民主体、人的自由全面发展、批判的革命的辩证法、依存共生等这些哲学观念是破解中国道路成功之谜的精神密码。梳理和分析这些哲学观念，我们可以更好地理解当今中华民族的发展智慧，更深层次地理解中国特色社会主义成功的根源，坚定我们的道路自信、理论自信、制度自信和文化自信。[②]

王玉鹏认为，中国道路具有理论创新与实践创新的双重使命，是实践逻辑与理论逻辑的内在统一。中国道路是中国化马克思主义的实践逻辑生成，构成了其现实本质及其规定性。21世纪中国马克思主义是中国道路的理论逻辑生成，构成了其理论本质与规定性。应不断立足于中国道路的理论逻辑及其理论本质，自觉推进21世纪中国马克思主义的理论创新；同时，以不断发展着的21世纪中国马克思主义的实践逻辑为

[①] 任平：《论"21世纪马克思主义"的出场路径与当代使命》，载《吉林大学社会科学学报》2017年第6期。

[②] 赵剑英：《中国道路的哲学观念》，载《中国社会科学报》2017年7月13日，第1版。

根基,推动中国道路的实践创新,实现理论自信与道路自信的内在统一。①

焦佩锋等认为,马克思主义社会基本矛盾理论是解释中国革命和发展道路的理论依据。中国的革命反映了资本逻辑的扩张性和侵略性,中国的发展象征着对资本逐利性和发展性的合理利用,在中国道路的发展过程中,马克思主义始终在发挥着指导作用。②

侯亚楠认为,唯物史观在解释"中国道路"上具有学科比较优势。中国道路是发展视域的唯物史观的中国化现实,唯物史观从革命视域向发展视域的转换规定了中国道路的逻辑起点和历史边界。③

李双套主张以实践哲学作为分析视角去考察中国道路,认为中国道路的出场、运行和反思均源于实践逻辑。实践哲学认为实践是社会发展的基础,坚持实践逻辑才能科学阐释社会发展的规律,这是中国道路出场的实践逻辑;实践哲学主张社会发展的逻辑应该是"实践",而不是"原则",这是中国道路运行的实践逻辑;实践哲学主张从实践出发理解理论的演化,从而对社会发展进行总结、纠偏和指导,这是中国道路反思的实践逻辑。④

王彩云认为关注中华优秀传统文化与中国道路的内在联系也非常重要。传统文化与中国道路之间具有怎样的历史逻辑和现实关联,研究解读优秀传统文化为什么以及如何成为中国道路的文化基石和精神资源,考察分析中国道路的选择和实践是如何从中华优秀传统中汲取文化滋养、获得精神支持,揭示中华优秀传统文化与中国道路是如何相互促进、相得益彰的,对于澄清和矫正目前在中国传统文化与中国道路关系

---

① 王玉鹏:《中国道路与21世纪中国马克思主义的双向互动和创新发展》,载《马克思主义研究》2017年第9期。
② 焦佩锋、王慧:《马克思主义与中国道路的文明自觉》,载《理论视野》2017年第11期。
③ 侯亚楠:《唯物史观的两大视域与中国道路的历史边界》,载《南京政治学院学报》2017年第4期。
④ 李双套:《中国道路的实践逻辑——基于马克思实践哲学视角的考察》,载《社会科学》2017年第8期。

问题上的错误认识及其实践危害,坚持道路自信和文化自信具有重要的现实意义。①

(二) 对中国现代性的解读

任平倡导将中国现代性理解为超越西方现代性线性逻辑的中国新现代性。② 西方原生态的启蒙现代、经典现代、后现代和新现代的道路与阶段,在中国构成"共时出场"的复杂局面,因而需要创造"中国新现代性"道路。③

吴晓明也主张,只有在超越了西方现代性的历史限度基础之上才能正确理解中国开启全球治理的新文明类型。④

黄其洪也主张,应该在一种超现代性视域中去解读中国现代化道路。马克思主义在本质上是对现代性的总体性批判和总体性超越,它已经充分揭示了现代性自身的限度和困境,西方现代性实践已经充分证明了现代性给人类带来的灾难。故而不能只停留在现代性的问题域中解读中国道路的现代性。应将中国的发展目的厘定为创造一种比现代性更高级的文明形态,应在一种超现代性的总体视域中去讨论中国道路问题。⑤ 刘剑松⑥和徐张驰、刘保国⑦等都持相似论点。

---

① 王彩云:《论中华优秀传统文化与中国道路的内在关联》,载《学术交流》2017年第6期。

② 任平:《走向世界的中国学术:解答新全球化时代问题的中国方案》,载《苏州科技大学学报(社会科学版)》2017年第1期。

③ 任平:《论"21世纪马克思主义"的出场路径与当代使命》,载《吉林大学社会科学学报》2017年第6期。

④ 吴晓明:《中国方案——开启全球治理的新文明类型》,载《中国社会科学》2017年第10期。

⑤ 黄其洪:《马克思主义哲学中国化的总体视域与逻辑区分》,载《重庆邮电大学学报(社会科学版)》2017年第4期。

⑥ 刘剑松:《马克思主义中国化与中国现代性的建构》,载《人民论坛》2017年第16期。

⑦ 徐张驰、刘保国:《中国道路与当代中国现代性构建》,载《党史博采(理论)》2017年第11期。

(三) 对中国方案和"人类命运共同体"的解读

中国方案、中国智慧是这几年的热词,它客观上反映了世界对中国经验的肯定和对中国理论的期盼。中国方案无疑将惠泽全球,然而对于它的哲学理解却应该跳出现代性文明视域之外,因为中国方案正在开启的乃是全球治理的新文明类型。吴晓明指出,全球治理的中国方案在"现成地"占有现代文明成果的同时,是以一种新文明类型的可能性来为其制定方向的。不把握这一点,就不可能从根本性质上去理解全球治理的中国方案。今天我们虽说尚不能就"中国道路"的展开过程中还在积极生成的新文明类型作出整全的断言,但对于这种新文明类型的可能性起支撑作用的两个根本要点,却已经在历史中充分发育并因而变得相当明晰。它们是现代化进程的中国道路采取社会主义的基础定向,以及现代化进程的中国道路复活并重建其和平主义的伟大传统[①]。

"人类命运共同体"正是当代中国从全人类共同福祉出发所提出的中国方案之一,能为解决世界和平赤字、治理赤字和发展赤字这三大全球性难题提供中国智慧。客观上这是马克思主义哲学中国化从理论辩护到理论阐释、再走向理论引领的表现。马克思曾经憧憬过超越资本统治,建立一个新的联合体的思想,这对于我们构建和反思人类命运共同体理念具有重要价值。如何基于中国提出的"一带一路"合作倡议和积极参与全球治理的大背景之下,理解新时代人类命运共同体理论对马克思主义哲学中国化的理论创新和实践创新价值呢?

李淑梅认为,近代以来的世界历史通过资本的剥削和殖民扩张来开辟道路,形成了世界范围的支配—依附的格局。在经济全球化、信息化的当代,极端民族主义威胁增加,突发事件和全球性问题威胁增大,旧世界格局弊端凸显,建构人类命运共同体成为时代要求。人类命运共同

---

① 吴晓明:《中国方案——开启全球治理的新文明类型》,载《中国社会科学》2017年第10期。

体理念揭示了世界各国命运休戚相关的时代特点,是对国际公平正义的追求。寻求适合不同国家发展的特殊道路,建立公平的新型国际秩序,搭建通向人类命运共同体的新平台,超越征服型文明观和心理偏见、增强求同意识和大局观念等,是建构人类命运共同体的重要路径。①

徐宁主张以马克思"真正共同体"思想为指导,构建人类命运共同体。真正的共同体就是自由人联合体。构建人类命运共同体是对近代以来西方文明中心论的独特超越,应警惕资本主义的各式虚假共同体。中国提出的"人类命运共同体"中国方案,一方面源于中华文化的比较优势;另一方面,源于我们坚持和发展中国特色社会主义所取得的伟大成就。"一带一路"倡议、亚洲基础设施投资银行的建立,都是中国方案在实践过程中的有效性的体现,符合各国的利益诉求,增进中国同各国利益汇合点,表明我国以更加自信的面貌走向国际舞台中央。②

阮东彪认为,"人类命运共同体"体现了"人是类存在物"的人学底蕴、"真正的共同体"的价值取向、"世界历史"理论的辩证唯物主义和历史唯物主义的理论基础。③

田鹏颖、张晋铭比较了马克思的世界历史理论与习近平的人类命运共同体理论。前者是生产关系、交往方式、基本历史、文明交流、生态环境五个方面下世界历史理论的理论逻辑与人类社会实践的发展逻辑的辩证统一。后者是集经济、安全、社会、文明与生态五位一体统筹发展下构建超阶级、超国家和超民族人类价值的总布局总路径。④

"在对中国道路、中国经验系统反思的基础上,通过对马克思主义哲学理论和马克思主义哲学中国化的再阐释,构建中国马克思主义哲学

---

① 李淑梅:《建构人类命运共同体的时代要求和路径》,载《学术研究》2017年第9期。
② 徐宁:《构建"人类命运共同体"的哲学思考》,载《马克思主义哲学论丛》2017年第4期。
③ 阮东彪:《"人类命运共同体"的哲学意蕴》,载《湖南第一师范学院学报》2017年第6期。
④ 田鹏颖、张晋铭:《人类命运共同体思想对马克思世界历史理论的继承与发展》,载《理论与改革》2017年第4期。

的当代形态，尚是一个有待完成的重大综合性理论课题。"① 这是因为"彻头彻尾、彻里彻外"的马克思主义哲学中国化，"不能一下子就完成"②。面对着中国实践的巨大创新和持续性创新，如何运用中国话语凝练中国经验，解释中国道路，为世界贡献中国方案，马克思主义哲学中国化的学术创新仍然任重而道远。

六、可能存在的几大问题

现阶段马克思主义哲学中国化研究可能存在以下几大问题。应注重发挥马克思主义哲学的批判性功能和前瞻性功能，不断地推动马克思主义哲学中国化的学术性研究，以及对中国实践的理论创新和理论引领功能。

（一）对马克思主义哲学中国化的一些误判、误读现象

任平认为，马克思主义哲学中国化研究应廓清对中国化的五种误判。第一种，"中国化"仅仅指马克思主义在中国大地上的传播和应用。实际上，"中国化"不是仅仅指传播，而是指在中国实践和文化基础上的重新出场和创新。第二种，"中国化"意味着"中国话"进而"大众话"。然而，"中国化"需要变成"中国话""大众话"，不仅仅是一个语言风格、话语形式问题，更不是一个简单的"通俗化"表达问题。第三种，"中国化"意味着"聚焦中国问题反思"，得出关于中国问题的结论。然而，国外不少聚焦研究中国问题的专家和机构，由于立场和出发点不同，他们的见解都不是马克思主义中国化的理论。第四，"中国化"等于原创"中国理论"和"中国话语"。实际上，仅仅有理论形态的马

---

① 王南湜：《马克思主义哲学中国化的历程及其规律研究》，北京：北京师范大学出版社2012年版，第235页。
② 《毛泽东年谱（1893—1949）》（中册），北京：人民出版社、中央文献出版社1993年版，第168页。

克思主义中国化是不够的，还要有文化形态。第五种，"中国化"等于儒家化、道家化、佛家化。但是，"中国化"的文化路径不仅是在民族气派、风格和精神特色上"以中化马"，更是在科学真理、价值灵魂上"以马化中"。①

汪信砚也提出了对马克思主义哲学中国化的若干种误读现象。第一种，以"马克思主义哲学在中国"取代"马克思主义哲学中国化"。第二种，"马克思主义哲学中国化"是一个民族主义、民粹主义和反马克思主义的命题。第三种，"马克思主义哲学中国化"是一个不科学或不准确的命题。第四种，"马克思主义哲学中国化是不可能的"。第五种，"马克思主义哲学中国化是毫无必要的"。第六种，"马克思主义哲学中国化是百年西学东渐史的一个组成部分"。第七种，"马克思主义哲学中国化就是使马克思主义哲学在中国具体化"。第八种，"马克思主义哲学中国化在学术层面上应定位于对中国传统文化的改造"等。②

（二）马克思主义哲学的自我同一性论证问题

自从马克思主义哲学进入中国以来，人们对不同历史时期的马克思主义哲学的理解也不同。马克思主义哲学形态不是单数的，而是复数的。③ 中国学界对马克思主义哲学的理解至少存在着五种"复数"形式，包括辩证唯物主义、狭义历史唯物主义、实践唯物主义、超越的实践哲学、人道主义等④。这也带来了不同历史时期马克思主义哲学的自我同一性论证问题。目前，由于对马克思主义哲学内涵的理解存在分歧，缺乏统一的马克思主义哲学观念与系统的马克思主义哲学理论框架，学界

---

① 任平：《论马克思主义中国化的研究范式——为〈实践论〉问世80周年而作》，载《武汉大学学报（哲学社科版）》2017年第4期。
② 汪信砚：《马克思主义哲学中国化：传统与创新》，北京：北京师范大学出版社2017年版，第119—143页。
③ 任平：《论当代中国主义哲学研究的出场学派》，载《江海学刊》2017年第2期。
④ 王金福：《马克思的哲学在理解中的命运——对马克思主义哲学史的解释学考察》，苏州：苏州大学出版社2003年版。

对于"什么是马克思主义哲学"这一话题仍然分歧性很大,无法达成统一认识。新时代马克思主义哲学中国化究竟意指哪一种形态的"马克思主义哲学"中国化呢?如何看待中国化马克思主义的这种"异质性"问题呢?不同历史时期"复数"的马克思主义哲学如何论证其自我同一性问题呢?等等。这些问题也是马克思主义哲学中国化进程中的基础理论研究问题。

事实上,马克思主义哲学具有不断时代化、具体化的理论特点,不同历史时期不同形态的马克思主义哲学中国化正是对不同时代不同中国问题的针对性回应。我们应联系时代背景、实践任务、理论需要来把握中国化不同时期马克思主义哲学的具体样态,这正是马克思主义哲学中国化本真精神和马克思主义哲学"自我同一性"的表现。尽管对"马克思主义哲学是什么"往往很难作出完全准确、完整的概括,但"马克思主义哲学不是什么"却是相对清晰可辨的。比如对马克思主义哲学进行自由主义的诠释或者是民粹化的理解,就不符合马克思主义哲学精神,这些观念就不能看作是马克思主义哲学的发展。再比如,强调阶级性的理论观念不一定就是马克思主义哲学的观念,但是遮蔽阶级性、根本拒斥阶级分析方法,这肯定不属于马克思主义哲学的观念。①

(三)党的理论创新与学术创新、政治话语与学术话语的关系问题

前文已述,马克思主义哲学中国化具有党的创新引领的特点和政治话语形式。这里的创新引领是否意味着对学术创新和学术话语形式的取代、代替呢?近年来,有人认为应该区分马克思主义哲学中国化的学术定位,并主张区分马克思主义哲学中国化的学术层面与政治层面,认为把马克思主义哲学与中国的当前现实相结合是革命家、政治家的事情,而把马克思主义哲学与中国传统文化相结合才是致力于中国马克思主义

---

① 庄友刚:《论中国话语马克思主义哲学的建构》,载《中国矿业大学学报(社会科学版)》2017年第6期。

哲学研究的理论家的事情。这种看法实在是"大谬不然"了。①

一方面，马克思主义哲学中国化的政治话语与学术话语是有着功能区分的。其中，中国共产党的理论创新及其政治话语起着引领学术创新和学术话语的重要功能，而学术话语为政治话语提供合法性论证和逻辑支撑。另一方面，政治话语与学术话语又具有研究内容和研究目标的一致性，二者都肩负着解读当前中国现实和推动中国传统文化创造性转化的使命。如果无视时代和中国社会发展的现实需要，马克思主义哲学中国化的所谓纯粹学术研究"不仅会因缺乏现实立足点和取舍标准而使从中国传统文化、传统哲学中汲取思想养分成为空话，而且还会使马克思主义哲学中国化或中国马克思主义哲学研究面临合法性危机，更遑论什么强化中国马克思主义哲学研究的学术性和建立具有中国特点的马克思主义哲学了。"②

可见，"创新引领"并非表示要取代和代替。不能将马克思主义哲学中国化等同于我党的理论创新和实践创新。马克思主义哲学中国化研究要深深地植根于中国广袤大地，重视哲学工作者的理论创新，及时总结广大群众的实践创新经验，全方位推动马克思主义哲学中国化的理论创新和实践创新。

（四）研究的工具化、实用化倾向问题

在充分肯定我国马克思主义哲学研究取得巨大成就的同时，我们也须警惕弥漫其中的工具化倾向：一是过分夸大马克思主义哲学的实践功能而淡化其理论功能；二是以理论的有用性取代或否认学理致思的必要性，将马克思主义哲学视为单纯的实用工具。研究的工具化、实用化的突出特征是，过于依附于现实而沦为纯粹的工具，过于关注经济利益而

---

① 汪信砚：《马克思主义哲学中国化：传统与创新》，北京：北京师范大学出版社 2017年版，第136—137页。

② 汪信砚：《马克思主义哲学中国化：传统与创新》，北京：北京师范大学出版社 2017年版，第137页。

沦为追名逐利的手段。马克思主义哲学研究之所以会产生这种倾向，是主体认知、市场经济体制、资本利益驱动等因素综合作用的结果。要克服这种工具化倾向，需要正确地认识和处理好三对辩证关系：哲学本性的学理性与实用性并重，哲学功能的现实性与批判性兼具，研究主体的自在与自为兼备。①

（五）中国马克思主义哲学理论创新乏力的问题

当代中国实践，"不是简单延续我国历史文化的母版，不是简单套用马克思主义经典作家设想的模板，不是其他国家社会主义实践的再版，也不是国外现代化发展的翻版"，这必将给中国理论创新提供强大动力和广阔空间。中国马克思主义理论创新并非是国外理论的搬运工和复读机，必须植根于中国实际，"提炼出有学理性的新理论，概括出有规律性的新实践……一切刻舟求剑、照猫画虎、生搬硬套、依样画葫芦的做法都是无济于事的。"②

然而，由于研究的工具化、实用化等原因，总体上而言，我国马克思主义哲学理论创新是滞后于实践创新的，我国马克思主义基础理论研究也比较乏力。这将导致马克思主义学者对重大时代问题反思不够，对现实生活的理论概括不够，对现实逻辑的标识性原创性哲学思想、哲学主题、哲学理念、哲学思维的提炼不够。"今天我国的马克思主义哲学没有起到指导实践的作用，因为它落在生活实践的后面，无视实践的要求，不能对现实生活的紧迫问题提供令人信服的答案。"③ "我们的研究

---

① 郑忆石：《走出工具化倾向的马克思主义哲学研究》，载《郑州轻工业学院学报（社会科学版）》2017年第1期。

② 在全国哲学社会科学工作座谈会上的讲话[EB/OL].(2019-01-22)[2016-05-17]. http://news.xinhuanet.com/politics/2016-05/18/c_1118891128.htm.

③ 安启念：《马克思主义中国化的新阶段与中国马克思主义哲学》，载《北京行政学院学报》2017年第2期。

要么有概念没生活,要么有生活没概念。"① 应注重发挥马克思主义哲学的前瞻性功能,通过重视马克思主义基础理论研究能力,提炼出面向中国现实问题的具有标识性原创性的新概念、新范畴、新表述、新论断,继而推动马克思主义哲学中国化的理论引领和实践引领作用。

(作者覃世艳系西南交通大学马克思主义学院副教授,哲学博士;研究方向:马克思主义哲学原理、解释学。)

---

① 韩庆祥:《当代中国发展的现实逻辑与马克思主义哲学创新》,载《中国社会科学评价》2017年第4期。

论作为部门哲学研究范式的城市哲学的现实根基

卞伟伟　曹典顺

[摘　要] 当代中国马克思主义哲学，从它诞生之时起就重视实践哲学的研究，这些由诸如社会哲学、发展哲学、城市哲学等多种不同哲学类别构成的实践哲学研究范式被称之为部门哲学研究范式。作为部门哲学研究范式的城市哲学，建构的现实根基是城市社区的现状和愿景，即城市哲学的现实根基研究就是城市社区研究。作为部门哲学研究范式的城市哲学研究的基本范畴，城市社区是指具有人的存在方式意蕴的哲学概念，是城市社区研究的逻辑基点。城市社区逻辑作为既定城市建构的哲学根据和原则是客观存在的现实，城市社区精神是城市存在和城市发展的灵魂和方向，是城市社区研究需要回答的哲学问题。

[关键词] 部门哲学研究范式　城市哲学　城市社区　城市社区逻辑　城市社区精神

哲学诞生的同时，如何创新合乎哲学理念的"社会建设逻辑"，亦成为哲学家无法回避的哲学问题。从这一事实来看，哲学界无需怀疑城市哲学作为部门哲学研究范式的合法性，因为，城市哲学既属于马克思主义实践哲学的范畴，也属于马克思主义哲学研究的部门哲学研究范畴。随着当代中国现代化建设的深入推进，城市建设越来越成为当代中国马克思主义哲学关注的焦点。从宏观上理解，城市哲学研究的逻辑亦是"社会建设逻辑"。如此提出问题，不是否定城市哲学存在既定的城市哲学基础研究问题，而是为了能够深度把握城市哲学意蕴中的时代性意蕴，即为了寻找当下"社会建设"的正确道路。根据中国国家统计局的数据，2013年，中国城市化率已经达到53.7%。据此，"城市社区建设"已经成为"中国道路"和"中国价值"无法回避的一个重要领域或研究主题。从作为部门哲学的城市哲学的建构逻辑看，城市哲学建构的现实根基就是城市社区的现状和愿景，即这种意义上理解，城市哲学的研究就应该是城市社区的研究。

一、"城市社区"：作为部门哲学的城市哲学研究的现实性根据

中国特色社会主义现代化建设的发展，使得"城市社区"日益成为研究作为部门哲学的城市哲学不可回避的重要问题。传统形而上学被终结的根据在于它的认识论方法（亦可称逻辑方法论），还是在于它的终极价值情怀（亦可称之为意义逻辑）。从维特根斯坦对哲学的理解，即从《逻辑哲学论》和《哲学研究》的思想看，传统形而上学被终结的根据在于传统形而上学的意义逻辑，或者说，在于形而上学的信仰意蕴。正因如此，相对于哲学而言，社会学意蕴上的"城市社区"概念主要表征的是"城市社区"的"实证意蕴"，或者说，相对于社会学而言，哲学意蕴上的"城市社区"概念主要表征的是"城市社区"的"意义逻辑"。社会学之所以重"实证"而轻"意义"，是因为社会学理论认为，"事实上，涉及价值判断时，人们很难获得一致的测量标准。所以科学也很难平息关于价值观的辩论。而且，类似这样的问题，通常都被看作是观念和信念问题。而科学研究则常被看作是对'已有知识'的威胁"[①]。作为哲学范畴的"城市社区"，并不仅仅具有"城市社区"的

---

① 〔美〕艾尔·巴比:《社会研究方法》，北京：华夏出版社2005年版，第12—13页。

"意蕴逻辑",而且还具有"城市社区"的"哲学逻辑意蕴",它是城市哲学建构的现实根基。作为部门哲学的城市哲学视阈下的城市社区研究,首先必须准确和全面把握"城市社区"的哲学意蕴。必须强调的是,当下作为部门哲学的城市哲学是在后现代哲学之后发展起来的应用哲学,即当下的城市哲学研究不能照搬传统形而上学的方法论逻辑。城市哲学中的概念范畴还很难定义,因为,其一,城市哲学中的诸多范畴,都不仅仅限定在哲学的范畴之中,而且涉及实证思维的学科;其二,当今世界范围内的城市研究,几乎都是城市社会学研究,即当下的作为部门哲学的城市哲学研究还没有形成规模,或者说,当下作为部门哲学的城市哲学的研究方法论,无论是与社会学方法论相比较,还是与哲学方法论相比较,都没有形成公认和独立的方法论。本文如果试图给城市社区下一个准确的定义,只能是不切实际的臆想。基于此,本文只能根据城市问题研究的相关成果,试图从下述三个角度,对"城市社区"范畴作一个城市哲学意蕴中的哲学的界定。

相对于城市社会学而言,作为部门哲学的城市哲学意蕴的"城市社区"是指保障人类生存方式和存在方式得以现实展开的、运作上遵循城市逻辑、价值上认可城市精神存在的城市空间载体。社区作为一个学科范畴,产生于社会学学科,即"社区"一词来源于社会学的概念范畴,社会学的社区研究包括城市社区研究和农村社区研究。从属于社会学的社会工作专业,主要就是基于为社区输送"社工"专门人才而分立出来的专业。社会学为"城市社区"下定义的学科前提是有利于保障社会的良性运行,划分社区类型的标准主要有两种类型——"地理意蕴社区"和"功能意蕴社区"(注:诸多学者对功能意蕴社区的表述有所不同,比如,美国社会学家R.D.麦肯齐根据区位学理论,将该社区表征为"区位体系社区")。不论城市社会学家们对城市社区的界定有多大的差异,但他们的定义都是可行的或者说是可操作的。其实,许多社会学家同时也应该算作哲学家,因为,他们论证和分析问题的视角,尤其是在概念范畴的把握上,都或多或少地运用着哲学逻辑。比如,在如何诠释城市范畴的问题上,芝加哥学派的著名学者R.E.帕克从社会意识的高度论证了城市是"人类属性"的产物,即R.E.帕克认为,"城市绝非简单的物质现象,绝非简单的人工构筑物。城市已同其居民们的各种重要活动密切地联系在一起,它是自然的产物,而尤其是人类属性的产物"[①]。帕克的这一定义虽然具有哲学意蕴,但明显还不属于哲学定义,只是看到了"城市社区"具有的哲学意蕴。从哲学上分析,"城市社区"作为哲学范畴,必然应该与"哲学本体"相关联,即"城市社区"必须与存在或社会存在相关联。存在理论告诉人们,任何物质的存在都必须有一定的空间载体,时间和空间是物质的存在形式。据此哲学逻辑,人的存在不可能离开一定的空间载体,而存在理论又告诉人们,人的存在主要是指人的生存方式和存在方式,所以,确切而言,保障人的存在的空间载体就是指保障人类生存方式和存在方式得以现实展开的空间载体,"城市社区"就是指保障人类生存方式和存在方式得以现实展开的、运作上遵循城市逻辑、价值上认可城市精神存在的城市空间载体。

相对于城市政治学而言,作为部门哲学的城市哲学意蕴的"城市社区"是指能够保障既定城市社区中的人们共同拥有权利和共同占有利益的空间载体。城市发展的历史表明,城堡曾经是城市的前身之一,这即是说,城市从它诞生之时,就被赋予权力意蕴,即城市的建构围绕权力的分配展开。众所周知,权力是政治学最为重要的概念之一,政治学的建构就是围绕权力的确立和运行而构筑的学科门类。据此,城市政治学也应该围绕城市应当具有的权力进行政治学架构。英国学者艾伦·莱瑟姆等学者认为,城市政治学围绕权力的城市化,主要研究"三个关键问题:结构和当事者在城市政治学中的角色,地方认同的构筑和论争,代表和表现的问题"[②]。总之,在城市政治学家的理论中,"不能把城市理解为具有单一共同利益的内聚性实体。相反,它们的管理和内部的财富

---

① 〔美〕R.E.帕克等:《城市社会学》,北京:华夏出版社1987年版,第1页。
② 〔英〕艾伦·莱瑟姆等:《城市地理学核心概念》,南京:江苏教育出版社2013年版,第125页。

分配被高度政治化了"①。亚里士多德曾经说过人是天生的政治动物，许多政治学者们把亚里士多德的这一观点理解为，人类对权利的追求和对权力的渴望是人的本质属性，即人天生具有的自然属性。这种自然权利论与社会契约权利论相比较，后者应该更难准确诠释现实生活世界中的权利和权力。哲学与政治学分属两个不同的学科，哲学从属于人文科学，政治学从属于社会科学，即哲学更为重视信仰与理想，政治更为重视和谐与妥协。黑格尔在自己的法哲学体系中建构的权利和权力运行体系，就是基于哲学的上述原则构筑的，目的就是为了保障每一个个体人都可以在同等意蕴上拥有权利和利益。马克思更是在黑格尔哲学的基础上提出了人类社会应该是自由自在存在的社会共同体。所以，作为部门哲学的城市哲学意蕴中理解的"城市社区"，在不可能回避权利与权力的同时，更应该重视的是如何共同分享权利和权力，而不是过于关心权利和权力的划分或分有。哲学的意识理论告诉我们，意识具有相对独立性，据此，政治意识是不可小觑的哲学范畴，即作为部门哲学的城市哲学意蕴的"城市社区"不可能回避权利和权力的理论，而且如果从这层意蕴上理解，"城市社区"就是指能够保障既定城市社区中的人们共同拥有权利和共同占有利益的空间载体。当然，这里的共同拥有权利和共同占有利益是哲学意蕴的表达，而不是指城市社区中的个体占有数理意蕴上的共同权力和利益。

相对于城市地理学而言，作为部门哲学的城市哲学意蕴的"城市社区"是指保障人类自由选择和自由存在的空间载体。论及地理学，人们首先联想到的是陆地山川、江海湖泊和沙漠草原等地质特征，事实上，城市地理学在诞生之初，的确是从地质特征来研究城市。但伴随着城市的发展和演变，城市地理学也在变化着自己的研究内容和研究视角。比如，英、澳学者们在总结了城市地理学的变迁后提出，自20世纪60年

---

① 〔英〕艾伦·莱瑟姆等：《城市地理学核心概念》，南京：江苏教育出版社2013年版，第131页。

代以后,"城市地理学演变为一种建立在计量基础上的'空间科学',由三个核心原则所定义。首先,人们深信,地理学的目标应当是发现可以定义地理关系构造的普遍规律。其次,为了发现这些关系,地理学必须形成严格的、可实证测试的理论。最后,地理学必须采纳业已形成的科学技术,如统计分析、假设检验或数学模型等,以正确地检测这些理论",此后还经历了人文地理学等[1]。追溯城市地理学的演变,不难发现,当下的城市地理学已经发展形成一个多元学科的交叉。从研究主题看,当下的城市地理学主要围绕空间性、规模和地方认同等设计其理论原则和理论框架[2]。这即是说,从城市地理学的视角理解,其一,城市社区不但要关注城市居民的居住建筑,还要关注城市的公共空间;其二,城市社区的规模是有数理限定的,即城市社区既不能容纳太多的人存在,也不能拥有少于保障一定数量城市居民存在的空间;其三,城市社区必须拥有为自己的社区利益代言的社区代言人,如市长、社区主任等。与城市地理学相比较,城市哲学的出发点必定是哲学的原则。马克思在何为人的本质时提出了人的本质是劳动的思想,即在马克思看来,只有通过劳动,才能展现人的自由本质。从马克思的这一人的本质理论理解,如果说城市地理学更为关注城市居民对城市空间性、规模和地方认同上的问题,那么,作为部门哲学的城市哲学则要更为关注城市居民如何利用城市的空间性、规模和地方认同等特质来保障人的自由选择和自由存在,即作为部门哲学的城市哲学意蕴的"城市社区"就是指能够保障人类自由选择和自由存在的空间载体。

---

[1]〔英〕艾伦·莱瑟姆等:《城市地理学核心概念》,南京:江苏教育出版社2013年版,前言第6页。

[2]〔英〕艾伦·莱瑟姆等:《城市地理学核心概念》,南京:江苏教育出版社2013年版,第124页。

二、城市社区规则：城市社区运行的哲学逻辑

从部门哲学的视角理解，作为城市哲学重要范畴的"城市社区"在运行过程中应该遵循既定的哲学逻辑。哲学逻辑亦可称之为理性话语下的规律，所以，城市社区运行的哲学逻辑就是指能够保障城市社区良性运行的城市社区规则。对城市社区规则的梳理和论证的前提是对"社区"的"现实性"或"知性思维"进行界定，因为，在现实生活世界，知性思维视野中的"城市社区"差别较大。比如，我们在美国洛杉矶附近的城市——克莱蒙等考察时发现，中国学者视野中的城市社区更倾向于"居住小区"，美国学者视野中的城市社区更倾向于"小城市"，这就是说，美国的小城市的市长就相当于中国建制的"居委会主任"。本文分析的知性思维的城市社区就是美国式的小城市、中国式的"居住小区"。从城市社区运行的哲学逻辑看，美国式的城市社区比较成熟，已经形成相对完备的城市社区规则，或者说，中国式的城市社区还在规划与架构之中，城市社区规则还不能够在现实生活世界得以全面显现。基于此，对中国式城市社区规则的研究，只能是"理论指导实践的研究"，还上升不到"理论与实践统一的研究"。城市社区规则又称城市社区运行规律，它是城市社区建设的基本原则和基本框架。从部门哲学逻辑的视角理解，城市社区建设的基本原则就是城市社区运行的规律，城市社区建设的基本框架就是指城市社区的逻辑结构。根据城市社区建设基本原则和基本框架的理性逻辑以及当代城市社区建设的现实实践，城市社区规则应该包含四个方面的主要内容，即社区的地标性建筑、电气掌控公共空间、邻里互助游戏法则、居民矛盾化解机制。

近年来，"地标意识"随着"万达广场"在中国诸多城市被誉为"城市地标"而被人们广泛接受。与此概念相适应，从部门哲学的视角理解，城市社区地标就是"城市社区广场"，或者说，城市社区的地标性建筑就是城市社区广场。城市社区广场并不是地理学意蕴的建筑物，

而是被城市哲学家们赋予了人类生存方式的意蕴，这即是说，部门哲学视域中的"地标"不仅是一个具有哲学意蕴的概念，也是城市社区建构和运行中不可小觑的本质性问题。其一，城市社区广场是人们谋划与该社区命运休戚相关的大事时的权威性聚集地——城市社区政治活动中心。部分哲学家基于黑格尔的市民社会理论，认为城市社区的功能主要在于社区的自我管理和自治建设，即认为城市社区的职能是远离政治。这一判断显然是不符合事实的，因为一些社区的划分标准本身就是政治体制的划分，比如，具有行政意蕴的街道主任有时也被划分为"城市社区主任"。按照亚里士多德的人是政治的动物的理论，任何一个城市社区都应该具有表征自己社区政治诉求的政治主张，所以，城市社区广场就要承担决定这一政治主张的空间。其二，城市社区广场是社区酝酿该社区建设理念的聚集地——城市社区建设交流中心。当下世界的城市社区建设，无不关注该社区如何成为生态社区、和谐社区、宜居社区等社区建设问题。从作为部门哲学的城市哲学逻辑上看，要实现生态社区、和谐社区和宜居社区等理想，离不开社区居民共同的智慧。当下的社区运行状况显示，城市社区广场已经成为城市居民交流城市社区建设心得的主要场所，而且效率较高——非恶劣天气和特殊条件外都存在此类活动。

现代城市社区正在从"舒适城市理念"向"安全城市理念"转化，与之相适应，城市公共空间的职能也由公共性转向安全性，或者说，电气控制下的各种电子监控设备充当了保护城市社区安全的诸多职能，电气控制公共空间成为当代最为重要的城市社区规则之一。现代城市的标志应该是电气化的使用，为此，澳大利亚学者斯科特·麦奎尔认为，"与电网向公共街道和私人住宅的扩展相结合的工业和运输的电气化，一直是使现代工业城市区别于此前的所有社会形态的一个关键的技术矢量"[①]。之所以电气化成为城市社区发展的标志，是因为电气化很好地承

---

① 〔澳〕斯科特·麦奎尔：《媒体城市》，南京：江苏教育出版社2013年版，第158页。

载了"舒适城市理念"思想。人类区别于任何高级动物的一个标志是人类的创造性,这种创造性首先表现在哲学理念之中。从哲学创新发展史看,在电气化普遍应用到城市社区之后,人们的现代性理念逐渐被后现代性理念所质疑,其社会实践后果就是,城市社区居民注重公共性空间意识逐渐被注重私人性空间意识所取代。这种观念影响下的城市安全就成了城市社区安全机制需要转变的前提,因为,受到此观念影响的现代城市社区的人际关系发生着重大的变化,即"在现代城市的通衢大道上,民众以特殊的社会演员的身份出现。正如齐美尔(1997)所总结的,现代城市的典型体验是生活在始终是陌生人的陌生人中"①。当下城市社区居民更为重视私人领域事务的现象并没有,也不可能表征居民们可以完全忽视公共空间的事务;相反,这不符合作为部门哲学的城市哲学的城市社区存在的前提,完备的或完美的电气控制公共空间,应该既能够体现"舒适城市理念",也能够体现"安全城市理念"。

传统的观念认为,中国是个人情社会,美国等国家是些注重私密空间、缺乏人际互动的理性社会,但经过近些年学者之间广泛而深度的交流和人口的全球化流动,学者们发现,世界上任何地区的城市社区的邻里之间都不乏互动,邻里交往游戏规则也应该成为城市社区规则之一。现代人都似社会这一"大机器"上的螺丝,紧张地忙碌在各自的工作中,所以,当下时代的邻里关系已经不同于传统社会中的邻里关系,即当下的邻里关系趋向于不再像传统社会那样的普遍、深度和充满感情。这就是说,当下城市社区的邻里关系依然存在,只不过这种邻里关系更为重视邻里交往的理性,或者说,当下城市社区的邻里关系更多地倾向于处理公共事务,而不再承担以往传统社区要承担的"人情事务"。人是感情的动物,不论到了什么时代,不仅是中国,世界其他国家的城市社区居民之间也要存在"人情交往"。当下城市社区的邻里交往游戏规则应该至少包含三大原则,其一,邻里互助原则。无论是人的肉体性存

---

① 〔澳〕斯科特·麦奎尔:《媒体城市》,南京:江苏教育出版社2013年版,第187页。

在，还是人的精神性存在，都需要各种世俗条件的供养。如果离开邻里之间的互助，人的肉体性存在和精神性存在，都会因得不到及时的帮助而受到伤害。事实上，在世界各地的城市社区，邻里互助原则都已经成为保障社区居民日常良好生存状况的方式。其二，公共秩序遵守原则。城市社区相对于郊区社区和农村社区，最为明显的特征是社区建筑（主要是指住房）之间的密度较大。这就使得，如何保护好城市社区公共秩序显得格外重要。比如，城市社区的公共停车位越来越少、但社区车辆却越来越多，公共休闲空间和设施相对越来越少、但社区人口却越来越多。所以，确立越来越量化的社区公共秩序原则就十分重要。其三，保护社区生态原则。追求生活质量成为当代城市社区的重要特征之一，与之相适应，建设良好的生态社区就成为了社区品质的体现。因为，良好的社区生态，既是保障人们身体健康的需要，也是人们享受高品质生活的视觉冲击的需要。这里所指代的社区生态，主要是指环境意蕴下的生态，而非人文生态。

人是思想和情感并存的动物，但每个人的情感和思想因各自的人生经历和受教育的程度不同，势必会发生观念上的冲突，进而导致居民之间的矛盾，如果不能有效地处理好居民之间的矛盾，该社区就不会被居民们选择或居民们会主动放弃该社区，因此，良好的社区居民矛盾化解机制的存在，就显得格外重要。城市社区居民矛盾化解机制是民间自发组织和运行的机制，这就是说，这一机制不是建立在强制力基础上的机制，而是依靠道德力量建构起来的机制。根据城市社区居民矛盾化解机制的这一特点，城市社区居民矛盾化解机制的建立应该围绕三大职能展开，其一，应该组建居民矛盾调解的权威机构。矛盾无处不在，矛盾无时不在，不存在没有居民矛盾的社区，也就是说，居民之间的矛盾并不可怕，因为，居民之间的矛盾不是敌我矛盾，完全可以被化解或被消解，即组建居民矛盾调解机构是必不可少的选择。需要说明的是，这一机构必须是权威的，即必须是得到居民认可的机构，而不是公权力确定的机构。其二，应该组建预防居民矛盾产生的社区民情检测机构。虽然矛盾在理论上不可避免，但一旦矛盾被现实化，即使化解矛盾的机构能力超群，对相关居民的影响都是或多或少存在的，即不可能回到没有矛盾前的那种居民关系。所以，组建预防居民矛盾产生的社区民情检测机构，可以减少社区居民矛盾的产生。其三，应该组建社区弱势居民权益保护机构。不论怎样的政治公平、教育公平、法律公平，都不能消灭城市社区弱势居民的存在。正因如此，根据马克思对"思想与物质利益关系"的理解，城市社区居民之间的矛盾，很大一部分是源于弱势居民权益的被侵犯，所以，组建社区弱势居民权益保护机构，在很大程度上可以维护城市社区的稳定与和谐。

三、城市社区精神：城市社区存在的价值维度

人们论及城市的第一反应往往是该城市具有怎样的城市精神，比如，提及巴黎时人们会想到浪漫之都，论及伦敦时人们会冠以智慧之城。从哲学逻辑看，任何赋予人的意蕴或人的价值的事物都是具有精神的存在，据此，从部门哲学逻辑理解，城市就包含时空城市和城市精神两个方面，城市社区包含时空城市社区和城市社区精神两个方面，或者说，城市是由时空城市与城市精神两个部分组成，城市社区是由时空城市社区与城市社区精神两个部分组成。从马克思主义哲学出场学研究范式理解，人们之所以重视城市社区精神，是因为就城市社区而言，城市社区精神始终在场，人们对城市社区的研究和把握，不但不可能忽视城市社区精神的研究，而且要深度把握城市社区精神。从价值哲学的维度理解，城市社区精神的建立是一个动态的过程，也即是说，城市社区精神处在一个不断变化的过程中。城市社区精神的这一变化并不是随意的，它至少取决于两大因素的变化，即要受到社会习俗和底线伦理的制约。其一，从社会习俗的视角看，相似的社会习俗是城市社区精神具有生命力的根据。社会习俗又可称之为人们的"风俗习惯"，是特定时空下的人们约定俗成的生活方式。许多现代哲学家和社会学家认为，随着

现代化水平的提高，城市社区的人们越来越走向家庭，即越来越减少在社区公共领域中的活动，与之相适应，城市社区的人们因市场经济的影响而变得结构复杂，社会习俗也就越来越不够统一。不论城市社区居民流动性多么巨大，每一个居民都必须遵守社区的游戏规则是不可改变的。从一定意义上理解，这一游戏规则即为社会习俗，而之所以这一游戏规则不可改变，本质上是因为它是维系城市社区精神生命力的关键所在。从另一层意义上说，社会习俗的形成有利于减少城市社区的犯罪率。因为，众所周知，城市社区的犯罪率相对农村社区而言较大，坚固的社会习俗可以通过城市社区精神的力量有效抑制城市社区犯罪率的提升。其二，从底线伦理的视角看，共性的底线伦理是城市社区精神合理性存在的根据。前文已经论及，城市社区精神是一种客观存在，但怎样概括这种客观存在才是合理的呢？所谓合理就是指合乎理性，城市社区精神能否合理就是指居民是否理性上支持和认同该城市社区精神的表述。这就是说，居民的支持不是随意的意见，而是理性的反思。我们将这种理性的反思称之为城市社区居民的底线伦理，即城市社区居民在道德上不可逾越的红线。

  部门哲学视域中的城市社区精神的形成要涉及诸多领域，即涉及多重要素。现代城市和传统城市不同，现代城市一度"衰落"，从这种意义上理解，城市的未来就是城市的"复兴"。当然，城市的复兴并不是要将城市回归到古典城市的时代，比如，同样是追求"城市美丽"，但古典城市的美丽标准与现代人们的城市审美标准有着巨大差异。从部门哲学视域中的城市社区精神的内在逻辑看，当代城市社区精神应该是"美丽和谐、温馨舒适、创新安全"。美丽是指社区建设等的美丽，和谐是指社区结构、居民人际关系、社区生活秩序的和谐，温馨是指社区居住环境、社区风气等的温馨，舒适是指居住条件、公共设施和公共服务等的舒适，创新是指社区管理者、社区居民等在社区建设理念上的创新，安全是指社区能够给居民和访客等带来的安全。这种现代城市社区精神理念的形成，涉及至少四大要素。其一，对自然的态度。20世纪

80年代改革开放之前的中国城市社区建设基本上是按照行政规划设立和运行，在房地产市场化后，首先经历的是开发商对住房的简单建筑和销售，当下的房地产开发商已经改变了生产和经营理念，即转向越发与政府建设理念相适应的整个城市社区的开发。从开发商的角度看，社区居民需要什么样的社区，他们就要建设什么样的社区。当下中国城市社区居民的生活水平不断提高，即人们越来越追求生活品质。从生存方式的角度理解，对社区自然状况越来越高的要求就是居民追求生活品质的重要因素。其二，对邻里的态度。现代化的水平越高，人们的流动性越大，这已经是一个不争的事实。流动性不断增大的后果之一就是邻里中不断出现陌生的面孔，这或多或少地给社区居民的生活习惯和生活安全带来了心理上的不安全感和行为上的恐慌。因为，世界各地的城市社区，尤其是现代城市社区，都有一种感受——远亲不如近邻。传统的中国城市社区，新加入的居民家庭，都要首先拜访邻里，尤其是要拜访邻里中的长者和德高望重的居民。现代中国城市社区如果不能构建合理的邻里关系，有效的城市社区精神就很难形成。其三，对陌生人的态度。某一个城市的发展与该城市人对陌生人（即非该城市人）的态度有着相对应的关系，因为，这一态度决定着陌生人在该城市的生存状况和发展状况，即陌生人能否被允许很好地融入该城市取决于该城市对陌生人的态度。在该城市对陌生人的态度中，城市社区的责任重大，因为，陌生人的生活要融入到城市社区中。传统的中国文化中有一种精神，即有朋自远方来不亦乐乎。这就是说，中国城市社区有着能够处理好对陌生人态度的良好传统，现代城市社区只要能够坚持这一传统，就有利于良好城市社区精神的建设。其四，对社区的态度。在中国传统文化中有着"叶落归根"的感情，这一"叶落归根"，并不仅仅是指对"家族意蕴"上的眷恋和情感归属，也包含着对"故乡""故土""故人"的情感认同。从部门哲学视域中的城市社区的角度理解，这种认同感就是社区认同感。从心理学的角度理解，社区认同感的前提是社区归属感，即人们是否对社区认同，源于人们对社区的情感依赖。从对社区的态度看，不论外界的人们是否认可自己的社区,也不论自己对自己社区的状况多么不满意,人们都深深地呵护着自己的社区。

对部门哲学视域中的城市社区精神的分析表明城市社区精神客观性的同时,也表明城市社区精神的差异性,即每一个社区都应该有属于自己的相对独立的社区精神。这就意味着,对当代中国城市精神的概括只能是宏观的,而不适宜用哲学的思维把握个性的城市社区精神。从社会心理的视角看,把握当代中国城市社区精神的基本内涵,就是要把握当代中国城市社区精神的四个基本维度。其一,生活品质感。尽管人们对生活品质的理解不同,当代中国城市社区,无论是东部发达城市的城市社区,还是西部发展中城市的城市社区,都对生活品质存在共性的认识。这种共性的认识主要包括社区的生态环境状况、社区的交通便利程度、社区的公共设施多寡和优劣、社区的文化氛围等要素。当然,这些要素何者更为重要,要取决于该城市社区所在的城市,比如,在大城市的北京、上海等城市社区的居民,更为关注的是社区的交通便利程度;小城市的县级城市的城市社区居民,有的更为关注社区的生态环境状况,也有的更为关注社区的公共设施多寡和优劣,以及社区的文化氛围等。其二,邻里认同感。随着城市化水平的不断提高,越来越多的农村老人随着儿女进入到城市社区居住,但他们大多不能适应城市社区的生活,其中最为重大的原因之一就是邻里之间的关系相对农村较为冷漠。需要指出的是,这是事实,但这样的事实并不能够说明城市社区居民之间没有交流,只不过城市社区居民之间的交流相对较少;再者,相对农村社区而言,城市社区邻里的认同感主要表现在"相互尊重"之上,而不是农村社区的那种"相互关照"之上。其三,精神愉悦感。城市社区居民的精神愉悦包含的内容较广,既包含因对该社区生存和生活条件的物质上和精神上的满足,也包含因对该社区发展能够具有献言献策话语权的满足,当然,也包含对社区不断创新发展的管理模式和发展模式等的认同。从当下中国城市社区的建设状况看,对该社区发展能够具有献言献策话语权的满足已经是城市社区精神体现的常态。这就是说,城市社区居民精神愉悦的要素在发生着变化。我们认为，城市社区居民精神愉悦的主要要素在逐渐转向到社区不断创新发展的管理模式和发展模式之上。其四，社区自豪感。部门哲学视域中的社区自豪感是一种社区的文化认同，既有天然的因素，也有社区自身的因素。所谓社区自豪感的天然因素，就是指人类具有天生热爱社区、包容社区缺点、宽容社区居民过错的特质。影响社区自豪感的社区因素，主要是指自己所属的社区是否能在各项社区发展指标上处于前列。当然，每个居民因为其自身的经历和文化程度等的不同，对同一个社区展现出的社区自豪感是不同的。

（卞伟伟系中国人民大学哲学院博士研究生、江苏师范大学哲学范式研究院研究人员；曹典顺系江苏师范大学哲学范式研究院院长、教授。）

阐释与建构：部门哲学研究范式的发展与创新

——基于2017年政治哲学研究成果为重点的分析

于桂凤

作为马克思主义哲学研究创新的重要范式，部门哲学也需要不断推进自身的理论创新。从2017年部门哲学研究的整体情况，特别是从已经取得的相关研究成果来看，政治哲学的发展显得尤为突出，取得的研究成果数量最多，因而也最能体现当下中国部门哲学研究范式创新态势。有鉴于此，本文试以2017年政治哲学的主要研究成果为主，围绕"阐释"与"建构"两个关键词，简要分析当代中国部门哲学研究范式发展与创新的基本路径。这有助于人们总体性地把握2017年中国政治哲学研究的新发展，并在此基础上理解当代中国部门哲学研究的基本特征和学术贡献。

一、基础理论问题研究

从历史上看，不断地对自身的研究对象、研究方法、理论本质、理论特征及功能等基础理论问题或"元哲学"问题进行追问与反思，是哲学推进自身发展的一大特征，也是哲学自我创新的认识论前提。与此相应，部门哲学的发展，也离不开对自身基础理论问题的持续关注和深入探索。就2017年中国学术界的政治哲学研究来说，这种探索主要表现为对政治哲学概念、理论本质及功能的理解。如何定位政治哲学的学科属性是政治哲学研究的一个基本问题。郇庆治的《社会主义生态文明的政治哲学基础：方法论视角》一文认为，政治哲学既可以界定为一个哲学分支，也可以理解为一个政治学分支。就前者而言，"它意指对一个社会的政治现象或实践及其认知的本质性内涵和演进规律的哲学层面的分析"；就后者而言，"它意指一种特定取向或样态的政治实践或知识的哲学世界观及其价值基础，或者说是关于为何以某种方式阐释或实践某种形式的政治的哲学理论依据问题"。① 王岩、陈绍辉的《再论作为价值理性的政治哲学及其功能》一文，把政治哲学理解为一种以"价值理性"为基本范式，对政治生活本质层面的价值判断和意义进行研究的理论活动，进一步从价值理性与政治哲学的内在关系出发，把当代政治哲学的价值理性功能概括为政治认知功能、政治反思功能和政治实践功能等，并从宏观、中观、微观三个层面分析了政治哲学的实践诉求。② 亓光的《作为公共生活技艺之道的政治哲学》一文，也认同政治哲学的价值性与实践性，但把政治哲学看作"公共生活的技艺之道"，即使人具备积极的批判思维能力、建设性的问题解决能力、完备的阐释能力、包容的沟通能力以及系统性的信息控制能力等技艺之道。③

二、马克思主义政治哲学的深度阐释

立足于时代问题与社会现实，以一种新的实践或理论视角解读、阐释马克思主义哲学，一直是我国学术界创新和发展马克思主义哲学的"主流"，也是部门哲学研究创新的"主渠道"。从2017年政治哲学的研

---

① 郇庆治：《社会主义生态文明的政治哲学基础：方法论视角》，载《社会科学辑刊》2017年第1期。

② 王岩、陈绍辉：《再论作为价值理性的政治哲学及其功能》，载《马克思主义与现实》2017年第4期。

③ 亓光：《作为公共生活技艺之道的政治哲学》，载《南京师大学报（社会科学版）》2017年第5期。

究成果来看，对马克思主义政治哲学的阐释，可以相对地划分为两个方面：

一是核心论题的多维阐释。这也是当代中国马克思主义哲学创新的重要内容。当然，不同部门哲学领域，探讨的核心论题并不相同。

在政治哲学领域，近年学者比较关注的一个重要论题是历史唯物主义与政治哲学的关系问题。李佃来教授认为二者之间是一种"内在互补"和"会通"的关系，并在《再论历史唯物主义与政治哲学的关系——回应段忠桥教授的"质疑"》一文中，"将历史唯物主义论定为一种从市民社会所表征和指示的历史中确立起来、将事实性要素与规范性要素融为一体、与政治哲学相融通的理论。"① 从文章的副标题可以看出，此文是对段忠桥的《历史唯物主义是在"政治哲学思想运演中推导出来"的吗？——质疑李佃来教授的一个新见解》一文的回应。针对李佃来教授在《马克思主义政治哲学研究的两个前提性问题》一文中提出的"历史唯物主义宣指的那些关系、规律与基本范畴，原来就是在政治哲学的思想运演中推导出来并加以厘定的"② 观点，段忠桥教授提出四点不同看法，第一，"对历史唯物主义的理解不能仅仅依据《关于费尔巴哈的提纲》第十条"；第二，"从恩格斯对《提纲》的评价推导不出'新世界观'就是立足于'改变世界'的新唯物主义（即历史唯物主义）"；第三，"从《提纲》第十条推导不出历史唯物主义与马克思对市民社会、人类社会的批判和预设不无相关"；第四，"历史唯物主义绝不是在政治哲学的思想运演中推导出来并加以厘定的。"③ 周可的《论马克思政治哲学研究的两种方法——从段忠桥教授与李佃来教授的争论说

---

① 李佃来：《再论历史唯物主义与政治哲学的关系——回应段忠桥教授的"质疑"》，载《中国人民大学学报》2017年第1期。

② 李佃来：《马克思主义政治哲学研究的两个前提性问题》，见《马克思主义哲学研究·2010》，武汉：湖北人民出版社2010年版，第252页。

③ 段忠桥：《历史唯物主义是在"政治哲学思想运演中推导出来"的吗？——质疑李佃来教授的一个新见解》，载《中国人民大学学报》2017年第1期。

起》一文,则从方法论的角度分析了两位学者观点分歧背后的方法论差异:分析哲学的方法和思想史的方法,并以对马克思市民社会概念的文本解读为例,提出两种方法并非截然对立,而是可以相容的。① 两位学者之间的分歧及其深层原因的分析也表明,历史唯物主义与政治哲学的关系并不是一个具有自明性的问题,切实需要学界自觉给予深入反思和探讨。

正义、自由、市民社会等以往政治哲学研究的核心话题依然受到学者们的广泛关注。其中,赵志勇、霍灵美的《马克思正义观概念的合法性问题——对当代正义理论研究前提的反省》一文,着重分析了马克思正义观的合法性问题,认为我们应当超越正义范畴之平等、公正、恰当的原始词意,而将之引申为"人与人之间关系状态的合理化",在此基础上,将马克思正义观阐释为以"每个人的自由发展是一切人的自由发展的条件"为灵魂,以生产力标准、法权批判、意识形态批判、革命策略、过渡规划等为复合思想维度的范畴体系。② 吴鹏、韩志伟的《超越分配正义:马克思正义理论研究的前提批判》一文,对国内学界从自由主义分配正义切入马克思正义理论的现象进行了反思,认为自由主义的分配正义与马克思的人类社会正义有本质区别:前者是以市民社会的等级制和私有制为基础的"补救性正义",后者是以市民社会批判为基础、以人的自由个性与自我实现为目标的"超越性正义"。在这个意义上,把分配正义作为马克思正义理论研究的基本范式,实际上是一条走偏了的道路。③ 刘荣军的《马克思对市民社会的三重批判及其社会政治哲学意义》一文,从马克思对市民社会的法哲学批判、政治经济学批判和意

---

① 周可:《论马克思政治哲学研究的两种方法——从段忠桥教授与李佃来教授的争论说起》,载《贵州师范大学学报(社会科学版)》2017年第3期。
② 赵志勇、霍灵美:《马克思正义观概念的合法性问题——对当代正义理论研究前提的反省》,载《教学与研究》2017年第6期。
③ 吴鹏、韩志伟:《超越分配正义:马克思正义理论研究的前提批判》,载《天津社会科学》2017年第4期。

识形态批判,剖析了马克思社会政治哲学的多重意义。① 周凡、牛世璇的《走向一种批判的政治哲学——论米格勒·阿班枢对马克思早期民主思想的解读》一文,分析了当代法国著名的政治哲学家米格勒·阿班枢对马克思的《黑格尔法哲学批判》中民主思想特征的另类解读。② 此外,张盾的《政治美学与马克思的人学重构》和《马克思与政治美学》两篇文章,通过分析马克思的政治美学对柏拉图的政治美学的超越,深入挖掘了马克思的政治美学思想及其重要贡献,为推进马克思主义政治哲学研究提供了一个新的致思方向。包大为、高洋的《国家治理与资本全球化视阈下的毛泽东政治哲学》一文,分析了毛泽东政治哲学对资本全球化时代的国家治理、生态文明建设等的重要价值。文章认为,毛泽东政治哲学为资本全球化时代的国家治理提供了历史唯物主义的实现正义的方案,为现代文明的存续生发提供了不可忽视的启发。③ 邹吉忠、邵士庆的《习近平政治哲学思想论纲》一文,立足唯物史观与政治哲学的视野,试从休戚与共、自信发展的总问题入手,揭示习近平的政治哲学所蕴含的政治价值观、政治制度论和政治主体论,以期展示当今世界新政治哲学和新发展观的端倪与脉络。④

二是研究范式、方法、哲学传统的研究。鲍金的《马克思政治哲学的范式、性质及其自信——基于马克思政治哲学与近代自由主义的比较性考察》一文认为,增强马克思政治哲学研究自信是推进马克思政治哲学研究的重要前提,而这种自信植根于对马克思政治哲学的范式和性质的正确理解。从范式转换来看,相对于近代自由主义,"马克思政治哲学是在揭示市民社会之内在矛盾的基础上提出人的自由问题,从而对肯

---

① 刘荣军:《马克思对市民社会的三重批判及其社会政治哲学意义》,载《马克思主义与现实》2017年第3期。

② 周凡、牛世璇:《走向一种批判的政治哲学——论米格勒·阿班枢对马克思早期民主思想的解读》,载《福建论坛(人文社会科学版)》2017年第11期。

③ 包大为、高洋:《国家治理与资本全球化视阈下的毛泽东政治哲学》,载《毛泽东思想研究》2017年第2期。

④ 邹吉忠、邵士庆:《习近平政治哲学思想论纲》,载《江海学刊》2017年第6期。

定市民社会的近代自由主义实现了范式意义上的转换"。① 杨建兵、陈绍辉的《检视与建构：马克思主义政治哲学研究范式的发展理路》一文认为，马克思主义政治哲学研究范式经历了五种转换：从传统到现代、从现代到后现代、从宏观到微观、从西方到中国、从文本到问题的范式的转换。当前迫切需要建构与中国现实相符合的马克思主义政治哲学研究新范式。② 包大为的《马克思主义政治哲学方法论的可能向度》一文，在反思国内马克思主义政治哲学研究面临的方法论困境的基础上，分析了历史唯物主义之用"概念"代替"抽象名词"的方法向度、马克思政治哲学之作为"元政治学"方法向度，为积极应对马克思主义政治哲学方法论的合法性论争提供了建设性的方案。③ 刘自学的《政治哲学范式的演进探析》一书，通过对古代善的政治哲学范式、近代权利政治哲学范式弊端的历史分析，在政治哲学的现代性反思基础上，探索建构新的政治哲学范式，认为马克思的奠基于实践生成论之上的政治哲学有助于这种建构的尝试。④ 焦佩锋、李吉的《马克思主义政治哲学的历史主义向度及其阶级担当》一文认为，马克思主义政治哲学是一种现实的生存关照，而非一种抽象的形而上学争论。一方面，马克思将正义问题置于纵向的历史视野中进行比较分析；另一方面，又在资本主义生产条件下借助无产阶级的性质和使命进行人群分析，进而实现了历史性和超历史性的有机统一，这对于我们规避形而上学式的讨论马克思主义政治哲学

---

① 鲍金：《马克思政治哲学的范式、性质及其自信——基于马克思政治哲学与近代自由主义的比较性考察》，载《福建论坛（人文社会科学版）》2017年第10期。
② 杨建兵、陈绍辉：《检视与建构：马克思主义政治哲学研究范式的发展理路》，载《徐州工程学院学报（社会科学版）》2017年第3期。
③ 包大为：《马克思主义政治哲学方法论的可能向度》，载《社会科学家》2017年第4期。
④ 刘自学：《政治哲学范式的演进探析》，天津：天津社会科学出版社2017年版，第25页。

很有启示意义。①

三、中西政治哲学思想的挖掘与阐释

中西方政治哲学思想研究，尤其是对西方政治哲学思想的反思与阐释一直是当代中国政治哲学研究的重要内容。

一是西方政治哲学思想研究。主要研究内容包括西方政治哲学的传统、重要流派、核心论题及代表人物思想的阐释。

在政治哲学传统、流派方面，涉及契约主义、社群主义、生命政治，等等。姚大志的《平等与契约主义》和《什么是社群主义》两篇文章，分别对契约主义和社群主义作了深入阐释。前一篇文章从"死亡"到"重生"的理论根源及契约主义的两种类型出发，认为公平决定了契约主义的"生死"，而以公平为尺度，则可以区分出两种契约主义，分别是霍布斯式的契约主义和罗尔斯式的契约主义。② 后一篇文章着重分析了社群主义的基本特征、主要流派和基本论题。应奇、惠春寿的《罗尔斯、拉兹与社群主义》一文认为，从人类能动性的角度切入自由主义与社群主义之争，可以看到，罗尔斯式的自由主义建立在自由平等人的道德人格观念的基础之上，社群主义则对这种人格观念提出了质疑和挑战，后期罗尔斯的回应是发展出了政治自由主义的主张。基于拉兹对人类能动性的独特理解，当代完美主义实现了对自由主义和社群主义之争的超越和克服。③ 袁洪英的《当代社群主义自我理论及其价值研究》（中国社会科学出版社2017年版）一书，对当代社群主义的自我理论进行了深入的研究。李瑞艳、乔瑞金的《为什么英国新左翼对右翼政治哲学不屑一顾?》一文，着重分析了英国新左翼与右翼政治哲学的本质区

---

① 焦佩锋、李吉:《马克思主义政治哲学的历史主义向度及其阶级担当》，载《科学社会主义》2017年第2期。
② 姚大志:《公平与契约主义》，载《哲学动态》2017年第5期。
③ 应奇、惠春寿:《罗尔斯、拉兹与社群主义》，载《道德与文明》2017年第4期。

别,即右翼政治哲学总体上呈现出一种反启蒙主义的思想意识,而英国新左翼思想家坚持启蒙运动以来所倡导的自由、平等和民主等人本主义和理性主义的价值理念,更重要的是,坚持马克思主义哲学的基本立场和社会主义的价值诉求。假如说自由主义、个人主义和自然主义是右翼政治哲学中蕴含的内在价值预设,那么平等主义、民主主义和社会主义则是英国新左翼政治哲学的核心价值理念。① 夏莹的《哲学对政治的僭越:当代生命政治的隐形支点》一文分析了当代生命政治的理论局限,认为以柏拉图为代表的理想主义的政治哲学传统,用哲学规划现实政治制度,构成了生命政治的隐形支点。福柯及其后继者所重新掀起的生命政治的讨论,让哲学重新实现了对政治的僭越:政治的哲学化。这意味着"首先,生命政治的核心命题在于探寻'斗争'之不可消除的理论基础,以及在无主体的现实中重构主体性;其次,政治面向未来的规划不可避免地重归乌托邦。由此导致生命政治作为一种政治哲学思想,陷入批判上游刃有余、行动上乏善可陈的尴尬境地"②。从生命政治阐释政治哲学思想,是近些年政治哲学研究的一个新视角,值得关注。

在核心论题方面,正义问题始终是西方政治哲学的重要议题,也是中国政治哲学研究的"热点"。张国清的《正义原则的证明问题》一文,通过分析罗尔斯的正义原则证明问题及其批判者的批判,探讨了正义原则证明问题的重要性及其可能性,认为从哲学证明走向科学证明,是正义原则证明的新方向,跨学科研究将为这个新方向提供可能性。③ 温权的《资本主义城市化格局下西方社会正义理念的空间限度——从大卫·哈维空间政治哲学批判的中观视角谈起》一文则分析了社会正义的空间

---

① 李瑞艳、乔瑞金:《为什么英国新左翼对右翼政治哲学不屑一顾?》,载《国外理论动态》2017年第9期。

② 夏莹:《哲学对政治的僭越:当代生命政治的隐形支点》,载《南京社会科学》2017年第7期。

③ 张国清:《正义原则的证明问题》,载《华中师范大学学报(人文社会科学版)》2017年第3期。

限度问题,认为,哈维立足于城市内差异性分布的不同群体在空间定位层面的冲突、城际间因资源恶性竞争而造成的政治张力以及国家机构之于城市总体发展趋势的负面效应,以及三者同资本空间性生产与分配间的对应关系,揭示了社会正义失范的内在病灶。其实质是以资本"物"的尺度为出发点,将资本循环的一元霸权凌驾于社会群体的多元诉求之上,从而使原本属人的正义概念异化为资本积累的空间性策略。① 自然法理论研究也日益受到学者的关注。其中,李季璇的《从义务到权利——论洛克自然法理论的转折》一文,分析了洛克自然理论的转折及其意义,认为洛克的《政府论》通过讨论与揭示自然法的权利向度,不仅在学理上完成了对自然法之普遍性的论证,而且实现了对自然法理论的转折,即从义务到权利,从而为现代国家学说奠定了坚实的理论基础。② 陈德中的《洛克自然法理论:古典抑或现代?》一文则对洛克自然法理论的古典还是现代的性质进行了深入分析,并提出了"洛克的思想存在着古典来源与现代问题之撕裂"的观点。③ 肖光辉的《古希腊政治哲学与自然法的切合》一文分析了政治哲学与自然法的天然联系及其影响,认为古希腊学者根据自然法则思考城邦的政治生活,将政治哲学与自然法紧密结合起来。自然法是政治哲学出发点,城邦的一切活动与自然法伴随始终。二者的这种结合决定了西方政治哲学的基本框架与走向。④

近代政治哲学也是中国政治哲学研究的主要议题之一。丁毅超的《近代政治哲学的逻辑起点——霍布斯上帝观念之考察》一文通过对霍布斯上帝观的考察,探讨了近代政治哲学的逻辑起点问题,认为上帝观

---

① 温权:《资本主义城市化格局下西方社会正义理念的空间限度——从大卫·哈维空间政治哲学批判的中观视角谈起》,载《社会科学研究》2017年第1期。
② 李季璇:《从义务到权利——论洛克自然法理论的转折》,载《哲学研究》2017年第2期。
③ 陈德中:《洛克自然法理论:古典抑或现代?》,载《学术交流》2017年第2期。
④ 肖光辉:《古希腊政治哲学与自然法的切合》,载《社会科学家》2017年第3期。

念是霍布斯思考政治问题的逻辑起点。霍布斯对上帝作了世俗化和理性化解读，造就了近代政治哲学的范式、主题和框架，并开启了后世人们理解国家和公共权力的新视角。① 黄学胜的《近代西方政治哲学的自然科学基础及其问题》一文探讨了自然科学对近代政治哲学的影响及其产生的众多问题。②《甘肃社会科学》2017年第3期，围绕"近代政治哲学与当代探索"，发表了三篇文章。其中，刘小枫的《"马基雅维利时刻"与美国政制》一文分析了当代美国政治哲学研究与近代政治哲学的密切关系；贺方婴的《卢梭笔下的主权者是谁》一文，通过对《社会契约论》的细致分析，揭示了卢梭的"人民主权"论对于当今人们思考"人民主权"学说问题提供的新思路；姚啸宇的《洛克如何打造"自然权利"》一文认为，洛克对胡克思想的曲解，让他为自己的激进政治哲学主张打掩护，有利于我们今天更好地看清"自然状态"和"社会契约"等当今学界关注的论说的起源。张荣的《奥古斯丁对古希腊自由观的终结及其效应——兼谈近代政治哲学的奠基之路》一文认为，奥古斯丁终结了内在自由之思，开辟了一条把自由决断上升为第一原理的外在化道路，自由成了绝对命令。这一命令的现实化成为后世政治哲学家的历史使命。同时，奥古斯丁思想中的其他一些原则性概念，如秩序、法则、正义和爱的命令，构成了近代政治哲学尤其是法权学说的根基。③此外，2017年4月22—23日，在中国人民大学召开的"问题与方法：英美政治哲学与大陆政治哲学研究对话会"，围绕"西方政治哲学的两种不同研究理路""两种政治哲学还是三种政治哲学""马克思主义政治哲学与两种政治哲学范式""英美政治哲学是分析的进路吗？"四个议

---

① 丁毅超：《近代政治哲学的逻辑起点——霍布斯上帝观念之考察》，载《浙江社会科学》2017年第12期。

② 黄学胜：《近代西方政治哲学的自然科学基础及其问题》，载《学习与实践》2017年第11期。

③ 张荣：《奥古斯丁对古希腊自由观的终结及其效应——兼谈近代政治哲学的奠基之路》，载《福建论坛（人文社会科学版）》2017年第8期。

题，对英美政治哲学与欧陆政治哲学及其关系进行了深入探讨①，对于人们深化理解西方政治哲学传统、建构当代中国政治哲学范式具有重要的启示意义。

在西方政治哲学代表人物思想阐释方面，主要涉及亚里士多德、康德、罗尔斯、福柯、齐泽克、诺齐克等重要思想家。关于亚里士多德的研究，关注重点不同，理解也不同。其中，田道敏的《自然主义的政治》（中国社会科学出版社2017年版）一书，关注的是"自然主义的政治"，这也是对亚里士多德政治哲学的定位。杨之林、刘鸿鹤的《古典共和主义的滥觞——亚里士多德政治哲学研究》一文，则分析了亚里士多德对古典共和主义的核心问题混合政体思想、德政思想以及自由与民主思想的研究，以及这种研究对后世共和主义思想的影响。赵敦华的《康德道德—政治哲学的革命意义》一文认为，康德的启蒙观和历史观把道德的思想革命推向社会历史领域，形成了以维护人的尊严和自由的道德要求为主要内容的政治哲学，为"人可以希望什么"的批判哲学问题，描绘了朝向更善目标进步的历史进步的政治蓝图。② 方博的《自由、公意与社会契约——关于卢梭和康德的一个政治哲学的比较》一文，则对康德与卢梭的政治哲学进行了比较研究，认为康德的法哲学与政治哲学是对卢梭学说的光大与拓展。康德学说中不但有卢梭因素，同时蕴含着对于霍布斯与洛克学说主题的回应。③《复旦政治哲学评论·卢梭的难题》（第9辑·2017）对卢梭的自由概念与观念进行了深入研究。

邵晓光、白双翎的《基于马克思正义理论的罗尔斯正义观评析》一文，从马克思主义正义理论出发，对罗尔斯的正义论作了整体性的评价，认为其有社会契约性、理论直觉性、集体道德性、有限自由性和正

---

① 郭伟峰：《"问题与方法：英美政治哲学与大陆政治哲学研究对话会"》，载《中国人民大学学报》2017年第4期。

② 赵敦华：《康德道德—政治哲学的革命意义》，载《伦理学研究》2017年第4期。

③ 方博：《自由、公意与社会契约——关于卢梭和康德的一个政治哲学的比较》，载《哲学研究》2017年第10期。

义至上性的特点;其理论贡献是开创了对自由平等关系理解的新境界,推动了政治哲学主题从自由向平等转变,修正了自由主义的个人优先性以及对弱势群体给予了人道主义关怀;其理论局限是没有从根本上指出资本主义的矛盾,其价值观依然是资本主义的价值观,其设想的社会形态与现实社会具有较大的差距,难以实现,而且因过度地讲平等而患有绝对平均主义痹症。① 贾中海的《社会价值的分配正义:罗尔斯自由主义政治哲学批判》(中国社会科学出版社2017年版)一书,对罗尔斯的分配正义进行了批判性的研究。姚大志的《什么是系谱学——福柯政治哲学探析》一文,从系谱学视角,对福柯的政治哲学思想进行了探讨,其核心观点是系谱学由三个基本要素构成:权力、知识和身体。以权力为中心,系谱学形成了两个基本论题:一个论题探讨权力与知识的关系,被称为"真理政治学";一个论题探讨权力与身体的关系,被称为"生物政治学"。福柯的系谱学始终关注的是权力,但是他只提供了一种关于权力的分析,而没有提出反抗权力的理论。② 姚大志的另一篇文章《异教主义的正义——评利奥塔的后现代政治哲学》,则对利奥塔的后现代主义政治哲学进行了评析。文章通过对利奥塔的异教主义正义观之局限性的批判性分析,揭示了利奥塔异教主义正义观的基本矛盾:摇摆于现代主义与后现代主义之间。正是这种基本矛盾,使利奥塔既不能像罗蒂那样对现存政治秩序进行坚定的辩护,也不能像福柯那样进行坚决的批判。③ 汪行福的《两个绝对之间没有桥梁——齐泽克暧昧的政治哲学》一文,以齐泽克对全球资本主义与共产主义之间关系的分析为基础,探讨了齐泽克政治哲学的"暧昧性"。文章认为,齐泽克主张全球资本主义是绝对的毁灭和人类的末日,共产主义是它唯一可能的否定形式。他

---

① 邵晓光、白双翎:《基于马克思正义理论的罗尔斯正义观评析》,载《理论探讨》2017年第5期。
② 姚大志:《什么是系谱学——福柯政治哲学探析》,载《学术月刊》2017年第7期。
③ 姚大志:《异教主义的正义——评利奥塔的后现代政治哲学》,载《社会科学战线》2017年第9期。

想在这两个绝对之间建立起辩证的联系，但他的理论除了晦暗不明的神学暗示和模棱两可的个人勇气外，并没有对全球资本主义与共产主义政治之间的联系作出合理的解释。在这个意义上，齐泽克的政治哲学是暧昧的。① 郑伟、宋建丽的《持有正义与个人权利——诺齐克政治哲学探析》一文分析了诺齐克的持有正义与个人权利学说，认为诺齐克的持有正义理论体现了一种自由至上主义的政治哲学立场，其实质是对私有财产权利的坚定捍卫。重新审视此学说，可以得出，尽管自由市场给个人选择和个人自由提供了广阔的空间，但自由市场观念并不能简单地否定和取代社会正义的整体性要求。② 李淑梅、莫雷的《社会认同观的转变与激进的民主政治——拉克劳、墨菲的政治哲学思想研究》，探讨了拉克劳、墨菲的政治哲学思想，认为其关于主体身份多元化和转变社会认同观的思想，探讨政治哲学的运作机理、坚持激进的斗争原则和包容精神，以及在主体身份和价值观多元化基础上重建文化领导权的观点等，具有一定的借鉴意义。③

二是中国传统政治哲学思想挖掘和阐释。在对中国政治哲学思想的挖掘和阐释中，对儒家政治哲学思想的多维研究占了主导地位。林存光主编的《儒家政治哲学与政治文化论丛》④，侧重于对儒家政治哲学与政治文化传统的历史考察和义理阐释，对于深化中国传统政治哲学研究具有重要的学术价值。东方朔的《〈荀子天论〉篇新释》一文认为，应该把《荀子天论》还原为一篇政治哲学文献，此文献要论述的就是礼义作为治道的政治合理性与价值合理性。⑤ 欧阳祯人的《出土简帛中的政治

---

① 汪行福：《两个绝对之间没有桥梁——齐泽克暧昧的政治哲学》，载《广西大学学报（哲学社会科学版）》2017年第1期。
② 郑伟、宋建丽：《持有正义与个人权利——诺齐克政治哲学探析》，载《福建论坛（人文社会科学版）》2017年第4期。
③ 李淑梅、莫雷：《社会认同观的转变与激进的民主政治——拉克劳、墨菲的政治哲学思想研究》，载《哲学研究》2017年第10期。
④ 该丛书的前四册，已由学习出版社于2017年出版。
⑤ 东方朔：《〈荀子天论〉篇新释》，载《哲学动态》2017年第5期。

哲学》（中国人民大学出版社2017年版）一书，立足于新近出土简帛文献资料，从先秦儒家宗教性的天人关系、诚信社会何以建立、性情思想的独特价值、伦理思想的现代性、从文本的差异到思想的差异、政治哲学的理想等六个方面来讨论在新近出土简帛文献中先秦儒家的政治理想。张志宏的《当代儒家政治哲学研究之时代化进路》一文认为，近代以来，儒学逐步摆脱了西方"现代性"所造成的困扰，证成了其思想的独特价值，捍卫了自身的主体性。在此基础上，当代儒家政治哲学研究力图重新确立"道"的本原性价值根据，通过"返回"儒家思想本身的立场去思考当代中国和世界所面临的现实问题，以求开创出适应于现代社会的政治理念和模式，实现儒学思想向现实的自然展开。① 王进的《晚清"翼教"思想与儒家政治哲学——〈朱蓉生侍御答康有为第一书〉为中心》一文分析了"翼教"思想关于哲学与政治之间关系的认识，认为"翼教"思想不仅揭示和反映了儒家政治哲学的核心问题和深远关切，而且揭示了政治哲学的基础性问题，研究"翼教"思想，对于深入了解儒家政治哲学和反思现代政治哲学都有重要的意义。② 黄玉顺的《大陆新儒家政治哲学的现状与前景》一文认为，大陆新儒家在政治哲学上存在着多种价值取向，如前现代的原教旨主义的儒家政治哲学、作为"现代性政治怪胎"的极权主义的儒家政治哲学、正常的现代性的儒家政治哲学等。当代儒家应有的问题意识是必须突破帝国时代的传统儒学的"形上-形下"的基本框架，容纳八大现代政治价值：个体、自由、平等、博爱、民主、共和、宪政、法治。③ 干春松的《康有为政治哲学的人性论基础——以〈孟子微〉为中心》一文认为，康有为的人性论具有双重目标：一是为自己的"改制"和容纳西方的政治观念奠定新的逻辑起点；二是提出适应未来政治和社会秩序的"新人标准"。尽管

---

① 张志宏：《当代儒家政治哲学研究之时代化进路》，载《社会科学》2017年第7期。
② 王进：《晚清"翼教"思想与儒家政治哲学——〈朱蓉生侍御答康有为第一书〉为中心》，载《哲学研究》2017年第7期。
③ 黄玉顺：《大陆新儒家政治哲学的现状与前景》，载《衡水学院学报》2017年第2期。

康有为对人性论的探讨具有一定的现实意义,但给人一种缺乏形而上学维度的印象,且具有某种程度的制度决定人性之倾向,从而导致他的理论逻辑产生一定程度的混乱。①丁四新的《再论〈尚书·洪范〉的政治哲学——以五行畴和皇极畴为中心》和刘海龙的《〈尚书〉思想价值辨正——兼论儒家政治哲学奠基》两篇文章从不同角度挖掘了《尚书》中的政治哲学思想。值得一提的是,吴根友的《政治哲学新论》(安徽文艺出版社2017年版),对老子、荀子、王夫之、龚自珍等思想家的政治哲学思想进行了新的阐释,对人们深入理解中国传统政治哲学思想提供了新的视角。此外,叶自成的《老子政治哲学》(上海财经大学出版社2017年版),秦晓慧的《〈太平经〉自然政治哲学发微》,何善蒙的《"道""因""权""义"与〈淮南子〉政治哲学的结构》,焦秀萍的《论韩非子的政治哲学——"不两立"哲学思维与"务力"政治思想的有机融合》,赵艳玲的《董仲舒政治哲学的思想意蕴及当代价值》,等等,对于人们深入理解并推进中国古代政治哲学研究具有重要的学术价值。

四、当代中国马克思主义政治哲学建构探索

当代中国马克思主义政治哲学、文化哲学等其他部门哲学建构问题,是当前马克思主义哲学研究的重要理论任务。在理论与实践的良性互动中,建构起具有中国特色、中国气派和中国风格的马克思主义政治哲学,或者中国政治哲学学派,是中国马克思主义政治哲学研究的重要问题。为此,围绕马克思主义政治哲学建构的思想资源、基本原则、路径、话语体系等问题,学界展开了深入的研究。李佃来的《马克思政治哲学与当代中国政治哲学建构》一文认为,马克思政治哲学研究的兴起

---

① 干春松:《康有为政治哲学的人性论基础——以〈孟子微〉为中心》,载《人文杂志》2017年第4期。

与建构当代中国政治哲学理论自觉的形成之间有着内在关联。马克思政治哲学不仅是作为一个思想史的个体，同时又是作为当代中国政治哲学建构的思想资源而成为我们的研究对象的。马克思虽然没有构建一个完备的政治哲学体系，但他的政治哲学思想却是我们建构当代中国政治哲学极其重要的理论参照系。① 沈湘平的《马克思主义政治哲学理论建构的三个问题》一文认为，当前马克思主义政治哲学理论的建构需要认真考虑三个问题：一是要凸显马克思哲学"一面针对着世界，另一面针对着哲学本身"的"双刃"特质以及人类解放的旨趣；二是要关注人类社会或社会化人类的共同活动方式；三是要探索在一个多元、差异的时代如何获得一种公共善、公共正义的问题。② 也有学者将国内马克思主义政治哲学的建构的基本路径概括为三种，即规范性的建构路径、研究具体问题的路径和从总体的社会定位出发的建构路径。③ 2017年4月15日，"当代中国马克思主义政治哲学理论建构"学术研讨会在武汉举行，与会学者围绕"当代中国马克思主义政治哲学的理论形态与学科特征""建构当代中国马克思主义政治哲学的思想资源和理论基础"以及"当代中国马克思主义政治哲学理论建构的实现路径"等议题展开深入的讨论。这些讨论对于推进中国马克思主义政治哲学建构具有重要意义。关于当代中国马克思主义政治哲学话语体系建构问题，王岩教授指出，马克思主义政治哲学话语体系至少应该包括以下几个内容：马克思主义历史唯物主义，当代中国重大理论与现实问题，中国优秀传统政治文化，治国理政的政治智慧，对西方政治哲学的借鉴与超越，价值理性及其科学内涵，政治价值的范畴体系。总的来看，学者们都非常强调要从现实

---

① 李佃来：《马克思政治哲学与当代中国政治哲学建构》，载《山东社会科学》2017年第12期。

② 沈湘平：《马克思主义政治哲学理论建构的三个问题》，载《南京大学学报（哲学·人文科学·社会科学）》2017年第5期。

③ 齐艳红、宋媛：《当代中国问题视域中的马克思主义政治哲学——"第十三届马克思主义哲学创新论坛"综述》，载《山东社会科学》2017年第2期。

出发去建构中国马克思主义政治哲学。

一般说来，推进我国政治哲学研究离不开政治哲学史研究。但是从现有研究成果来看，政治哲学史研究一直是我国政治哲学研究领域的"薄弱环节"。在此背景下，中国人民大学出版社出版的"政治哲学史"丛书（7卷本），就显得意义重大，特别是对于完善我国政治哲学学科建设有着重要的理论和现实意义。丛书包括《马克思主义政治哲学史》《中国政治哲学史》《西方政治哲学史》。其中，《中国政治哲学史》是三卷本，第一卷系统考察了老子、孔子、墨子、商鞅、孟子、庄子、荀子、韩非八位思想家，以及黄老学派、名家学派的政治哲学；第二卷研究了董仲舒的论天人之际的治道、政治哲学视域中的王莽"受禅"与改制、《白虎通义》的教化哲学、《太平经》的自然政治哲学、王通的正统论与道统论等；第三卷对康有为、章太炎、孙中山等人的政治哲学思想进行了分析。《西方政治哲学史》也是三卷本，第一卷主要考察了从古希腊到宗教改革的政治思想和政治哲学；第二卷研究的是17世纪至19世纪近代西方政治哲学的发展历程，阐释了具有重要历史地位与深远影响的人物如霍布斯、洛克、斯宾诺莎、卢梭、托克维尔、康德、黑格尔等的政治思想，以及政治哲学流派如苏格兰启蒙运动和功利主义等的政治哲学思想；第三卷深入剖析了以赛亚·伯林、列奥·施特劳斯、卡尔·施米特、约翰·罗尔斯、尤尔根·哈贝马斯等20世纪著名政治哲学家或者思想流派的观念。《马克思主义政治哲学史》以如何理解马克思主义政治哲学的历史定位这一总问题为着眼点，分别论述了马克思主义政治哲学前史，马克思、恩格斯和列宁的政治哲学思想。此外，朱进东等的《高卢的雄鸡：古典马克思主义政治哲学史研究》（南京大学出版社2017年版）一书，对古典马克思主义政治哲学史的多重透视、古典马克思主义政治哲学的起源、古典马克思主义的激进政治哲学、政治哲学的历史唯物主义转向及完成、古典马克思主义政治哲学的流变与发展等问题的研究，也很有意义。

上述研究成果，无论是对政治哲学基础理论问题的研究，还是对于"中西马"政治哲学的研究，大多都比较集中于概念、观点及思想的"阐释"。这一方面反映出当前中国政治哲学研究关注的重点、创新的基本路径，但另一方面也说明在当前中国政治哲学研究中，依然存在着学术性与现实性失衡的问题，即学术出突出、现实性不足。也正因如此，如何真正立足实践这一思想之源，在文本与现实的良性互动中，推进中国政治哲学研究范式的创新与转换，应该是未来中国政治哲学研究努力的方向。

（作者于桂凤系湖北大学马克思主义学院副教授，哲学博士；研究方向：马克思主义哲学和生态哲学。）

论马克思唯物史观的出场逻辑

孙 琳

[摘 要] 马克思思想的范式创新，是指马克思当年清算自己的信仰，如何突破意识形态和文化信仰解释一切的唯心主义历史观，来追问究竟谁才是真正的历史出场者。在对时代问题解答的基础上，马克思创立了唯物主义历史观，其范式创新的总命题是"出场"。以"出场"为总命题的马克思主义出场学是唯物史观的当代形态，是马克思哲学创新基础上的范式创新，是马克思主义通过不断出场秉持永恒在场的生命力所在，把握马克思唯物史观的出场逻辑，是破解所有在场形而上学的关键基础，也是唯物史观在当今中国场域实践不断获得新的生命力的方法论根源。

[关键词] 出场学 场域论 唯物史观 出场逻辑 实践

马克思创立了新的历史观的范式体系，其思想创新的最大贡献是具备强大的生命力，它是科学的历史观、方法论和价值论的逻辑统一。范式创新，体现于由总命题的变换而带来的一系列理论系统的变化。马克思唯物史观就是一个范式创新，马克思主义出场学具有与唯物史观相一致的总命题、出场逻辑和理论宗旨，是在马克思思想范式创新的基础上的再创新，是指导当下历史社会现实的行动实践的"新场域化"和理论实践的"再创新"的行动指南，从而破解所有在场的形而上学，真正实践由马克思唯物史观所发轫的历史精神与创新精神。

一、国内外研究成果综述

研究国内外马克思主义者的思想,不是为了对他们进行地毯式的搜索以便发现能够为我们所用的东西,也不是为了实现知识的"考古学"和理论的"谱系学"以便实现哲学史的考察,研究的目的在于通过这些思想范式的不同变化透视思与史的辩证关系,进而把握马克思唯物史观的创新主旨、当代形态以及当代意义。目前对马克思唯物史观进行不同范式解读的国外成果主要有:

1. 人道主义马克思主义,以"人学"为总命题

(1) **把马克思黑格尔化**。卢卡奇的总体性的"辩证的历史哲学",他认为我们应该"正确地理解马克思的方法的本质,并正确地加以运用"①,认为黑格尔的辩证法是马克思思想的直接来源,在历史观中陷入唯心史观。葛兰西的"实践哲学",同样黑格尔化马克思,认为"黑格尔的内在论变成了历史主义,但只有在实践哲学那里,它才是绝对的历史主义——绝对的历史主义或绝对的人本主义"②,依旧陷入唯心史观。马尔库塞"辩证人道主义",坚持精神分析传统进而走向历史的文化革命,认为"'理性的狡计'正如它往常的所作所为那样,是有利于现存的力量的"③,在回到黑格尔的辩证法的同时也回到了黑格尔的历史观。

(2) **把马克思海德格尔化**。萨特、梅洛-庞蒂等人的"存在主义人本学"的历史观,是存在论的个人主义。萨特"存在主义人道主义"的历史观,坚持用人学辩证法分析历史场域问题,认为人学"永远不脱离

---

① 卢卡奇:《历史与阶级意识》,杜章智译,北京:商务印书馆 1995 年版,第 14 页。
② Antonio Gramsci, *Selections from the Prison Notebooks*, London: Lawrence and Wishart, 1971, p.417.
③ 马尔库塞:《单向度的人——发达工业社会意识形态研究》,刘继译,上海:上海译文出版社 1989 年版,第 16 页。

具体，也就是不脱离历史"，"存在主义在被哲学的整体化运动吸收、超越和保存之后，就不再是一种特殊的研究，而是成为任何一种研究的基础"①，走向存在论的"日常生活现象学"的个人主义。可以说，他们和黑格尔化马克思的西方马克思主义者们一样隶属于马克思主义的人道主义学派，追根到底都是以"人学"为总命题。他们都过于重视历史主体的能动性，在历史观上都陷入历史目的论。

2. **结构主义科学唯物主义，以"科学"为总命题**

（1）**逻辑实证的科学马克思主义**。德拉-沃尔佩把马克思的历史观限定在方法论和认识论范围内，认为"我们在《提纲》的第二条中发现了马克思的道德伽利略主义的全部内容和建设意义"②，把马克思的历史观限定在方法论和认识论范围内，从而把马克思思想实证化，丢弃了马克思的哲学革命精髓。

（2）**结构主义的马克思主义**。强调"两个马克思"和历史的多元决定论。阿尔都塞强调"认识论的断裂"，认为"可以借用雅克·马丁关于总问题的概念，指出理论形态的特殊统一性以及这种特殊差异性的位置……可以借用加斯东·巴什拉关于认识论断裂的概念，以研究由于新科学的创立而引起的理论总问题的变化"③。他引起了"问题式"研究，但走向了断裂的非连续的非历史的结构主义，与德拉-沃尔佩一样在发掘历史发展的客观规律时，在历史观上都陷入了历史决定论，陷入唯心史观。

历史目的论与历史决定论的共同点是都具有明显本体论特征，最终都沦为在场形而上学，是对马克思思想创新的虚假判断，被证明是对唯物史观的伪解释。

---

① 萨特：《辩证理性批判》第1卷，林骧华等译，合肥：安徽文艺出版社1998年版，第143页。

② Della Volpe, *Logic as a Positive Science*, NLB, 1980, p.178.

③ 阿尔都塞：《保卫马克思》，顾良译，北京：商务印书馆2006年版，第15页。

3. 晚期现代性马克思主义，以"交往行为"为总命题

（1）**合理性的建构**。哈贝马斯以语言和交往合理性为基础重建唯物史观，并以生活世界与系统的关系替代马克思生产力与生产关系的辩证法。但是作为总命题的"交往行为"被限制于语言中心论中，"语言上建立起来的主体通性的结构……对社会系统和个性系统来说，都是根本性的"①，故而使他所有重建的努力化为乌有。

（2）**规范性的建构**。霍耐特以"承认—蔑视"的社会发展动力学深化交往行为理论，从经验相关性角度阐述社会规范性，重建马克思历史观的解放性内涵，但是与哈贝马斯一样，都认为只有从心理—语言层面才能解释或厘清历史。

4. 后现代马克思主义，以"去中心""多元化"为总命题

（1）**空间（生产）辩证法**。以列斐伏尔、大卫·哈维为代表。列斐伏尔的"空间异化批判理论"，认为"马克思的'唯物主义'拒绝哲学所有思辨的、体系的和抽象的方面"②，导向由现代性空间异化批判引导的日常生活的微观社会学视域的历史观，而最终不能全面把握唯物史观。

（2）**后结构主义的马克思主义**。后结构主义不等于结构主义，也不同于解构主义，致力于统摄固定的结构与流动的意义，布尔迪厄、福柯、利科等皆属微观社会学视角对马克思进行补充，认为"每一个场域都拥有各自特定的利益形式和特定的幻象，场域创造并维持着它们"③，虽然把握场域契机，但设立了主观唯心的"惯习"作为思考起点，历史与逻辑在此"惯习"中未能获得统一的逻辑。此外，福柯、利科等人也

---

① 哈贝马斯：《重建历史唯物主义》，郭官义译，北京：社会科学文献出版社2013年版，第6页。

② Henri Lefebvre, *The Sociology of Marx*, Trans. N.Guterman, New York: Columbia University, 1982, p.6.

③ 布尔迪厄、华康德：《实践与反思：反思社会学导引》，李猛等译，北京：中央编译出版社1998年版，第159页。

在历史场域的世界观和方法论方面支持结构主义与解构主义的融合,现象学方法与辩证法的融合,从而将唯物主义历史观导向更为开阔的理论方向。

(3) **文化逻辑批判**。詹姆逊在"元批判"的基础上,以解构"晚期资本主义的文化逻辑"和马克思主义的"东正教"即苏联体系作为实践马克思主义的基本方式。他指出四种错误的历史观:"'文物研究''存在历史主义''结构类型学''尼采式反历史主义'"①,最后走向马克思主义的历史观。其视域中体现了后现代的差异性,也对历史与理论、实践相结合的观念进行了正确的表述,但是过于注重文化和意识形态批判,尽管也曾写作《重读〈资本论〉》,但是真正的社会经济在文化意识形态批判中是不见踪影的,在他理论中作为"中介"的辩证法也因此而成为摆设。

5. 后马克思学,以"解构"为总命题

(1) **消费社会批判**。例如鲍德里亚把资本社会不再指认为以生产为基础的社会,历史已进入"消费社会"。解构主义本身极具体系的破坏性,以鲍德里亚为代表,并进而走向后马克思学的反马克思主义道路。鲍德里亚把资本社会不再指认为以生产为基础的社会,而是指认为"消费社会",批判经济危机的出现皆由流通中的消费不足而引起,进而导向符号政治经济学批判,认为"消费社会……是与新型生产力的出现以及一种生产力高度发达的经济体系的垄断性调整相适应的一种新的特定社会化模式"②。由于马克思历史时代与当今的历史时代的场域转换,鲍德里亚也定制了一套新的资本批判的理论外衣,专涉现代性时间异化批判并进驻日常生活的微观社会学视域,从而在后现代主义的无理性和碎片化中走向历史的虚无。

---

① 詹明信:《晚期资本主义的文化逻辑》,陈清侨、严锋译,北京:生活·读书·新知三联书店2013年版,第124页。

② 鲍德里亚:《消费社会》,刘成富等译,南京:南京大学出版社2000年版,第72页。

（2）**社会无意识批判**。例如齐泽克的"意识形态幻象"论，将历史划入被意识形态操控的社会现实的无意识幻象的建构之中。后马克思学的另一个著名代表人物是齐泽克。齐泽克的"意识形态幻象"，走在文化转向与语言转向思想潮流浪尖，认为社会意识形态"是隐含的、准'自发的'假定和看法的难以捉摸的网络形成'非意识形态'……实践的一种不能复归的瞬间再生产"①，在全球化的新历史场域中发展了行动者行动的意义理论，但是精神分析论调和犬儒主义作风使其最终偏离了马克思的唯物主义历史观。

（3）**解放与批判**。德里达的"马克思的幽灵"论，把马克思主义化解为非生非死、非真非假、非在非不在的一个永远达不到却又无处不在的"幽灵"，幽灵化就是虚无化，"既是时间上的虚无（非存在、非实在、非生命），也是想象的虚无！"唯有解放才是最终目的。尽管德里达正确地把握了马克思的批判精神，但是历史却消失了，与马克思一样，历史也成为被解构的碎片与幽灵。

可见，后现代主义的他们或将马克思及其新理性纳入后现代支离破碎的相对主义或虚无主义中，或通过对共产主义的信仰来通达共产主义，或抛弃马克思的核心观点走向反马克思的道路，显然也是对马克思唯物史观的伪解释。

综上所述，"人学"总命题的历史目的论与"科学"总命题的历史决定论都具有本体论特征，最终都在历史观上沦为"在场形而上学"。被新一代法兰克福学派重建的历史唯物主义，也不再是唯物主义的历史观。后现代马克思主义与后马克思学，用微观领域社会学对马克思的思想进行补充，则使马克思的唯物史观"面目全非"。

目前国内对此问题的研究可以说已具有相当高的水准，达到了新的理论水平和高度。国内的主要研究成果有：

---

① 齐泽克等：《图绘意识形态》，方杰译，南京：南京大学出版社2002年版，第20页。

1. 唯现实论，以"现实"为总命题

认为唯物史观是现实的人在现实的世界中以现实的实践展开的现实的（世界）历史进程。"现实论"者没有找到历史从"当时"在场与"当下"的出场逻辑，缺乏对历史的"尚未"和"将要"的把握。

2. 以海解马论，以"存在"为总命题

以存在论的视角阐释唯物史观。"此在"（Dasein）具有一种面向未来的价值投射的历史状态。历史是"存在"透过"此在"的呈现，它难以把握历史辩证法。

3. 历史发生论，以"发生"为总命题

认为马克思重塑了历史发生过程的逻辑，即历史的发生、发展、运动、变化、消亡等是一个辩证的统一的生成过程，却不能解释马克思以四十年光阴探讨政治经济学问题的原因。

此外，当代国内马克思主义历史观研究形成八大范式。即问题研究范式、文本解读和解释范式、比较对话研究范式、反思的问题学研究范式、哲学史论研究范式、中国化研究范式、马克思主义哲学原理研究范式、哲学研究方向的创新研究范式。虽然各有特色，但终究不能形成统一的思想整体。

目前国内外的研究，也许可以在单个方面正确阐释马克思思想范式创新，但在总体上把握**范式创新**和实现**当代意义**方面有所欠缺。例如，在运用马克思唯物史观解释"当下在场"场域中"新场域化"的"发生"和"发展"的变化时，在梳理"实践、历史、文本、思想"的四者的内在逻辑关系时，在把握唯物史观的出场逻辑时，在理解马克思历史观、方法论与价值观相统一的关系时，还未能达到整体性的相统一的高度。吸收各大范式精华的马克思主义出场学是唯物史观的范式创新和当代形态，进而面对新场域，解决新问题。

二、马克思唯物史观出场逻辑的重新定位

(一) 范式创新史视域中的唯物史观出场逻辑

1. 文本解读：马克思思想的总命题变革

通过五次总命题变革，透视马克思唯物史观的范式创新与深刻内涵。

(1) 以**"自我意识"**为总命题，以黑格尔左派的立场批判宗教神学。在《博士论文》中，马克思以原子概念的辩证法隐喻"自我意识"的实现，实则是青年黑格尔派的鲍威尔汲取了黑格尔哲学体系中的"自我意识"为总命题，依然停留于黑格尔创立的概念的辩证法之中。

(2) 以**"市民社会"**为总命题，以理想的人道主义立场批判黑格尔与青年黑格尔派的唯心主义哲学。在《莱茵报》和《德法年鉴》时期，马克思反思了"自我意识"总命题的抽象性，在费尔巴哈的存在论影响下，以"现实的人"为基础深入探索"市民社会"的总命题。

(3) 以**"类哲学"**为总命题，以费尔巴哈人本学的立场继续批判黑格尔以及所有的唯心论。此时以《1844年经济学哲学手稿》为代表，并且在费尔巴哈总命题下已经具有了世界观创新的萌芽。黑格尔的"活动"原则与费尔巴哈的"感性—对象性"原则处于一种复调叙事中。

(4) 以**"感性人的感性实践活动"**为总命题，标志着马克思广义的唯物史观的创立。马克思从《关于费尔巴哈的提纲》开始，就超越了费尔巴哈的作为人本学的抽象原则的"类本质"的总命题，黑格尔的"活动"原则与费尔巴哈存在论的感性原则相结合为"感性人的感性活动"，以历史场域中活生生的感性的人的感性活动批判所有在场的形而上学。

(5) 以**"生产"**与**"劳动"**为总命题，标志着马克思狭义的唯物史观的创立。马克思在《资本论》中，揭露资本与剩余价值的剥削秘密，在狭义唯物史观基础上实践广义唯物史观。

2. 历史出场者的转换

对历史出场者，即何为历史主体的理解，马克思也经历了**五次思想转变**，才真正把握唯物史观的历史主体。这对当今中国场域的出场者研究具有重要启示。

（1）**历史主体的抽象观**：特里尔时期，马克思认为获得"自我意识"就意味着实现了哲学的意义，此时历史局限于单个主体的"自我意识"内部。

（2）**历史主体的感性观**：克罗茨纳赫时期，历史是"市民社会"基础上的思辨的感性哲学。尽管马克思已经具有在"现实的人"的立场上看待问题的思想，历史主体是感性的现实的人，但是整体视域还是抽象的思辨的。

（3）**历史主体的过程观**：巴黎时期，历史出场者是"类本质"的异化与回归的抽象过程。费尔巴哈把神视为人的异化的产物，因此证明人是人的最高本质，把神圣世界拉回到了世俗世界，进而在扬弃异化的过程中实现了的类本质，因此历史主体有一个黑格尔三部曲式的过程。马克思在巴黎时期也具有同样的实现。

（4）**历史主体的实践观**：布鲁塞尔时期，马克思进行哲学革命，消解启蒙现代性，历史出场者为活生生的"感性人"的"感性活动"。历史主体是现实的感性的人的活生生的生命"活动"，"感性的对象化活动"，即历史出场者是整体性的历史实践。

（5）**历史主体的出场观**：伦敦时期，马克思对前期思想进行批判反思，将历史出场者指认为普遍性的世界历史与交往视域下交互主体在特定历史场域的社会化进程，并聚焦为资本社会化大生产下的进行"生产劳动"的"无产阶级"。然而，在资本场域中，历史主体被物所遮蔽、淹没，进而沦为被隐匿的场域主体，历史主体需要一种"真理的去蔽"过程才能获得真正的出场。马克思借此在主客体融合的视域中构建哲学、社会学、政治经济学相统一的狭义唯物史观。在当今中国场域，继续对历史出场者进行追问，就是实践马克思唯物史观，指认历史新场域感性人的感性活动，同时也是对历史的新场域化的问题新指认与新解答。

（二）唯物史观范式创新的当代形态

1. 马克思主义出场学与唯物史观的关系

马克思主义出场学是以"出场"为总命题的唯物史观的当代形态。马克思主义出场学既是唯物史观的范式创新，又是唯物史观在当代的深刻内涵。

唯物史观与出场学的共同之处正在于**历史、实践、出场**这三个关键概念，以"正在生成"为基础建构主客体融合的世界观，因而本质一致。

（1）**历史**：第一，历史是感性人的感性实践活动创造的，是主体与客体的统一。第二，历史不是在场者的特征，而是一个不断出场的过程。

（2）**实践**：第一，实践具有先入场（先行在手）、后出场（当下上手）的时代场域的有限性特征。第二，实践是"感性的人的感性活动"，是主体与客体的统一。第三，将实践区分为"行动实践"与"理论实践"的必要性。第四，实践不是不证自明的本体，需要其他事实的界定。

（3）**出场**：第一，"出"是摆脱被遮蔽状态"进入"某一特定场域中的实践行动。第二，"场"是人类历史的广阔舞台。第三，"出场"是人类及其思想亲临历史舞台的现身行动。

（4）**三者的辩证关系**：第一，历史与实践是双向互动的双重出场过程。第二，历史不是相对主义或虚无主义，每一段不同的历史，都对应着每一段不同的"行动实践"，衍生出每一段不同的"理论实践"。第三，历史与实践是同态、同质、同构的。因此，"出场"是"历史""实践"及其辩证关系的体现，是"正在生成"的历史特征，突破以往所有在场的形而上学，因此是新范式的总命题。

如何准确使"出场"作为总命题来定义唯物史观的范式创新？即"出场"总命题的内涵：

（1）**概念的界定性**。它不是一个自明性的概念来同时作为前提和出发点。它需要其他概念关系的限定。如历史场域的先在性、交往实践的融合性、社会存在与社会意识关系的辩证性、正在生成的生存者的现实性等。

（2）**历史的建构性**。历史出场由社会化的历史、现实、具体的交往实践建构，破解在场形而上学。

（3）**范式的创造性**。以唯物史观的历史作为前提和基础，以实践为出发点，出场则是总命题。

（4）**理论的科学性**。唯物史观与出场学的范式创新正是都在于通过不断"出场"而秉持永恒在场。

2. 历史出场的新范式

以"出场"为总命题的唯物史观的历史的"出场"是对"正在生成"的历史的宏观结构把握，即在一定的"出场语境"，选择一定的"出场路径"而形成一定的"出场形态"的行动过程，构成历史语境转换和理论创新之间相互关联的双向逻辑。

（1）**"出场语境"**。是历史语境，是出场者的总体生存状况，是出场行动造就并受其制约的总体条件。

（2）**"出场路径"**。是出场选择的时机、方式和通道。

（3）**"出场形态"**。在历史语境中呈现出来的文本形态和理论形态。出场形态对出场语境、出场路径有着本质的依赖性。历史与文本存在着双镜映照。

（4）**历史出场的多重循环**。出场的辩证法着眼于感性的人的感性活动在交往实践中对历史场域的构境。多重循环构成了出场辩证过程的主要环节。多重循环即"缺场"与"出场"、"出场"与"在场"、"同一"与"差异"、"出场"与"退场"的循环。

三、唯物史观范式创新当代形态的当代意义

在新的历史时期,我们如何总体把握出场学视域中的历史场域的变化,进而实践唯物史观与马克思主义出场学呢?

(1) **时间的变化**:马克思建构文本的时期、西方马克思主义建构文本的时期与当代的时代话语不同。

(2) **空间的变化**:马克思的西欧、西方马克思主义即国外的马克思主义与中国化的马克思主义的地域话语不同。

(3) **场域的变化**。通过时间、空间的变化把握处境中的人的场位变化,以此合力共同形成出场学的场域观。而理解马克思思想创新的真正内涵要求我们用科学的相统一的历史观、方法论、价值观来分析与面对场域的新情况和解答场域的新问题。对于"历史"与"实践",我们的问题域不再是仅仅去追问"是什么"(何所是)的问题,而是进一步转换为"为什么"(何所为)和"怎么做"(何所向)的问题。因此对马克思唯物史观出场逻辑的指认的当代意义是:

1. 以出场学视角透视马克思的思想创新的强大生命力

出场学就是旨在构建一个与时俱进的马克思主义理论阐释逻辑,破除一切在场形而上学的迷信,体现马克思唯物史观的强大生命力,真正传承马克思哲学革命的唯物史观精神。

马克思唯物史观的理论前提是历史场域,即历史语境,出发点则是以交往实践为主导的行动实践:"'历史场域'或'历史语境',决不是一种先验自在、永恒在场的境遇,而是一种由出场的交往实践关系综合构造的历史境遇。"① 在出场与差异的出场学循环中深入理解和实践马克思的唯物史观的与时俱进精神,使得马克思唯物史观具有鲜明的时代意

---

① 任平:《论马克思主义出场学视域中的历史构境》,载《南京大学学报(哲学·人文科学·社会科学版)》2010年第2期,第12页。

义与时代特征。

2. 在出场学基础上厘清"实践、历史、思想、文本"四者的逻辑关系，进而指导新场域化的"行动实践"与"理论实践"

(1) **反对理论的教条主义**。这一逻辑坚决拒斥把思想和文本当作不依赖于历史场域而自动在场或永恒在场的教条。"马克思发动的哲学革命，彻底颠覆了以往形而上学将哲学思想宣布为先天在场、永恒在场的教条，同时也消解了旧唯物主义'感性直观'的在场方式，将思想出场的根据回归于生活世界的历史场域。"① 因此，马克思的哲学革命首先颠覆了一切旧哲学把思想在场宣布为唯一在场的教条主义，彻底消解了思想在场的唯一性和自足性，需要我们突破理论故纸堆，将思想的外化物——文本与广阔的历史场域相联系。追问思想出场的历史根源，即深入历史语境考察思想出场，这就是出场学遵循的第一原则。

(2) **反对实践的经验主义**。这一逻辑同样拒斥把行动实践当作不依赖于历史场域的自在行为或思辨行为的教条。"历史场域与出场者的行动变革之间具有高度相关性。马克思之所以找到通向现实的历史道路，关键在于将人理解为'历史中行动的人'……这成为马克思哲学革命的根本意义。"② 历史场域与行动者的行动实践之间是高度等价的。有怎样的历史语境和历史场域，就有怎样的行动实践，及其行动实践的主体。反之也成立。历史不是单向度的历史，人们如何理解行动实践本质与结构，就如何理解由行动实践所造就的历史。这里的行动实践的逻辑链条最终指向交往实践，在资本社会历史场域中，它以"劳动"和"生产"的行动实践方式造就历史新场域化的生成性、变动性、建构性和构境性，其中确有海德格尔的"Da-sein"的意味。如果我们厘清马克思哲

---

① 任平：《论马克思主义出场学视域中的历史构境》，载《南京大学学报（哲学·人文科学·社会科学版）》2010年第2期，第12页。

② 任平：《论马克思主义出场学视域中的历史构境》，载《南京大学学报（哲学·人文科学·社会科学版）》2010年第2期，第12页。

学革命所开创的理论实践和行动实践与历史场域之间的辩证关系，那么就不难继续秉持马克思的创新精神。

3. 充分认识广义唯物史观的科学性

厘清贯彻"当时"场域和"当下"场域的逻辑红线。这条逻辑红线依然是思想（意识）、行动实践（交往实践）、文本与历史场域的辩证关系。这就是说，不再去寻找"是什么"的问题，即思想与客体的符合论原则，而是追问"为什么"和"怎么做"的问题。"为什么"对应了理解的发生学，"怎么做"对应了实践的生成论。这就是唯物史观所指认的历史场域及其根本性质问题。

（1）**场域问题**。历史场域作为所有实践的前提，本来就应当作为一个提问者，即所有的实践都是为了解决时代问题而产生的，什么样的历史场域产生什么样的思想和实践，无论是理论实践还是行动实践。否则就会如同马克思所言，"人们之所以溺死，是因为他们被重力思想迷住了。"[1]"这些哲学家没有一个想到要提出关于德国哲学和德国现实之间的联系问题，关于他们所作的批判和他们自身的物质环境之间的联系问题。"[2]

（2）**行动实践**。行动实践也造就了历史场域的新构境，形成双向互动循环系统："人创造环境，同样，环境也创造人。每个个人和每一代所遇到的现成的东西：生产力、资金和社会交往形式的总和，是哲学家们想象为'实体'和'人的本质'的东西的现实基础。"[3]

（3）**理论实践**。理论实践则反作用于历史场域的新构境。例如我们是否可以认识到"一个阶级是社会上占统治地位的物质力量，同时也是社会上占统治地位的精神力量"[4]，这就是资产阶级意识形态在社会历史

---

[1] 《马克思恩格斯文集》第1卷，北京：人民出版社2009年版，第510页。
[2] 《马克思恩格斯文集》第1卷，北京：人民出版社2009年版，第516页。
[3] 《马克思恩格斯文集》第1卷，北京：人民出版社2009年版，第545页。
[4] 《马克思恩格斯文集》第1卷，北京：人民出版社2009年版，第550页。

进程中发挥的功用。我们必须透过资产阶级意识形态迷雾追问其背后的历史的真正出场者,这就是广义唯物史观为我们提供的逻辑线索,不仅对"当时"场域是科学性的概括总结,同样对"当下"场域具有指导意义。

4. **充分认识狭义唯物史观的科学性**

透过资本主义内部的物象景观分析资本的世界历史图景,指认掩藏在符号和物象面具下的资本生产关系和权力话语意识,体现"当时在场"事物的出场语境与出场路径。

(1) **认识危机**。自从1788年西方资本主义社会爆发公认的第一次经济危机以来,危机总是借助周期性地提醒人们它所具有的坏脾气,也体现了马克思对历史发展规律分析的科学性和精确性。

(2) **资本批判**。马克思在其狭义唯物史观中对资本的科学批判,包括其中对银行金融业同样存在危机的指认,对我们在全球化语境中对资本及其创新方式进行辩证思考在当今时代场域依然具有指导意义。

(3) **实践映照**。有关唯物史观的写照,除了理论实践上的回应,还有蔚为壮观的行动实践回应。欧洲三大工人运动、巴黎公社、两次世界大战的爆发、美苏冷战以及各个国家的民族解放战争都是在行动实践上对资本世界危机的反应,体现了马克思的唯物史观的科学性。

5. **综合运用与实践唯物史观与马克思主义出场学**

在"新场域化"过程中进行实践创新和创新实践,开创马克思主义的中国化道路。在新全球化时代,中国的反思现代性之路出现了本土化的"脱域"与"重构"两大特征。

(1) **"脱域"**:是指中国的现代化进程处于一种"时空倒错"的格局之中,"原本在西方依次出场的前现代、现代与后现代,在新全球化语境中于中国共时出场或错序出场"[①]。

---

① 任平:《脱域与重构:反思现代性的中国问题与哲学视域》,载《现代哲学》2010年第5期,第1页。

（2）**"重构"**：则是指与全球化和后现代思潮泛滥对接的中国现代化进程既不是经典现代性，也不是后现代性，更不是西欧"反思现代性"的跨界平移，而是"立足中国本土的'新现代性'，从而形成了具有本土风格的中国问题，需要我们以中国立场、全球视域来观察中国问题，建立中国新现代性理论"[①]。

因此，在马克思主义中国化过程中，马克思主义出场学的当代意义是：

（1）**历史定位**："当时在场"到"当下在场"的出场视域透视历史的出场辩证法。

（2）**实践导向**：唯物史观决定着新的思想、文本，并对实践本身产生限定作用。

（3）**问题解答**：面对时代现实问题，面对新情况，解答新问题。

（4）**方法意义**：阐明马克思主义中国化的根本原因。

因此，当今在全球化浪潮中实践中国道路，是马克思主义哲学范式变革的当代意义和马克思主义中国化的思想结晶。"说马克思主义有与时俱进的理论品格，这一点与实践的特性有关……马克思主义的生命力不在于它能超越历史条件，而在于它总是伴随历史实践的发展而发展。"[②] 因而，牢牢把握唯物史观的哲学创新精神和马克思主义出场学的范式创新宗旨，是指导人们在历史新场域内进行实践和再创新的世界观、方法论与价值观相统一的理论法宝，这一理论指涉在过去、现在、将来的时间轴上，都具有重要的历史意义与实践意义。

---

① 任平：《脱域与重构：反思现代性的中国问题与哲学视域》，载《现代哲学》2010年第5期，第1页。

② 李景源：《树立"中国特色"范式，推动哲学理论创新》，载《马克思主义哲学研究》2008年第00期，第5页。

参考文献

1. 卢卡奇：《历史与阶级意识》，杜章智译，北京：商务印书馆1995年版。

2. Antonio Gramsci, *Selections from the Prison Notebooks*, London: Lawrence and Wishart, 1971.

3. Della Volpe, *Logic as a Positive Science*, NLB, 1980.

4. 阿尔都塞：《保卫马克思》，顾良译，北京：商务印书馆2006年版。

5. 马尔库塞：《单向度的人——发达工业社会意识形态研究》，刘继译，上海：上海译文出版社1989年版。

6. 萨特：《辩证理性批判》第1卷，林骧华等译，合肥：安徽文艺出版社1998年版。

7. Henri Lefebvre, *The Sociology of Marx*, Trans. N. Guterman, New York: Columbia University, 1982.

8. 布尔迪厄、华康德：《实践与反思：反思社会学导引》，李猛等译，北京：中央编译出版社1998年版。

9. 鲍德里亚：《消费社会》，刘成富等译，南京：南京大学出版社2000年版。

10. 齐泽克等：《图绘意识形态》，方杰译，南京：南京大学出版社2002年版。

11. 马克思：《关于费尔巴哈的提纲》，选自《马克思恩格斯文集》第1卷，北京：人民出版社2009年版。

12. 马克思、恩格斯：《德意志意识形态》，选自《马克思恩格斯文集》第1卷，北京：人民出版社2009年版。

13. 任平：《论马克思主义出场学视域中的历史构境》，载《南京大学学报（哲学·人文科学·社会科学版）》2010年第2期。

14. 任平：《马克思资本批判辩证视域的当代启示》，载《哲学动态》2009年第4期。

15. 任平:《脱域与重构:反思现代性的中国问题与哲学视域》,载《现代哲学》2010年第5期。

16. 李景源:《树立"中国特色"范式,推动哲学理论创新》,载《马克思主义哲学研究》2008年第0期。

17. 马克思:《资本论》(第3卷),选自《马克思恩格斯文集》(第7卷),北京:人民出版社2009年版。

(作者任平系苏州大学政治与公共管理学院教授,博士生导师;研究方向:马克思主义哲学。孙琳系南京农业大学马克思主义理论研究中心讲师,博士;研究方向:马克思主义哲学等。)

二

专家评论

中国道路的哲学理念

——实践唯物主义的当代意义

丰子义

如果检视我国改革开放以来马克思主义哲学的研究,可以说"实践唯物主义"是最为主导的话语。历经多年的讨论,实践唯物主义研究取得了显著的成果,它不仅对于准确地理解和把握马克思主义哲学的变革和实质是非常重要的,而且对于推进马克思主义哲学的研究起了不可估量的作用。站在新的历史起点上,如何重新看待实践唯物主义,或者说,今天谈论实践唯物主义究竟意味着什么,这是需要我们进一步思考的问题。应当肯定,继续加强实践唯物主义一些基本理论问题的研究无疑是必要的,但如果仅仅限于或重复马克思哲学变革及其性质、特点讨论的水平和话题又是远远不够的,面对当代社会发展新的实践,需要进一步扩大视野,赋予实践唯物主义以新的时代性内容。值得深入审视的问题是:实践唯物主义的讨论与中国的发展究竟有什么内在关联?实践唯物主义对中国的发展和中国道路的形成产生了什么样的影响?当代中国的发展又对实践唯物主义增添了哪些新的内容、提出了哪些新的课题?对这些问题加以研究,不仅有助于深化实践唯物主义的研究、拓展实践唯物主义的研究空间,而且有助于增强中国道路的哲学自觉,因而有其重要的理论意义和现实意义。本文就此谈一些粗浅的认识。

一

马克思指出："一切划时代的体系的真正的内容都是由于产生这些体系的那个时期的需要而形成起来的。"① 实践唯物主义在我国的兴起和发展，事实上就是适应新时期的需要而产生的。虽然从历史上来看，李达在1937年出版的《社会学大纲》中就提出过"实践的唯物论"命题，并认为基于对实践的正确理解，马克思"建立了实践的唯物论"，"由于把实践的契机导入于唯物论，使从来的哲学内容起了本质的变革"。但这样的观点限于当时的历史条件和研究氛围，并没有引起多大的重视。真正使实践唯物主义引起广泛关注的是从20世纪80年代以来我国社会生活发生的巨大变化。作为对当时国内思想状况和现实发展状况的理论反思，全国上下首先兴起了一场真理标准问题的大讨论。关于真理的标准，本来是马克思主义哲学的一个基本的常识性问题，并不特别复杂、费解，但其讨论的意义远不在学理层面，而在其更为重要的政治背景和鲜明的现实针对性。正是通过这样的讨论，重新确立了"实践是检验真理的唯一标准"的基本观点，开启了思想解放的历史进程。既然实践是检验真理的唯一标准，那么，进一步研究的逻辑必然是理论聚集于实践本身，即重新探讨实践在社会生活中的地位、作用以及在理论发展中的基本性能，由此兴起了实践唯物主义的研究。伴随着思想解放的推进，改革开放和现代化建设的进程也开始启动，并且呈现出逐步加快的势头。这一新的伟大实践更加突出了实践研究的重要性，更将实践问题推向了理论研究的前沿，实践唯物主义因之获得了旺盛的活力。特别是中国发展道路的成功开创，使实践唯物主义获得了新的生机和广阔的舞台。可以说，实践唯物主义的研究在我国有其现实的基础，它是伴随着中国的发展而一步步发展过来的。

---

① 《马克思恩格斯全集》第3卷，北京：人民出版社1960年版，第544页。

二　专家评论

实践唯物主义的研究一经兴起，便呈现出多样化的发展势头。但就总体而言，实践唯物主义主要形成了这样两种发展格局：

一是作为哲学形态的实践唯物主义。用实践唯物主义来概括和表述马克思主义哲学，这是研究中的一大成果。对于这一指称或命名，学界向来存有争议，质疑的最直接的理由是：马克思何时将自己的新哲学称为"实践唯物主义"？其实，马克思恩格斯对自己的新哲学有多种称谓，如"新唯物主义""现代唯物主义""实践的唯物主义""历史唯物主义"等，这些称谓也并不排斥其他称谓。由于不同情况下强调的重点不同，因而可以使用不同的名称。以马克思没有使用过"实践唯物主义"为依据来否定实践唯物主义，并无什么道理。在哲学史上，一种哲学的称谓往往不是由创立者本人确定的，而是由后人加以提炼、概括出来的。像近代以来培根的经验论哲学、笛卡尔的唯理论哲学、斯宾诺莎的实体学说、休谟的怀疑论哲学、康德的批判哲学、费希特的同一哲学等，都是当时或后来的学者对他们思想的特质和基本观点的概括。所以，先有思想，后有称谓，这是理论研究中的正常现象。实际上，能否用实践唯物主义来概括和表述马克思主义哲学，并不仅仅是一个称谓的问题，而关键是涉及对其实质的理解和把握的问题。从马克思主义哲学的形成过程来看，马克思的哲学之所以成为一种新哲学，一种"新唯物主义"，新就新在确立了科学的实践观，进而以实践为基础创立了新的唯物主义形态。因此，将马克思主义哲学冠之以"实践唯物主义"，名副其实。把马克思主义哲学称为实践唯物主义，决不能排斥辩证唯物主义和历史唯物主义，三者是一致的，都是马克思主义哲学的正确表述。这里重要的问题是如何理解辩证唯物主义的"辩证性"和历史唯物主义的"历史性"。离开了实践，唯物主义的"辩证性"和"历史性"是无法得到透彻说明和理解的。正是借助于实践的观点，辩证的观点、历史的观点才有可靠的基石，才能加以合理的理解。所以，就其三者的关系而言，可以这么认为：实践唯物主义是马克思主义哲学的实质，辩证唯物主义和历史唯物主义是其表现形态。或者说，"实践唯物主义是本质特征或根本特征，辩证唯物主义、历史唯物主义这两个基本特征都是从实践唯物主义这一本质特征引申出来的，是这一本质特征必然展开的内在逻辑和理论表现"①。通过理论上的正本清源，准确地阐述实践唯物主义及其与辩证唯物主义和历史唯物主义的关系，应该说这是我国马克思主义哲学研究的一大建树，因而得到学界的广泛认可。

二是作为思想方法的实践唯物主义。这主要是体现在实际工作中，尤其是体现在党和国家的一些重要的路线、方针、政策的制定和执行中。由于实践唯物主义的讨论和研究一开始就生发于现实基础、现实需要，所以它并不完全是以纯粹的哲学理论形式延续、发展的，而是和中国的社会发展实践紧密结合在一起的，是以思想方法具体渗透于工作实践之中尤其是一些重大战略、策略的制定和实施之中的；而且，是以潜移默化的方式发挥作用的。尽管这些思想方法没有冠以"实践唯物主义"的名称，但就其精神实质或基本特征来说，就是实践唯物主义。这种思想方法主要是以工作中的思维方式、方法论等形式具体呈现出来的。就思维方式来看，主要特点是破除了从"原则"出发的思维方式，确立了实践的思维方式。如破除原有的思想禁锢，坚持解放思想；破除对社会主义的僵化理解，坚持自主探索；破除本本主义、教条主义，坚持理论与实践相统一；破除从概念出发谈论姓"社"姓"资"的思维定式，坚持"三个有利于"的判断标准，如此等等。就方法论来看，就是坚持实践第一的观点，一切从实际出发，依据实践发展的具体情况来看待、处理问题，确定相应的解决问题的方式和方法，包括认识事物的方法、评价事物的方法、改变事物的方法等。正是思想方法的一系列重大转变，改变了许多原有不合理的思想认识，形成和发展了中国特色社会主义理论的新体系，开辟了中国发展的新道路，从而使中国的发展焕发出勃勃生机。值得注意的是，思想方法的确立也并非与学术研究无关，

---

① 杨耕：《当前马克思主义研究中的五个重大问题》，载《南京大学学报》2014年第4期。

而在很大程度上有利于学术研究的成果。如在理论决策层面中一些重要观点、方法正式提出并作出规范性表述之前，通常就以各种形式出现在学术研究和学术讨论之中，继而形成学界某种共识，最后经过郑重的选择进入决策层面的思想方法之中。因此，学术研究的意义是不可小觑的。

总体来说，实践唯物主义在我国的兴起和发展既非是偶然的，也非是从国外简单"克隆"过来的，而是中国学者和实际工作者在深入理解马克思主义哲学的基础上，结合世情和国情，加以艰辛探索的结果。实践唯物主义体现了中国研究者的独特理解，含有中国式的某种"创造"，因而具有新的时代内涵和民族特色，是对马克思主义哲学的推进和发展。

二

经过40年的改革开放，中国的发展创造了世界奇迹，形成了独特的发展模式和道路，令世人刮目相看。对于中国模式和道路，目前国内外有不同看法：一些发展中国家对中国的发展持肯定和赞美的态度，力求从中国的实践中借鉴经验，加快自己的发展；一些西方发达国家对于中国的发展，既有相对客观、公正的评价，也有戒备、警惕和敌意的心理。不管持有什么样的看法，对于中国发展取得的巨大成就谁也不敢随意轻视与否定。既然中国道路是一种新的历史创造、新的文明探索成果，那就必然包含着某种创造的智慧，有其独特的发展理念。从历史上看也是如此，欧洲中世纪的发展是由神学观念支配的，近代以来的发展则是和理性观念相一致的；美国的发展有它的实用主义，英国的发展有它的经验主义，等等。中国的发展当然也有自己的发展理念。对于这样的理念和智慧，我们可能性在实际运用，只不过并未明确加以概括和表述罢了。面对世人的关注，面对各种疑惑、提问，我们应当给予一个比较明确的概括和总结。我们有责任向世界表明中国发展的哲学理念，说明我们从哪里来、走什么路、向哪里去，真正讲好"中国故事"，消除各种疑惑、误解，增强对中国道路的认同。同时，这也是我们应当实现的哲学自觉。因为理论的自信、道路的自信就是建立在这种自觉的基础之上的。哲学上的自觉有助于走好中国道路。

如果不是从发展的细节，而是从总体上、深层次上来理解和总结的话，那么可以说，实践唯物主义就是中国道路的哲学理念或哲学基础。中国道路就是在这种哲学观念的实际影响下形成和发展起来的。具体说来，实践唯物主义的哲学理念主要是通过下述方面体现出来并发挥作用的：

1. 实践理性。中国道路最大的特点是实践理性。这种实践理性既不同于自柏拉图以来所开创的以超感性的世界为对象的纯粹理性，也不同于康德仅限于"道德实践"领域的实践理性，而是真正以现实的社会实践为关注对象的理性。它的基本特点是尊崇实践，不盲从什么清规戒律、原则观念。由这样的准则所决定，理性的基础首先是实践，即理性不是纯粹思辨的产物，最根本的是来源于实践，是对社会实践真实发展状况及其规律的反映和概括；理性的发展依赖于实践，即不同时期、不同历史条件下理性的内涵是不同，而这种不同并非仅仅是理性自身逻辑发展的结果，而主要是理性自身逻辑与历史逻辑交互作用的结果，其发展的动力归根到底来自于社会实践；理性追求和服务的目标是实践，即理性的不断发展、完善，最终的目的是为了更好地引导实践，认识世界最终是为了改变世界；理性问题的解决也必须诉诸实践，诚如马克思所说，"人的思维是否具有客观的真理性，这不是一个理论的问题，而是一个实践的问题"[①]。改革开放以来，实践理性在我国的复兴，最明显的标志就是确立了实事求是的思想路线。这一思想路线的要旨就在于不唯上、不唯书、只唯实，一切从实际出发，敢于、善于走自己的路。实事求是思想路线的确立，对于中国道路形成的影响是巨大的。中国道路的

---

① 《马克思恩格斯选集》第1卷，北京：人民出版社1995年版，第55页。

成功开创就是依据这样的路线一步步发展过来的。实事求是的实践理性所突出的探索理念、试错理念是非常符合中国国情的,因为中国的幅员这么辽阔,情况这么复杂,发展这么不平衡,没有谨慎探索、不断试错的方式和方法肯定是不行的。当年的英国在其发展过程中,休谟就一直质疑纯理性因果推理的可靠性,认为正确的认识必须依靠经验;后来的罗素在其分析哲学的阐释中,也是以经验主义为基础,强调"事实"的重要性,认为"事实"是使一个命题或者真、或者假的东西。这些思想不仅与英国的发展直接相关,而且也为我们今天理解中国的发展提供了有益的启示。

实践理性的复兴,不仅端正了实事求是的思想路线,而且突出了实践标准。坚持实践标准,就是自觉地把思想认识从那些不合时宜的观念、做法和体制中解放出来,从对马克思主义的教条式的理解中解放出来,从主观主义和形而上学的桎梏中解放出来。这对于思想解放,正确制定路线、方针、政策起了重大作用。将实践标准运用于社会发展,便是生产力标准的提出,进而是"三个有利于"标准的倡导。这些标准都对人们的实践活动、对社会发展起了很强的导向作用。正是以这些标准为主要内容的实践理性的重建,使中国步入健康、快速发展的轨道。

2. 实践的主体性。强调实践,就意味着强调主体性。这是实践唯物主义与以往旧唯物主义的根本区别。马克思的这样一段话经常被提及:"从前的一切旧唯物主义(包括费尔巴哈的唯物主义)的主要缺点是:对对象、现实、感性,只是从客体的或者直观的形式去理解,而不是把它们当作感性的人的活动,当作实践去理解,不是从主体方面去理解。"[①] 在这里,"实践"与"主体方面"是完全一致的。中国道路的成功开创,就在于高扬了主体性原则。这就是要把人民群众当作历史的主体,充分调动和发挥人民群众的积极性、创造性和能动性,增强社会发展的活力和动力。正如毛泽东所说,"没有几万万人民的个性的解放和

---

① 《马克思恩格斯选集》第1卷,北京:人民出版社1995年版,第54页。

个性的发展……要想在殖民地半殖民地半封建废墟上建立起社会主义社会来，那只是完全的空想。"① 中国的发展，就在于发挥了群众的首创精神，充分调动了社会各阶层、群体和各种力量的主体性，激发了社会活力。尊重劳动、尊重知识、尊重人才、尊重创造，使得全社会、全民族的智慧和力量得到了最大限度的集中和调动，使中国的发展和现代化建设获得了最广泛、最可靠的群众基础和最浓厚的力量源泉。现在要全面深化改革，其目的也在于通过破除各方面体制机制弊端，取消各种不合理的限制与束缚，以解放和增强社会活力，即让一切劳动、知识、技术、管理、资本的活力竞相迸发，让一切创造社会财富的源泉充分涌流。随着改革的全面深化，必然是社会能量的极大释放。当然，强调发挥主体性，不能忽视历史条件的客观制约性。正因如此，在经过经济高速发展之后，这些年我们的发展开始进入稳中求进的新常态，力求做到又好又快的发展。

3. 实践的价值取向。实践唯物主义是和马克思主义哲学的主题密切联系在一起的。马克思主义哲学的主题就是人类解放和人的全面发展。既然要实现人类解放和人的全面发展，那就必然突出实践的基本观点，对人的实践问题予以特别关注。因为实践活动是人的存在的基本方式，是人类社会存在和发展的基础；人的生存发展状况直接受制于人的实践活动的状况。实践唯物主义的使命就是要通过研究实践活动的发展规律，分析和解决实践活动的内在矛盾，推动实践活动的健康发展，从而实现人的解放和全面发展。所以，实践的价值指向就是人的解放和发展。具体到社会发展来说，社会发展的最终目的和价值指向就是要为人的生存和发展创造有利的社会环境和条件，保障人的自由能够得以正常实现，促进人的全面发展。就此而言，社会发展的状况并不仅仅是以社会客体发展或者是以纯经济发展的状况来衡量的，更重要的是以发展的结果对主体的价值关系来确定的。我国 40 年来的改革发展，就是逐渐

---

① 《毛泽东选集》第 3 卷，北京：人民出版社 1991 年版，第 1060 页。

按照这样的价值取向一路走过来的。在其认识上，关于共同富裕的理念、社会主义不是贫穷的理念、"三个有利于"的理念、必须始终代表人民群众利益的理念、社会主义新社会的本质规定就是努力促进人的全面发展的理念、全面建设小康社会的理念、坚持以人为本的理念等，都是这一价值取向的具体体现。尤其是"以人为本"理念的提出和倡导，不仅在发展观念上，而且在实际发展过程中都产生了非常深远的影响。正是按照这样的价值取向，这些年来我们在发展过程中特别注意民生、社会建设、社会公平正义、社会和谐、人的权利、民主与法制等，全方位地保障和促进人的自由全面发展。这是深得人心的发展。

4. 实践的辩证法。与西方哲学史上纯粹的辩证法尤其是黑格尔"神秘形式"的辩证法相反，实践唯物主义突出的是实践的辩证法。实践唯物主义本身就内含着辩证的和历史的观点。一方面，实践唯物主义在承认现实世界客观实在性的同时，从来不把现存世界看作开天辟地以来就已存在、始终如一的东西，而是看作由人的活动造成的辩证的、历史的运动过程的结果。辩证法就源于实践的内在矛盾和辩证本性，它是以变化的、具有内在否定性的实践为基础的，因而是一种"合理形态"的辩证法。另一方面，按照实践唯物主义的观点，即使是对现实世界、现存事物辩证运动的理解和把握，也必须在其实践中并通过理性的思维，才能正常进行。也就是说，事物的辩证运动，不是"直观"出来的。实践的辩证法对于我国的改革发展有其实质性的影响。中国特色社会主义的发展就充分体现了这样的辩证法。中国特色社会主义就是立足中国的国情，充分吸收和总结国际社会主义运动的经验教训，在实践中探索出来的。这样的社会主义既坚持了科学社会主义的基本原则，又具有鲜明的个性，因而是植根中国大地、符合中国实际、反映中国人民愿望、适应中国发展进步要求的社会主义。它所赋有的实践特色、民族特色、时代特色，生动地反映了实践中普遍性与特殊性、共性与个性、规律与道路等的辩证法。不仅中国特色社会主义道路的开创是这样，而且整个中国社会的发展也是如此。由于坚持按照变化了的实际来对待、处理问题，因而在实践中形成了一系列正确认识、解决现代化建设中矛盾和重大关系的思想，如关于改革、发展、稳定的关系，先富与共富的关系，计划与市场的关系，社会主义与资本主义的关系，独立自主与对外开放的关系，均衡发展与重点突破的关系，公平与效率的关系，速度与效益的关系，顶层设计与摸着石头过河的关系，以法治国与以德治国的关系思想等。对于这些关系的认识和处理，充分体现了实践辩证法的智慧，这在任何辩证法教科书中都是无法找到的，只有在实践这一大课堂上才能学到和掌握到。此外，随着改革发展的日益深入，这几年全党上下所强调的辩证思维、系统思维、战略思维、底线思维等，均是实践智慧的具体体现。

5. 实践的合理性。实践合理性问题的提出，对于科学发展观的确立和践行影响很大。近年来，科学发展观得到了全社会的普遍认同，并在实践中产生了重大影响，但如何认识发展的"科学性"，学界也有不同看法：有的是从传统意义上的科学角度来理解，认为科学发展就是要以科学的态度来对待发展，按客观规律行事；有的是从人的发展的角度来理解，认为科学发展的核心是"以人为本"，发展是否科学，尺度就是人的发展，等等。应当说，这些看法都是有益的，但在总体的理解和把握上还有待提高。从实践唯物主义的观点来看，发展的科学性就源自实践的合理性。所谓实践的合理性，尽管可以从不同角度、不同方面加以理解，但其基本内涵则是清楚的：一是其合规律性，二是合目的性，合理的实践应是合规律性与合目的性的统一。发展的科学性就是从实践的合理性引申出来的。发展的科学性主要是针对以往发展的不合理性而言的，它既有合乎规律的含义，又有合乎目的的含义，即合乎人的发展这一最终目的。前者反映的是对规律的尊重，后者反映的是对人的尊重；前者体现的是科学维度，后者体现的是价值维度。发展的科学性或合理性就体现了这种合规律性与合目的性的统一、科学维度与价值维度的统一。在我国，科学发展观事实上就是按照这样的理念提出和践行的。这就是在发展过程中，既要重视发展的速度，又要关注发展的质量；既要关注社会财富的创造和涌流，也要关注社会利益的分配和调整；既要关注经济实力的增长，也要关注经济、政治、文化、社会、生态等各方面的均衡发展；既要关注开发和利用自然为人类造福，也要关注人与自然和谐发展；既要关注群众基本需要的满足，也要关注生活质量的提高和人的全面发展①。实践合理性观念的彰显，确实成为科学发展的哲学灵魂。

6. 实践的探索精神。实践唯物主义在中国之所以受到高度认同并在实践中产生了重大影响，一个重要的原因就在于它鼓励探索创新。探索创新是实践的一种本性。实践之所以具有这样的本性，主要源自人的需要与满足之间的矛盾。在实际生活中，需要的产生总是从人们对现存条件的不满开始的。"自古以来'条件'就是这些人们的条件；如果人们不改变自身，而且如果人们即使要改变自身而在旧的条件中又没有'对本身的不满'，那末这些条件是永远不会改变的。"② 正是需要与"不满"的矛盾，推动了实践的发展，促使人们不断进行探索。在其探索、发展过程中，原有的需要满足了，新的需要又产生了，"已经得到满足的第一个需要本身、满足需要的活动和已经获得的为满足需要而用的工具又引起新的需要"③。这种需要与满足之间的不断转化，就意味着开拓创新。实践是无止境的，开拓创新也是无止境的。实践唯物主义的强调，客观上弘扬和激发了一种创新的精神。这从改革不久就突出地显露出来了。邓小平明确指出："没有一点闯的精神，没有一点'冒'的精神，没有一股气呀、劲呀，就走不出一条好路，走不出一条新路，就干不出新的事业。"④ 没有自主探索，没有大胆创新，就不可能走出自己的路、走好自己的路。中国道路前无古人，完全是探索出来的，所取得的

---

① 参见《科学发展观学习纲要》，北京：学习出版社、人民出版社2013年版，第21—22页。
② 《马克思恩格斯全集》第3卷，北京：人民出版社1960年版，第440页。
③ 《马克思恩格斯选集》第1卷，北京：人民出版社1995年版，第79页。
④ 《邓小平文选》第3卷，北京：人民出版社1993年版，第372页。

成就是创造出来的。离开了探索创新，根本不可能有今天这样的"中国道路""中国特色社会主义"。要继续走好中国道路，推进社会主义建设事业，同样必须坚持不断探索、不断创新。

总的来说，自真理标准讨论以来，实践唯物主义对我国理论和实践发展的影响是重大的。它所确立的理念、所发挥的作用，将会随着时间的发展，日益得到彰显。

三

中国的发展并不仅仅是对实践唯物主义理念的运用和践行，同时也是对实践唯物主义的丰富和发展。中国的发展既是一个加速现代化进程的过程，也是一个推进实践唯物主义理论发展的过程。总结概括中国发展对于实践唯物主义的创新和发展，也是我们走向哲学自觉的重要一环。

改革开放以来，中国的发展不仅取得了巨大成就，同时也形成了一系列具有创新性的经验，如渐进改革、扩大开放、稳定协调、科学发展、和谐建设、顶层设计、自主探索等。由于这些经验是和"中国奇迹"联系在一起的，引起了国内外广泛关注，所以又被特称为"中国经验"，乃至成为"中国模式"的同义词。

经验之为经验，总是具有一定的参考性和可借鉴性。不具备这些特性的经验不成其为经验。参考性和可借鉴性的依据是什么？简要说来，就是经验中所包含的一定的共通性或普遍性。就实际情况来看，中国经验无疑是中国发展的创造，因而具有明显的特殊性。但是，中国经验也是在总结世界许多国家、民族发展经验教训的基础上，根据本国的实际情况而逐渐形成的，因而又具有一定的普遍性。而且，中国经验不只反映了对中国发展的成功探索，而且体现了对整个人类文明发展的有益探索，从一定程度上反映了人类文明进步的规律。这些普遍性和共通性对于任何国家的发展尤其是发展中国家的发展都是具有一定参考价值的。由此说来，中国经验不论对于中国的发展还是对世界的发展都是一种贡献，值得认真总结。

对中国经验加以总结，重要的是要使经验经过提炼，将其中一些重要因素上升为某种理论。由于成功的经验中总是含有一些规律性的东西，因而通过规律性因素的提炼、概括，可以上升为具有普遍性的理论。这并不是要使所有的经验都变成理论，进而将理论变为"一般模式"向世界推行，而是旨在将经验中所内在的理论价值更好地加以提炼概括，凸显其认识论、方法论等多方面的意义，用以更好地指导实践。从经验提升到理论，一方面，对经验可以有更深刻的理解和认识，即如毛泽东所说，"感觉到了的东西，我们不能立刻理解它，只有理解了的东西才能深刻地感觉它"[①]；另一方面，对理论本身的研究又是一个推动，可以促进理论内容的丰富和发展。

对中国经验加以提炼总结，可以从多方面推进实践唯物主义的发展：

一是提出新的理论观点。实践在其发展中总是会遇到新情况、新问题，这就会迫使人们形成相关的新看法、新认识，将这些看法和认识加以系统的概括和总结，便会形成新的理论观点。如在实践观问题上，除了对"实践"通常的理解外，学界又根据新的发展实践提出了"创新实践"的概念，以区别于常规实践；在社会发展的标准问题上，除了通常讲的生产力标准外，又提出了人的标准，即把人的发展看作社会发展的最终标准；在对实践基本特性的揭示和描述上，除了通常讲的客观性、能动性、创造性外，近年来又根据发展的成败得失，提出了实践的合理性；在对客观事物和社会现象的评价上，除了通常讲的真理观和历史观外，现在又明确提出必须注意价值观，坚持真理与

---

① 《毛泽东选集》第 1 卷，北京：人民出版社 1991 年版，第 286 页。

价值的统一、历史观与价值观的统一，等等。所有这些理论观点都不是纯逻辑演绎的结果，而是根据新的发展实践概括出来的。这些理论观点在原有理论教科书中很少涉及，现在明确提出来，自然给实践唯物主义增添了新的内容。

二是充实原有的理论。随着实践的发展和经验的积累，原有的认识也会发生相应的变化，其结果是不断丰富和充实原有的理论。如科学发展观的提出，既是对多年来国内外发展实践的经验总结，又是对实践唯物主义发展观的重要发展，它所提出的新观点、新理念，大大拓展和深化了发展观的内容。比如，对于发展尤其是社会发展本身的理解，过去多是从客体方面来阐释的，对人的活动和人的发展虽有涉及但重视不够，现在通过发展经验的总结和科学发展观的讨论，逐渐形成了这样一种认识：发展不能仅仅以客体发展的程度来界定，同时要以发展的结果对主体的价值关系来确定；完整意义上的社会发展，是同人的发展及其价值实现相一致的；社会发展的实质是人的发展。这样的理念进入马克思主义哲学，无疑是对社会发展概念的重要补充和深化。另外，科学发展观所涉及的全面与片面、协调与矛盾、可持续与不可持续、和谐与冲突、全局与局部、当前与长远等关系的观点，并不仅仅是关于具体发展过程的一些对策性意见，而且可以经过适当提炼，直接成为马克思主义哲学发展观的重要组成部分，丰富和发展实践辩证法。

三是修正和完善某些理论。由新的实践所形成的新的经验和认识，往往会与原有的理论认识发生冲突，进而提出严重挑战。在其冲突和挑战面前，是固守原有的理论，还是需要面对新的现实、新的经验？显然是后者。既然是后者，就要对原有的某些理论观点加以必要的调整和修正，使之得以完善。如过去我们在讲马克思主义自然观时，主要突出的是人对自然的改造，突出的是"人化"自然的作用，似乎弱化"改造""人化"不足以显示人的能动性。其实，发展的实践一再证明，对于正常的发展来说，并不是对自然的改造和开发力度越大越好，也不是人化自然的程度越高越好；人化自然应当有一个合理的限度。这就要对原有的"人化自然"理论作出必要的修正。这不是要否定实践唯物主义的"人化自然"观，而是要对其理论阐释更全面、更富有合理性，同时更适合自然与社会的协调发展。因此，修正是发展和完善理论的一种不可回避的重要方式。

需要指出的是，加强"中国经验"的总结，并不排斥发展教训的总结。经验与教训是很难截然剥离的。在现实的发展过程中，"中国经验"固然值得称道，发展的教训也是一种财富，值得重视、回味。从某种意义上说，教训比经验更为深刻，更富有启迪性。通过教训的吸取和总结，可以更好地促进对发展的理论思考，进而推进实践唯物主义的深入研究。实际上，中国在其发展过程中许多重要理论观点的提出，大多是从教训中领悟出来的。正是由于人对自然的过度开发超出了自然的承载能力，以致引起严重的生态危机，才有"生态文明"的提出；正是由于发展的急功近利引起了各方面的比例失调，直接威胁到下一步的经济社会发展和人的发展，才有"科学发展观"的提出；正是由于社会转型、体制变革引起利益关系的调整，导致各种利益冲突、社会冲突，才有"社会公平正义"的倡导……可以说，许多重要理论观点就是由教训"倒逼"出来的。善于从教训的总结中来思考和把握一些带有规律性、本质性、普遍性的东西，这是推进实践唯物主义发展的一条重要途径。总之，无论是经验还是教训，只要通过认真提炼总结，就可以从中提升实践唯物主义的研究水平，使其真正富有时代内涵和新的创造。

此外，还要值得注意的是，提炼总结"中国经验"同时也包括着提炼总结群众实践中的经验和智慧。中国特色社会主义是群众的事业，中国的改革发展是群众的实践。离开了群众的生动创造，不可能有今天的"中国道路"，也不可能形成今天的"中国经验"。从根本上来说，中国经验的产生，就来自群众的实践、来自群众的智慧。要总结提炼中国经验，推进实践唯物主义的研究，必须对群众的首创精神予以尊重，对于群众中鲜活的经验和创造性的哲学智慧予以总结,从中吸取理论营养。从人类思想发展史上来看,大多数情况下,理论往往是落后于现实、滞后于实践的,因而不断吸取和总结群众的实践经验和智慧,这是理论发展创新的必然途径和重要手段。当然,我们不能仅仅满足于"事后总结",而是应在事后总结的同时提出一些前瞻性的说明和提示,以加强思想性和方法论的引导。

四

在我国,实践唯物主义的复兴与中国的改革发展是相伴而行的。经过多年的讨论,理论研究确实取得了大量的成果并产生了很大的影响。但是,也应当看到,我们的理论研究还没有真正展现出实践唯物主义所具有的那种感染力、影响力,不少理论著述依旧停留于关于实践问题的抽象概括和理论描述,仍然没有完全摆脱意识哲学或理论哲学的研究范式。诚如有的学者所说,"实践唯物主义"没有实践性。应当说,加强一些基础理论的研究固然是必不可少的,但纯粹沿用意识哲学的范式又是绝对不行的,这就要求研究的视野、研究的方式和方法作出相应的调整和转变。

如何改变这种局面?重要的是要回到实践唯物主义的本性。这就是要真正面对现实的实践,而不是面对抽象的"实践"概念。当代社会的实践,特别是中国发展的实践,这是实践唯物主义研究的大课堂,也是其研究的具体对象。面对中国的发展及其提出的新课题,实践唯物主义研究应当有所作为,应当发挥其应有的作用。

由这样的研究对象所决定,研究中必须突出问题导向。面对实践,说到底是要面对问题。当年马克思的实践唯物主义就是在研究当时社会生活中各种经济、政治问题以及工人运动重大问题中创立起来的,现在在其发展过程中,同样需要直面现实问题,并在问题研究、解决中凸显其理论价值。突出问题导向、加强问题研究,首先是要恰当地提出问题。这就是要善于用敏锐的眼光发现问题,并能准确地提炼问题。正如维纳所说:"只要我们没有提出正确的问题,那么我们就永远也不会获得对问题的正确答案。"① 这就是说,我们要研究的问题,应当是真问题,不是假问题,更不是把别人的问题当作自己的问题。其次是要合理地研究问题。这就是要充分发挥哲学的"反思"特点,对于社会发展中一些重大现实问题和理论问题加以深刻的理论反思,包括各种"追问",以廓清认识的迷雾,明确解决的方向和出路。同时要发挥实践唯物主义所具有的"革命的、批判的"功能,用批判的精神和方式来研究问题,善于深刻地揭露矛盾、分析矛盾,以寻求矛盾的合理解决。因此,研究的成果应当具有较强的理论穿透力和社会洞察力,能够切实发挥其社会性的影响。

研究还必须克服路径依赖。在马克思主义哲学研究中,加强与西方哲学的对话、交流是重要的也是必要的,但谨防过多依赖西方哲学来阐释马克思主义哲学和相关重大问题。在一些著述中,有些问题的分析和阐释总想在西方哲学中来寻求,似乎有西方哲学作注脚才感到踏实。这样的研究,无益于推进马克思主义哲学的发展和现实问题的研究。对西方学术的盲目推崇,会妨碍我们的独立思考;对西方理论资源和研究方式的过分倚重,会遮弊中国问题的真实性质。西方的一些理论信条虽然很诱人,但其往往没有前提、边界和条件。脱离了实践基础和具体条件,非现实性地提出的问题,只能是一些虚假的空洞的概念。

在路径方面,确实需要回到马克思。马克思的"新唯物主义"究竟是以什么样的路径或面貌出场的?显然不是为了解决哲学思想史中某些内在局限或内在矛盾而去研究哲学的,而是为了揭露和解决现实社会实践的内在矛盾、寻求人类解放道路而研究哲学的。易言之,马克思不是

---

① 《维纳著作选》,上海:上海译文出版社1978年版,第175页。

在研究哲学的过程中形成和发展自己哲学的，而是在研究现实问题的过程中超越了以往的旧哲学、形成了自己的新哲学。马克思哲学的革命不是在哲学领域中发动的，而是在现实社会批判中实现的。马克思的哲学从一开始就与西方哲学走的不是一条道路。现在要推进实践唯物主义的研究，同样需要沿着马克思开辟的道路走。而且，无论从历史还是从现实看，社会主义的理论和实践问题始终是马克思主义的核心问题，而马克思主义哲学始终是和社会主义学说紧密结合在一起的。离开了这一核心问题，马克思主义哲学就没有独立存在的价值。今天中国最大的实际是中国特色的社会主义，最大的实践问题和理论问题是建设中国特色社会主义的问题，其他问题可以说都是由此问题派生出来的。坚持实践唯物主义，就是要以中国特色社会主义为主题，从哲学上充分阐明中国特色社会主义的理论、道路和制度，为中国的未来发展提供正确的理论指引。

作为实践唯物主义，马克思主义哲学的研究当然要面向现实、体现实践性和时代性，但在具体研究过程中也有一个研究方式问题。关注实践、研究现实，并不是用现有的原理对有关实践问题作简单的诠释，也不是对改革发展的有关政策、措施作一些理论图解和哲学论证，更不是要给各种具体实践问题的解决开具方案。哲学还是要以哲学的方式来研究问题、来与现实结合，最重要的是通过理性思考，从理念上、思维上给实践发展提供有益的提示和参考。

实践唯物主义介入中国发展实践的过程，同时也是实现自己的过程。按照马克思的观点，"哲学"必须在现实中实现，不能在现实中实现的"哲学"只能加以终结。以往的形而上学之所以被拒斥、被终结，就因为它热衷于用思辨的逻辑演绎世界，无法在现实中加以实现。让哲学走向现实生活，使得现实生活不仅为哲学理论提供了丰富的材料和内容，而且为哲学发挥积极作用提供了实际舞台。因此，"哲学不仅从内部即就内容来说，而且从外部即就其表现来说，都要和自己时代的现实世界接触并相互作用"①。简言之,推动哲学前进的,不是纯粹抽象的思辨,而是每一时代的实践。面对当代中国的发展实践,实践唯物主义应当有所作为。

(作者丰子义系北京大学哲学系教授、博士生导师;主要研究方向:马克思主义哲学史、社会发展理论、全球化理论等。)

---

① 《马克思恩格斯全集》第1卷,北京:人民出版社1956年版,第121页。

真理与实践：40年前后围绕着分配正义原则的思考

魏小萍

[摘 要] 分配正义蕴含着两个不同的原则：回馈正义与平等正义。回馈正义以个人的付出与回报相关联为基础，平等正义以忽略个人的付出满足其基本需要为基础。从回馈正义的角度来看，马克思对青年黑格尔派激进批判理论的批判、对国民经济学的批判，不是针对其抽象的原则，而是论证在现实的资本主义经济关系中，抽象的原则走向其自身的反面；从平等正义的角度来看，马克思在其晚年从理论上讨论了随着生产力的发展、生产关系的改变，应该由回馈正义向平等正义过渡。然而，现实的情况更加复杂，中国的社会改革实践从现实层面彰显了诸多需要从理论上给予解答的问题。

[关键词] 分配正义　回馈正义　平等正义

分配正义可区分为回馈正义与平等正义。回馈正义，顾名思义就是回报正义，涉及劳动主体在对象性活动中与其活动结果正相关的判断，多劳多得、少劳少得、不劳不得是对它的通俗理解；平等正义被人们分别地从起点、程序、结果等不同方面来理解，主要指人的基本需要应该被满足。从起点和程序方面来理解的平等正义，与回馈正义相辅相成，而从结果方面来理解的平等正义，是对回馈正义结果的一种矫正。马克思主义与自由主义的分歧，并非产生于对回馈正义原则的不同理解，而是产生于对回馈正义在一定社会关系中以悖论方式存在的不同认识。回馈正义是自由主义理论的立论基础，马克思通过对资本主义生产关系的分析，论证了其经济模式对这一理论基础的颠覆。与这一批判思路相一致，马克思将问题的解决路径寄望于资本主义生产关系的变革，在晚年进一步讨论了在变革了的生产关系框架中回馈正义与平等正义的关系问题。当代国外马克思主义学者与自由主义左翼在平等正义的理念上具有一定的共鸣，在他们那里存在着两种倾向：第一，与马克思有所不同的是，有相当一部分国外左翼学者重新将解决问题的思路聚焦于政治哲学领域的道德批判；第二，忽略或者并没有对20世纪末社会主义的广泛挫折和当代资本主义发展的新变化给予理论上的足够重视。这为当代马克思哲学思想研究留下了很多有待思考和发展的空间。

一、强化回馈正义：改革的基本思路

以个人为本位的回馈正义是自由主义理论的默认基础，是资本主义生产关系所蕴含着的动力机制所在，无论是新老自由主义、还是自由主义左右翼对这一默认基础并没有异议。这一默认基础在简单的商品交换中驱动着人们的生产、经营活动，在商品经济的进一步发展过程中，当劳动力也成为商品并且资本已经形成时，它仍然驱动着人们的生产、经营活动。但是此时，回馈正义的内容随着劳动力商品化的出现，已经发生了悄然的变化，贫富分化现象不再仰赖于自然差异、个人努力、暴力、偶然机遇等因素，而成为合法程序中资本运行体系的新常态。

在马克思那个时代，一些批判理论家或者为原则与其原则悖论的现象所困惑，或者寻求一些解决问题的路径，例如，蒲鲁东尝试着通过所谓的公平工资[①]去实现分配正义的诉求，这一观点将剥削关系理解为劳

[①] 参见马克思在《1844年经济学哲学手稿》和《哲学的贫困》中对蒲鲁东的批判。

资双方在利益博弈中的不均衡,认为只要工资合理就不存在着剥削,即使在今天,我们仍然时常能够看到类似的观点。

这一思路并没有从理论上认识到回馈正义原则在一定的经济关系中已经以悖论方式存在着,但是它依然作为主客体对象性关系的原则,以幻想的形式继续发挥着经济运行动力机制的作用,在被颠覆了内容的虚假表象中依然作为一种意识形态发挥着作用。马克思的劳动价值理论是唯一尝试从生产方式上论证资本是通过利润的方式占有着工人劳动的剩余价值而不断积累、发展自身过程的,利润的终结,也就意味着资本的终结。

当代国外马克思主义学者与自由主义学者有关"正义与平等"悖论的争论,看起来是在"回馈正义"与"平等正义"两种不同的含义之间纠结,实际上涉及的问题仍然在于如何认识和理解"回馈正义"在资本经济关系中的现实悖论。

马克思在对蒲鲁东、施蒂纳等人的批判中,没有将批判的锋芒指向这一默认基础,而是揭示这一默认基础在现实的经济关系中是如何走向其反面的。在早期的马克思那里,这体现在他用异化劳动理论来揭示工人的劳动结果被他人占有、并因而壮大反对自身的力量这一社会异化现象;在转向政治经济学批判研究以后,这体现在他用剩余价值理论来论证异化劳动现象得以发生的路径。与这一批判思路相一致,马克思没有像其他批判家那样就分配而论分配,而是从生产关系入手去探索问题的发生和解决问题的路径,希望通过生产关系的变革,以获得回馈正义的真正实现,即按劳分配。

然而,即使在生产关系发生了变革,生产资料公有取代了私人所有,从而废除了私人资本对剩余价值的掌控、使用权的条件下,回馈正义借助于按劳分配原则的实现,也并不意味着平等正义理念的实现。在《哥达纲领批判》中,马克思对德国工人党纲的基本观点进行了批判,根据这一观点,在废除生产资料私人占有的情况下,社会劳动财富能够不折不扣地按照平等的权利属于社会一切成员。

对此，马克思分析了出于个人能力、家庭人口等各种主客观情况的存在，在变革了的生产关系中，按劳分配依然在原则上是差异分配。20世纪的社会主义实践显示，即使存在着这一差异分配，其差异在量上也是受着限制的，因为积累了的差异在一定的条件下可以以积累劳动的方式转化为生产手段，当时马克思的批判思路还没有涉及这一积累可能再度资本化的问题。一方面由于生产资料的私有被禁止，另一方面由于并不存在严格意义上的商品经济，后者使得按劳分配中的"劳"实际上无法在整个经济关系中被量化，于是，实践着的社会主义在某种程度上奉行的是相对平均主义的分配原则。即忽略严格意义上的个体在付出与回报之间的关联性，尤其是抑制这种关联性向人与人之间的关系方面发展，即由对象化了的劳动结果转化为对象化了的劳动手段，然而，在阻止转化发生的同时，从深层次上也使得回馈正义难以发挥其驱动经济发展的作用。

因此，即使在变革了的生产关系中，回馈正义这一生产经济活动正相关的动力机制在废除了其能够产生悖论的条件即生产资料私有制的条件下，也难以显示其应有的威力，社会经济发展因此缺乏活力。

分配公正问题与社会经济发展动力机制是息息相关的，改革开放的基本思路是强化回馈正义，从个体、从不同层次的整体角度（经济单位）释放经济活力（例如改革开放初期的土地承包、奖金激励、利改税的激励手段等），由此产生的一系列改革措施由农村发展至城市。然而回馈正义由其自然属性使然，在一定条件下积累起来的差异通过积累劳动的方式转化为对象性存在（资本），再次引发出自身的悖论问题，使得回馈正义在某种条件下，在现实中重又成为一种虚幻的形式。这里我们暂且不谈生产手段私有化的其他路径，例如引进国外资本、国有资产的私有化、股份化路径等。

自由主义学者诺齐克对自我所有原则及其公正之链的论证是建立在回馈正义基础上的，并因此反对平等正义，将回馈正义与自由紧密地联系在一起,成为与平等(此处的平等指结果而非机遇)相对立的因素[①]完全无视回馈正义在资本主义经济关系中走向自身反面的现实。转向政治哲学批判领域的左翼学者科恩(分析的马克思主义创始人之一)通过自然资源这一天然平等权利的理念从源头上对诺齐克的公正之链进行了非常彻底的批判,论证了其不可避免的与自由权利的相互矛盾,即不平等的私有财产权利必然伤及人与自然资源之间的天然平等权利。

国外学术界相关的争论主要围绕着自由与平等概念而展开,与此有所不同,国内学术界在改革开放初期的相关争论主要是围绕着效率与公平的概念而进行的。与传统体制下平均主义理念占据着支配地位的指导思想有所区别,中国当代社会改革开放的思路强调的是效率优先、兼顾公平。所谓的效率优先,是通过强化回馈正义的原则,来激发主体追求回馈而形成的经济驱动力。在改革开放初期,这是通过土地承包制来实现的,其作用之明显、反应之快,已经为改革实践的结果所证明。在土地承包这一措施中,所蕴含着的理论原则是通过一定经济关系的变革,释放劳动主体的主观能动性,使其在一定的条件下能够更加自主地去追求劳动过程中主客体对象性关系的正相关效应,客观上推动了社会经济的发展,体现了回馈正义原则的强化与社会发展动力机制的正相关性。

二、实行调节分配:改革的发展思路

回馈正义体现的是主客体联系机制的正相关效应,马克思从来没有将批判的锋芒直接指向这一原则本身。在其早期,他从生产关系发生变化的历史进程中去解码回馈正义发生悖论的契机,这一契机有两个前提条件:一是生产手段的私人占有,二是以劳动力商品化为特征的资本关系的形成。与此相应,马克思的对策性思路是生产手段的社会占有和计

---

① 参见 Robert Nozick, *Anarchy, State, and Utopia*, BLACKWELL, 1974。

划经济，并从历史发展的进程中来论证这一生产关系改变的前提条件，即与社会化大生产相适应的生产资料公有制及其与此相协调的计划经济。

在这种情况下，平等理念似乎通过这一社会经济制度得到了保障，但是回馈正义的兑现从个体和局部的角度来说，显然成为问题。这不仅由于严格的经济核算体系在生产资料所有权范围边界不清的情况下实际上难以运行；而且回馈正义意味着差异分配，其自然倾向导致的自由发展终将威胁到平等理念，因此，回馈正义与平等正义之间仍然存在着紧张关系。现实中，在所有践履按劳分配原则的传统社会主义国家，都存在着严格限制私有经济的规模、限制个人回报的差异规模的现象。东欧一些传统社会主义国家与苏联不同，在"二战"前有着更多的资本主义启蒙经历，在20世纪50—60年代任由回馈正义自由发展，并且尝试打开市场经济豁口的行为，被苏联视为离经叛道。社会主义的平等理念在现实中变身为绝对平均主义的操作手段。

马克思并非没有意识到这一问题的存在。在《哥达纲领批判》中通过对拉萨尔的"平等分配就是不折不扣劳动所得"的观点进行分析、批判，从理论上讨论了这一问题。马克思认为，按劳分配在现实中只能是一种差异分配，因而仍然是市民权利（或译资产阶级法权）[①]。马克思由此提出，在一定的生产力发展条件下，应由按需分配取代按劳分配。这不仅是马克思的针对性策略，同样也可以看作是马克思早期理想主义理念的彻底体现。

从理论上来说，按需分配原则忽略个体付出与回报之间的关联性，立足于个体对客体对象的需要，不仅将社会从充满对抗性矛盾的经济关系中解脱出来，而且将个体从谋生性的经济压迫中解放出来，使人的经济活动不再受制于个人的物质需要，而成为在对象化活动中自我完善的途径，实现真正的有别于丛林法则的人类社会发展模式。这是马克思所

---

① "bürgerliche Recht"，参见 *MEGA*²，I／25，BIETZ VERLAG BERLIN，1985，S.14。

追求的、与回馈正义含义不同的、蕴含着平等正义理念的马克思式人道主义诉求，回馈正义由此成为一种冗余，从理论假设上来看，回馈正义自身所蕴含着的对抗性矛盾也就不再存在了。正是从这一意义上，马克思将这样的社会理解为真正的人类社会的开端，[①] 相比较而言，之前的社会则都是史前社会。

平等理念在贫富分化的资本主义经济体制中，作为左翼学者的一种诉求，因信仰、理性认识的不同而具有不同的含义。自由主义左翼学者的平等正义理念是相对于其右翼学者的自由至上观点而言，例如罗尔斯与诺齐克之间的分歧是自由主义内部分歧。诺齐克将回馈正义原则从个人自由的视角推至极致，并且用所谓的正义之链来论证资本积累，他并不认为这一回馈正义在资本主义的经济关系中走向了自身的反面，进而从捍卫个人自由的角度，反对借助于强制性调节贫富的税收手段来实现一定程度的平等正义，以此将回馈正义与平等正义对立起来。

罗尔斯同样遵循自由主义理念，但形成了不同的理论。他从自由选择的角度，构想了一个理想社会的形成方式，并且为这一社会假设了两个原则，即自由原则和差异原则：前者蕴含着的是回馈正义，后者蕴含着的是以前者所产生的效率为基础的平等正义。在他看来，一个有效率的社会所产生的财富，从总体结果上来说，还是有利于弱势群体的。罗尔斯以结果为条件，认为只要是有利于弱势群体改善自身处境的差异性分配，就是正义的。既从经济效率意义上为资本主义经济关系进行了辩护，同时又从社会平等正义理念的意义上，对资本主义经济关系必然形成的社会分化作出一定的矫正。

与诺齐克的自由至上理论比较而言，罗尔斯的理论更能体现社会进步的理念，前者有顺应丛林法则之嫌，而后者已经蕴含着人类自身在反思基础上的自我调节，即对自然程序进行干预。然而，作为一个略知马

---

① 参见 MEGA², II / 2, BIETZ VERLAG BERLIN, 1976, S. 101,《马克思恩格斯全集》第 31 卷，北京：人民出版社 1998 年版，第 413 页。

克思的批判思路并且在一定程度上受马克思思想影响的自由主义左翼学者,罗尔斯并不正面地质疑回馈正义在资本主义经济运行方式中以悖论方式存在而导致的异化现象,并且从经济效率的角度认可这一运行方式。也就是说,他并不直接挑战丛林法则,而是在默认其规则的前提下,对其不可避免的贫富分化趋势,从平等正义的立场提出矫正措施。罗尔斯的公平正义理念同时蕴含着两个正义原则:回馈正义是前提,与其自由理念相协调;平等正义是补救,以矫正回馈正义原则在一定历史条件下的生产关系中所形成的社会分裂。

科恩从平等正义的角度对自由主义左右翼双方同时进行了批判,他对诺齐克以自我所有原则为核心的自由至上理念的批判,没有直接使用马克思的剩余价值理论,而是借助了资源平等的理念;他对罗尔斯公平正义理念的批判,并不指向其自由原则或者差异原则本身,而是指向奉行这些原则的前提——资本主义的社会结构,认为所谓的弱势者群体本身即这一结构的产物,而并非生来如此。他从群体的整体角度而非个体的角度,批判资本主义社会的阶级结构生成了一个弱势者群体。所以,在他那里,真正的社会进步方向,并不在于资本主义社会通过矫正途径辅助弱势者群体,而在于建立能够从根本上改变这一悖论的社会主义制度。他在《为什么不要社会主义》[1]一书中表达了自己的思想。从现实性的意义上,他将与资本主义回馈正义及其悖论相伴存在的矫正正义,作为次佳原则来接受。

罗尔斯从再分配调节的意义上并在资本主义经济关系的框架内追求平等正义。与此理念不同,德沃金则在遵循自由主义理念的基础上,不是通过强制性的社会保险制度,而是通过保险制度的设计与人们主观选择的结合,将个人的责任意识纳入平等正义的制度性框架。罗尔斯从调节分配的角度追求平等正义,德沃金的设想与罗尔斯的方法有所不同,

---

[1] 参见〔英〕G.A.科恩:《为什么不要社会主义》,段忠桥译,北京:人民出版社2012年版。

是通过社会保险制度与个人主观选择的结合,强化了个人对自身处境的责任。不过,德沃金与罗尔斯一样,都规避了"在资本主义社会结构中,回馈正义在表面现象背后是以悖论方式存在的"这一问题。

由此可见,自由主义左翼追求的平等正义理念,与马克思追求的平等正义理念存在区别。自由主义左翼学者以资本主义经济关系中的回馈正义原则及其社会分化结果为基础,提出某种程度的矫正措施:通过强制性的税收政策以实现某种程度的社会福利,满足人们的生存、基础教育、医疗、就业、养老等基本需要;通过强制性的或者自愿的社会保险制度,以防备个人因各种原因陷于困境,从而实现某种程度的社会平等理念。这一矫正措施对于推动社会进步无疑起到了一定的积极作用,然而,它却无视并忽视了回馈正义本身在其现实性中以悖论方式存在着的、与各种社会异化现象相伴而行的社会问题。马克思尝试在一定的历史条件下变革使这一悖论得以存在的资本主义经济关系,在建立社会主义经济制度的基础上,由按劳分配过渡到按需分配,进而奉行超越回馈正义(按劳分配)的原则,将人们的谋生活动升华为自由自在的创造性活动。然而,20世纪大规模的传统社会主义实践,在超越回馈正义的原则方面并不成功,这从现实性意义上彰显出回馈正义的重要性。

三、理论与实践:在互动中相互促进

回馈正义与平等正义作为分配关系中的两个原则,涉及的对象性关系有所不同。回馈正义在理论上立足于主客体对象性关系,其含义相对来说还是非常明确的:它体现的是主体与对象性劳动关系的正相关性,在有效付出与回报之间寻求对应,但是,在一定的经济关系中,这种关系受着人与人之间(主体间)相互关系的制约;相比较而言,平等正义的含义就没有那么明确了,在不同的历史发展阶段、在不同的社会制度中,它的含义是非常不同的。

在相对于封建制度而言的资本主义经济制度中,平等理念首先是从市民的权利平等、机遇平等诸多方面来理解的,在权利平等的概念中包含着回馈正义的内容,即马克思所说的资产阶级法权(市民权利)的内容。第二次世界大战以后,在社会主义阵营的影响下,西方世界逐渐发展和完善起来的资本主义福利制度,是以对形式上的回馈正义分配结果进行矫正性再分配为基础的,侧重的不是市民权利(回馈正义)的诉求,而是生存权利(超越回馈正义原则)的诉求,即无论一个人是否能够或者付出了有效作用于对象世界的劳动,都拥有生存下去的权利。

此处,平等正义的含义已经发生了某种程度的变化,之前的平等诉求是在向封建体制索取权利与机遇的平等,之后的平等诉求是对合法程序结果的无奈调节或修正。由于私有财产权与市场经济的合法程序在持续地生成社会贫富分化和社会分裂,因此,某种程度的社会调节是不可避免的。但是这种调节并不质疑回馈正义的悖论状态。这在罗尔斯那里称之为公平正义①。他对正义加了限定语,并对之进行了修正或者矫正。

这样的观点在西方发达资本主义阵营的左翼学者那里作为一种共识,似乎并没有发生太大的变化。《21世纪资本论》的作者皮凯蒂,借助于当代信息技术而获得的大范围和长时段数据,且并未诉诸马克思的劳动价值理论,论证了资本利润的增长高于国民经济的增长,即 $r>g$ 的规律。当自由主义的价值理念伴随着资本全球化而逐渐扩展自己时,皮凯蒂却通过对这一规律的论证,指出当代社会所信奉的劳动致富价值理念遭遇了"世袭资本主义"②回归现象的颠覆。

皮凯蒂尝试着借此说明,以强化回馈正义原则为基础的自由与市场,其现实结果是违背其初衷的,促使财富分配由仰赖于个人劳动向仰赖于遗产继承方面转化,这是他与罗尔斯有所不同的地方。皮凯蒂的论证对资本主义经济关系更加具有批判性,但是他并没有像马克思那样去深究这一原则被颠覆的社会机制,而是与罗尔斯相类似,提出了一种补

---

① John Rawls, *A Theory of Justice*, Cambridge, Mass: Harvard University Press, 1971, p.251.
② 〔法〕托马斯·皮凯蒂:《21世纪资本论》,巴曙松、陈剑、余江等译,北京:中信出版社2014年版,第437页。

救措施，即加强对资本增收累进税，并且将这一措施向全世界推进。

回馈正义作为抽象原则，其现实性不仅受着历史境遇的限制，还受现实境遇的制约：在资本主义条件下表现为社会贫富分化的持续性扩展及其生产过剩，在社会主义条件下表现为其在现实操作中受限并导致社会经济发展缺乏动力机制及生产不足。

资本主义市场经济借助于平等正义理念，通过矫正正义的途径对其弊端进行一定程度的抑制和调节。对于西方发达资本主义国家而言，这在一定程度上是借助于税收途径，以最低生活保障、基础教育、医疗、就业、养老等社会福利、保险制度等方式体现出来的。从满足和保障人们的基本需要方面来看，资本主义体制下的这一因素，有时也被人们理解为社会主义因素；由于数百年积累起来的经济基础，其满足和保障的力度相比较于受经济发展速度拖累的传统社会主义国家而言是相当大的。一些人由此认为，这些发达资本主义国家更加社会主义化。其实这是两个不同的概念，涉及不同的双重对象性关系。20世纪80年代末的苏东剧变作为外围政治制衡力量的变化，21世纪初的金融危机作为内在经济因素的变化，都从不同程度上大大削弱了发达资本主义国家、甚至北欧这样的高福利国家的社会保障和福利幅度。

中国社会主义的改革实践通过强化回馈正义的措施，对其（绝对）平均主义的弊端进行经济运行方式的改革，由此而释放出巨大的主体能动性，客观上促进了生产力的发展。然而，随着改革的推进，在市场经济与不同经济成分并存的条件下，除了腐败路径形成的问题，在合法的程序中也在不断积累着贫富分化。与此相应，与传统社会主义的制度性保障体系有所不同，建立在税收基础上的社会与市场机制，在一定程度上通过再分配的渠道，从最低生活保障、基础教育、医疗、就业、养老等方面满足人们的基本需要。

从理论上来说，社会成员基本需要的满足并不直接意味着贫富差距的缩小。在发达资本主义国家，基本需要的满足有北欧模式、美国模式，就这两种模式而言，民主化程度高的北欧模式贫富差距幅度相对较小，社会福利程度相对较高；相反，美国模式下的贫富差距幅度相对较大，社会福利程度相对较差。不过，这两种模式都同时伴随着社会贫富分化的发展进程，只是程度有所不同而已。

与马克思的时代有所不同，今天，除了传统产业资本仍然行使着其基本职能，金融资本及其抽象的衍生产品在更加间接的意义上，以产业资本难以想象的速度和规模对社会财富进行再分配、再集中；与此同时，伴随着资本全球化的发展趋势和当代信息技术手段的运用，自发的资本逻辑在全球范围内重演。然而，全球范围的宏观调控所仰赖的政治体系显然并不存在，全球的公平正义问题因此成为棘手的时代话题。

（作者魏小萍系社科院哲学所马克思主义哲学史研究室主任，研究员，博士生导师；主要研究方向：马克思主义哲学史、马克思恩格斯文本研究、当代国外马克思主义、政治哲学。）

三
学术视点

什么样的人才能走出现代性的困境

——本雅明对于现代性问题的思考

王晓升

在现代商品经济中出现了一种时尚化的大潮。这种时尚化的大潮是商品拜物教在人们社会生活中所造成的现代性格局。时尚就是把人吸引到拜物教的机制中,而拜物教以时尚的形式在现代社会不断流行。因此,如何走出现代性的困境,就成为摆在人们面前的重要问题。对于本雅明来说,不是所有的人都能够找到走出拜物教迷宫的道路。本雅明借助于波德莱尔关于巴黎这个现代都市中的人群的描述来解答这个问题。

一、波西米亚人:拜物教的抗议者

虽然本雅明在分析现代社会中各种人群的时候也谈到无产阶级和资产阶级,但是他对于现代社会人群的理解不是从阶级的角度,而是从这些人对社会的不同态度来划分人群。对他来说,大众(人群)"并不为阶级或任何集团而生存"。[①] 他把人分为三类:第一类人是对于现代社会秩序持一种敌意的人。这类人就是他所说的波西米亚人。第二类人是流浪者,这类人不是把自己融入到社会秩序中,而是对社会秩序保持一定

---

① 〔德〕本雅明:《发达资本主义时代的抒情诗人》,张旭东、魏文生译,北京:生活·读书·新知三联书店2007年版,第140页。

的距离,试图观察社会并更好地理解社会。他们类似于犬儒主义者。第三种人就是大众,是顺从现代社会秩序的大众。

在《波德莱尔笔下的第二帝国的巴黎》的一开始,本雅明就引用了马克思对于波西米亚人的分析,把波西米亚人作为一种特殊的政治类型的人加以说明。我们知道,马克思从人们在社会经济活动中所处的地位的角度来分析人群的。他所进行的是一种阶级分析。被本雅明所关注的波西米亚人实际上就是马克思所说的"流氓无产阶级"。马克思在《路易·波拿巴的雾月十八日》中指出,路易·波拿巴所利用的就是这些流氓无产阶级,"在这个团体里,除了一些来历不明和生计可疑的破落放荡者之外,除了资产阶级可憎的败类中的冒险分子之外,还有一些流氓、退伍的士兵、释放的刑事犯、脱逃的劳役犯、骗子、卖艺人、游民、扒手、玩魔术的、赌棍、私娼狗腿、妓院老板、挑夫、下流作家、拉琴卖唱的、捡破烂的、磨刀的、镀锡匠、叫花子,一句话,就是随着时势浮沉流荡而被法国人称作 la bohème〔浪荡游民〕的那个五颜六色的不固定的人群。"①马克思在分析1848年革命的时候也提到了这些五颜六色的无业游民,也就是社会生活中的边缘人。按照马克思的分析,其中有两类密谋家:职业密谋家和临时密谋家。前者以密谋活动为职业,而后者生活无规律而偶然参加密谋活动。这些密谋家会发明一些武器从事密谋活动,意图推翻现政府。

本雅明当然不是要重复马克思的有关思想。对于马克思来说,这些流氓无产阶级是无产阶级革命运动的追随者,甚或随时背叛无产阶级。而本雅明却赞赏这些人。对于他来说,这些人是社会中的边缘人,是对抗社会大潮的人。他把马克思对于流氓无产阶级和密谋家的分析用于分析知识分子,特别是波德莱尔。对于他来说,波德莱尔所写的那些诗歌可以被称为"煽动家的形而上学"。本雅明认为,职业密谋家的形象可

---

① 《马克思恩格斯全集》第8卷,北京:人民出版社1961年版,第174页。

以原封不动地用在波德莱尔身上。① 波德莱尔作为第一个现代派的诗人，他在政治上的行动实际上就表现了一种反抗现代性的特征，这就是把现存社会看作是一种过渡、暂时现象。他不是简单地承认现代社会现象的合理性，而是要否定这些社会现象。本雅明引用了波德莱尔的某些言论和行动来说明，波德莱尔在政治上和思想上所表现出来的那种现代性特征。他不仅奉行"一切政治我只懂得反抗"的说法，而且高呼"革命万岁""摧毁万岁""死亡万岁"。在本雅明看来，波德莱尔身上甚至有"恐怖主义的白日梦"②。本雅明还特别重视波德莱尔对于巴黎公社的关注。这表现在两个方面，一方面，波德莱尔在他的作品中高度赞扬了巴黎公社期间的街垒战，说巴黎公社街垒战期间所用过的石头是"神奇的石头"。③ 另一方面，波德莱尔对巴黎公社期间的领袖布朗基产生了深刻的印象。在某种意义上说，把他作为英雄来崇拜。他在纸上随意涂抹一幅画，而他所画的就是布朗基。④

不过，本雅明并不满足于把波德莱尔描绘成为一个密谋家。在他看来，波德莱尔还是一个类似于拾垃圾的人。或者说，作为一个密谋家，波德莱尔从拾垃圾的人身上看到了自己的影子。按照本雅明的分析，波德莱尔反复把自己和拾垃圾的人的形象联系起来。⑤ 本雅明说："一个拾垃圾的不会是波西米亚人的一部分，但每个属于波西米亚人的人，从文学家到职业密谋家，都可以在拾垃圾的身上看到自己的影子。他们都或

---

① 〔德〕本雅明：《发达资本主义时代的抒情诗人》，张旭东、魏文生译，北京：生活·读书·新知三联书店 2007 年版，第 37 页。

② 〔德〕本雅明：《发达资本主义时代的抒情诗人》，张旭东、魏文生译，北京：生活·读书·新知三联书店 2007 年版，第 33—34 页。

③ 〔德〕本雅明：《发达资本主义时代的抒情诗人》，张旭东、魏文生译，北京：生活·读书·新知三联书店 2007 年版，第 35 页。

④ 〔德〕本雅明：《发达资本主义时代的抒情诗人》，张旭东、魏文生译，北京：生活·读书·新知三联书店 2007 年版，第 36 页。

⑤ 〔德〕本雅明：《发达资本主义时代的抒情诗人》，张旭东、魏文生译，北京：生活·读书·新知三联书店 2007 年版，第 98 页。

多或少地处在一个反抗社会的隐秘地位上,并或多或少地过着一种朝不保夕的生活。"① 本雅明在这里却包含了重要的隐喻意义。我们知道现代社会是一种碎片化了的社会,而不具有总体性的社会。这种碎片化可以从现代性的两个维度中表现出来。从社会现代性的意义上来说,现代社会是一个合理化的社会。在合理化的社会中,人们都是通过合理的计算来达到功能的最优化。但是,这种功能的最优化只能在某个局部的领域中实现,而不可能从总体上来实现。在资本主义社会,一个企业可以是按照合理化的原则来管理的,并且是功能最优的。但是从整个社会的角度来说,这就不是功能上最优。这是因为,从整个社会来说,一个企业虽然生产效率很高,但是它所生产出来的却可能是剩余产品。卢卡奇就是把这种由合理化所产生的局部性和总体性对立起来。② 从审美现代性角度来说,现代社会也是一个碎片化的社会,这表现在现代社会不断地变动和革新。这种不断地变动和革新割断了前后之间的联系。它使历史中留下来的每一个片段都是孤立的,成为历史中的碎片。既然如此,在现代社会生活的人们就面临着一个重要任务,这就是把这些碎片捡起来,来重新认识这些碎片。从这个角度来说,从文学家到密谋家,他们都对社会的碎片状态不满,他们都要改变这个社会,因此他们就不能不处于捡垃圾者的位置上。

那么这个拾垃圾者如何才能改变这个世界呢? 本雅明发现,波德莱尔在这个问题上具有神学色彩。不过本雅明承认,波德莱尔的神学色彩很奇怪,它"带着一种亵渎神明的调子",是"撒旦主义"。波德莱尔的这种撒旦主义实际上是一种反抗精神的表现。这种反抗精神表现在他

---

① 〔德〕本雅明:《发达资本主义时代的抒情诗人》,张旭东、魏文生译,北京:生活·读书·新知三联书店 2007 年版,第 39 页。

② 〔匈牙利〕卢卡奇:《历史与阶级意识》,杜章智等译,北京:商务印书馆 1992 年版,第 193 页。

三 学术视点

"在任何时候都能保持一种忤逆的不恭不敬的立场"。① 对于这种立场我们可以理解为,它不是把现代社会看作是一种神圣的秩序,而是看作是一堆垃圾,对现代社会表现出一种蔑视和否定。本雅明认为,波德莱尔就是要用这种撒旦主义的精神来拯救这个世界。本雅明说,只有波德莱尔才真正理解马克思在"雾月十八"中的这样一段话:"当严正的宗教家在君士坦丁宗教会议上诉说教皇生活淫乱并悲叹必须改革风化时,红衣主教比埃尔·德·阿伊向他们大声喝道:'现在只有魔鬼还能拯救天主教会,而你们却要求天使!'法国资产阶级在政变后也同样高声嚷道:现在只有十二月十日会的头目还能拯救资产阶级社会!只有盗贼还能拯救财产;只有违背誓言还能拯救宗教;只有私生子还能拯救家庭;只有混乱还能拯救秩序!"② 马克思当然是在否定立场上说这段话的。对于他来说,路易·波拿巴就是这样的魔鬼。魔鬼救世只能把世界送入地狱。而本雅明却从相反的意义上来理解马克思的这段话。波德莱尔就是魔鬼,而正是这样的魔鬼才能救世。为什么呢?本雅明引用勒梅特尔的一句话来说明波德莱尔这个魔鬼的特征。它具有二重性,"一方面是万恶之源,另一方面却又是伟大的被压迫者,伟大的牺牲者。"③ 从现代世界的秩序来说,魔鬼是万恶之源,它要推翻这个秩序。只是从现存哲学秩序的角度来看,他才是犯罪。然而从另一个角度来说,魔鬼是被压迫者、被牺牲者。在这里,我们再次看到了本雅明的基本思路。这就是在人类文明的历史上,胜利者、主导者构建了社会秩序,牺牲了被压迫者。这些被压迫者是社会中的边缘人,或者说,他们是"波西米亚人"。但是在历史上他们被牺牲了,他们的要求不能被表达,他们的目的无法得到实现。而魔鬼就是天主教秩序中被牺牲的人。魔鬼对于世界的反

---

① 〔德〕本雅明:《发达资本主义时代的抒情诗人》,张旭东、魏文生译,北京:生活·读书·新知三联书店2007年版,第42页。
② 《马克思恩格斯全集》第8卷,北京:人民出版社1961年版,第224页。
③ 〔德〕本雅明:《发达资本主义时代的抒情诗人》,张旭东、魏文生译,北京:生活·读书·新知三联书店2007年版,第42页。

抗，就是要让被压迫的人、被牺牲的人得到解放。在这里，本雅明借助于对波德莱尔的撒旦主义的分析来表达他对拯救世界的期待。

不过，本雅明发现，虽然波德莱尔努力否定这个社会的秩序，然而他与许多密谋家一样，不能真正地摆脱这个社会。他既要对抗这个社会，又不得不融入这个社会。波德莱尔在他的诗歌中表达了这种痛苦，把自己比作妓女。本雅明说："他经常把某种人，首先是他自己，比作娼妓。"①

他在一首诗中这样写道：

> 为了一双鞋她卖掉了灵魂
> 但在卑鄙者身旁，我扮出
> 伪善的小丑般的高傲，老天爷耻笑
> 为当作家，我贩卖我的思想

作为诗人他要超越这个社会，他要批判这个社会，但是为了生存，他又不得不融入这个社会。他反抗资本主义社会中的拜物教，但是他又不得不屈从于这种拜物教。据此，本雅明认为，在当代社会，文人都有这样的处境。他说："波德莱尔明白文人的真实处境：他们像游手好闲之徒一样逛进市场，似乎只为四处瞧瞧，实际上却是想找一个买主。"②波德莱尔是一个痛恨自己的人，他嘲笑自己是一个"妓女"，是一个到处寻找买主的出售自己的人。而实际上，很少有出版社愿意出版他的诗歌。或许，波德莱尔的痛苦是真正的文人才有的痛苦。

---

① 〔德〕本雅明：《发达资本主义时代的抒情诗人》，张旭东、魏文生译，北京：生活·读书·新知三联书店 2007 年版，第 52 页。
② 〔德〕本雅明：《发达资本主义时代的抒情诗人》，张旭东、魏文生译，北京：生活·读书·新知三联书店 2007 年版，第 53 页。

二、游荡者：社会大潮中的边缘人

对于社会不同的人群，人们可以从不同的角度来探究。本雅明发现，在法国曾经出现一种"生理学"的杂志。这类杂志不是介绍生理学知识的，而是对于各种不同的人群进行经验的描述。这类杂志对于大街上的各类人物进行分类描述。它们成为社会中的通俗文学的代表性刊物，并受到大众的关注。但是，这类东西对于波德莱尔来说意义非常小。① 波德莱尔的思路与这些通俗文学的杂志完全不同。波德莱尔虽然也关注社会中各种不同的人，但他是从文学意义上来探讨这些人。本雅明所关注的是波德莱尔在文学文本中是如何看待游荡者的。他说："文学也以大众为对象，但其方法与生理学不同。文学不热衷于给各类人物定义概念化。相反，他探究的是大城市民众所特有的功能。"② 那么，文学文本究竟如何探究游荡者的呢？

所谓游荡者，从字面上来说，就是指社会中没有固定职业，居无定所而在街道上游荡的人。本雅明当然不是在"生理学"意义上经验地描述这些游荡者。对于他来说，游荡者是文学意义上探讨的对象。而从文学意义上来说，游荡者就有一种隐喻的意义。这种隐喻的意义就是没有被社会结构所同化的人。他们不是顺应社会秩序而是游离于社会秩序之外的人。本雅明对于游荡者是这样来说明的："他那逍遥放荡的个性是他对把人分成各种专业的劳动分工的抗议。"③ 从一定的意义上来说，这些人蔑视社会现行的规则和道德标准。他们类似于犬儒主义者。对于本

---

① 〔德〕本雅明：《发达资本主义时代的抒情诗人》，张旭东、魏文生译，北京：生活·读书·新知三联书店 2007 年版，第 54 页。
② 〔德〕本雅明：《发达资本主义时代的抒情诗人》，张旭东、魏文生译，北京：生活·读书·新知三联书店 2007 年版，第 59 页。
③ 〔德〕本雅明：《发达资本主义时代的抒情诗人》，张旭东、魏文生译，北京：生活·读书·新知三联书店 2007 年版，第 72 页。

雅明来说，这些游荡者游离于社会会秩序之外，并从一个外在的角度来思考这个社会的人。所以对于本雅明来说，这些游荡者是侦探。本雅明说："在人人都像密谋者的恐怖时期，人人都处于扮演侦探角色的情形中。"① 本雅明强调这些游荡者作为侦探对于社会有好处，因此受到人们的赞扬。他说，游荡者"看起来无所事事，但在这无所事事的背后，却隐藏着不放过坏人的警觉"②。

本雅明所要考察的不仅仅是文学文本中作家们是如何考察游荡者的，而且重点要考察文学作家本人是如何成为游荡者的。这些文学家在社会中看起来像是社会中的"无业游民"，即不在这个商品交换的社会中生产可以交换的产品，但是他们却时刻关注着社会，是"侦探家"。本雅明说："他具有与大城市节奏相合拍的各种反应。他能抓住稍纵即逝的东西。这使他把自己梦想为一名艺术家。人人都赞叹速写画家的神笔。巴尔扎克就说，这样的艺术就在于快速地捕捉。"③ 艺术家就是要快速地捕捉，他有侦探的气质。按照本雅明的分析，爱伦·坡所创作的侦探小说就表明，爱伦·坡具有侦探的气质。而爱伦·坡在创作侦探小说中所使用的各种元素在波德莱尔那里也体现出来。本雅明说："侦探小说的分析构成了波德莱尔自己作品的分析的一部分，尽管他本人不写这类小说。《恶之花》有作为其一分子（disjecta membra）三个决定性的因素；受害者及其作案场面（如'被谋杀的女人'）、谋杀者（如'凶手的酒'）和人群（如黄昏）。"④ 在本雅明看来，波德莱尔不仅在他创作的诗歌中表现出来侦探的特点，而且他个人的生活也表明，他自己对于

---

① 〔德〕本雅明：《发达资本主义时代的抒情诗人》，张旭东、魏文生译，北京：生活·读书·新知三联书店2007年版，第59页。
② 〔德〕本雅明：《发达资本主义时代的抒情诗人》，张旭东、魏文生译，北京：生活·读书·新知三联书店2007年版，第60页。
③ 〔德〕本雅明：《发达资本主义时代的抒情诗人》，张旭东、魏文生译，北京：生活·读书·新知三联书店2007年版，第60页。
④ 〔德〕本雅明：《发达资本主义时代的抒情诗人》，张旭东、魏文生译，北京：生活·读书·新知三联书店2007年版，第62页。

侦探手段的熟悉程度。按照本雅明的说法，在 19 世纪中期，法国政府为了准确地找到游荡的人，采取了各种措施，比如，马车要注册登记、寄信要清查邮戳、住房要有门牌号码等。在本雅明看来，这些做法如同对待罪犯一样，具有侵害性，即侵害了游荡者的游荡生活。为了对付这种情况，波德莱尔有时住在朋友那里，有时同时具有两个住处。据查，从 1842—1858 年之间，波德莱尔共有 14 个住址。①

在这里，我们特别注意到本雅明把波德莱尔和爱伦·坡加以比较。在爱伦·坡的侦探小说中，罪犯总是要在人群中隐藏自己。因此，侦探小说的写作中，作家总是要把个人淹没在人群之中，从而仔细地分析如何从人群中找到罪犯。他说："侦探小说最初的社会内容是消灭大城市人群中的个人的痕迹。"② 当然，对于罪犯，本雅明有自己的看法。在他看来，侦探小说中的罪犯不应该被看作是罪犯。这些罪犯应该被理解为游荡者。本雅明说："无论游荡者循何路而行，结果总是被引导着走向犯罪。这表明，侦探小说也在参与制造巴黎生活的幻觉，尽管它们有精明的计算。"③ 这就是说，侦探小说所说的那些罪犯实际上是游荡者。这些游荡者是逃避社会秩序的人。这些人不应该被看作是罪犯。但是侦探小说却制造出一种幻觉，好像这些游荡者是罪犯。在这里，本雅明以爱伦·坡的《玛丽·罗杰特的密谋》为例说明，个人的痕迹如何淹没在大城市的人群之中的。当然，个人的痕迹淹没在大城市中的人群这种说法是包含了一定的隐喻意思的。它的意思是，在资本主义社会中虽然也会有游荡者，但是游荡者往往也会混入人群中，只有在人群中人才能更好地隐藏自己。在侦探小说中，虽然游荡者被描述成为脱离社会的人，但

---

① 〔德〕本雅明：《发达资本主义时代的抒情诗人》，张旭东、魏文生译，北京：生活·读书·新知三联书店 2007 年版，第 65—66 页。

② 〔德〕本雅明：《发达资本主义时代的抒情诗人》，张旭东、魏文生译，北京：生活·读书·新知三联书店 2007 年版，第 62 页。

③ 〔德〕本雅明：《发达资本主义时代的抒情诗人》，张旭东、魏文生译，北京：生活·读书·新知三联书店 2007 年版，第 60 页。

是也常常被淹没在人群之中。

对于本雅明来说,没有人群就没有游荡者。游荡者就是在人群中的游荡者。在巴黎的拱廊街上,人们沉浸在商业的氛围中,被商品的世界所迷惑。如果游荡者混入了人群,那么他们就失去了游荡者的特性。而真正的游荡者虽然也混在人群中,但是,他们是孤独的人。波德莱尔作为游荡者就是这样的人。本雅明说:"波德莱尔喜欢孤独,但他喜欢的是在稠人广众中的孤独。"① 这就是波德莱尔式的文人,对于他来说,"世人皆醉,唯我独醒"。而爱伦·坡对于游荡者的描写也有这样的特点。本雅明指出:"游荡者独自一人的时候就感到不自在。所以他要到人群中去。"② 当然在爱伦·坡那里,游荡者混入人群中是为了隐藏自己,是为了不被找到。这个游荡者具有罪犯的特征。对于本雅明来说,文人作为游荡者就是被排斥在社会之外的孤独者。所以本雅明说:"坡有意混淆离群索居的人与游荡者之间的区别。"③

在本雅明的分析中,他关注的核心是游荡者与商品市场的关系。其中最重要的一段文字是这样的:"他(游荡者)走进一个又一个商店,不问货价,也不说话,只用茫然、野性的凝视看着一切东西。如果拱门街是室内的古典形式——游荡者眼中的街道就是这样的——那么百货商店便是室内的衰败。市场是游荡者的最后一个场所。如果街道一开始就是他的室内,那么现在室内就变成了街道。现在他在商品的迷宫里漫游穿行,就像他从前在城市这个迷宫里一样。"④ 对于游荡者来说,商店不具有商店的意义。他走进拱廊街就像走进自己的家中一样。这是因为游

---

① 〔德〕本雅明:《发达资本主义时代的抒情诗人》,张旭东、魏文生译,北京:生活·读书·新知三联书店 2007 年版,第 68 页。
② 〔德〕本雅明:《发达资本主义时代的抒情诗人》,张旭东、魏文生译,北京:生活·读书·新知三联书店 2007 年版,第 67 页。
③ 〔德〕本雅明:《发达资本主义时代的抒情诗人》,张旭东、魏文生译,北京:生活·读书·新知三联书店 2007 年版,第 67 页。
④ 〔德〕本雅明:《发达资本主义时代的抒情诗人》,张旭东、魏文生译,北京:生活·读书·新知三联书店 2007 年版,第 72 页。

荡者没有家，市场就是他的家，拱廊街就是他的家。本来在家中，人对于一切都是那样熟悉，那样亲切，而如今，这个家对于他来说，变得非常陌生了。商品世界的出现，意味着这个家在衰败，没有家的样子了。它像一个迷宫。他迷失在这个迷宫中。在这个迷宫的世界中，他只是到处张望，茫然失措。他视乎也要熟悉这个家园。然而如果他"熟悉"这个家园，这或许就意味着他"迷失"了自己。

当然，本雅明也承认，即使是游荡者也要在社会中生活，文学家作为游荡者也要在社会中生活。他也需要适应市场经济的需要。这就是艺术家所面临的困境。而面对这种困境，本雅明给出的答案是，虽然艺术家作为游荡者也要出售自己的作品，但是艺术家必须保持对于社会的批判态度。按照波德莱尔等人的思想，人们在巴黎这样的大都市都是一天天地受罪（人和人之间相互冷漠）。对于这些受罪的人，波德莱尔认为社会给他们提供了麻醉药。这个麻醉药就是商品，就是让他们陶醉的商品世界。游荡者在城市中也受罪了，也会陶醉在商品的世界中。本雅明说："游荡者所屈就的这种陶醉，如顾客潮水般涌向商品的陶醉。"[①] 虽然游荡者也会陶醉，但是，游荡者也会保持清醒。在这里，本雅明不仅引用了恩格斯在《英国工人阶级状况》一文中对于人群的痛苦状况的描述，说明了这个商品世界中人和人之间的相互冷漠等（为什么会如此冷漠，这是由于他们的经验的贫乏。对于经验的贫乏，笔者将另文讨论。）对于本雅明来说，诗人不能像一般大众那样陶醉，他应该对于社会现象有特殊的敏感。这种特殊的敏感使他在陶醉的同时也保持一种清醒。他说："他（游荡者）在其中陶醉的同时并没有对可怕的社会现象视而不见。他们保持清醒，尽管这种清醒是那种醉眼蒙眬的，还'仍然'保持对现实的意识。"[②] 而要保持清醒的意识，他就绝不能随大流。本雅明这

---

① 〔德〕本雅明：《发达资本主义时代的抒情诗人》，张旭东、魏文生译，北京：生活·读书·新知三联书店 2007 年版，第 73 页。

② 〔德〕本雅明：《发达资本主义时代的抒情诗人》，张旭东、魏文生译，北京：生活·读书·新知三联书店 2007 年版，第 77 页。

样说道:"对于游荡者,这个画面罩着一层薄纱,这层薄纱就是人群在古老都市的起伏中随波逐流。""只有当这层薄纱被撕破,游荡者面前出现'一个众生芸芸的广场,在街战时变得空空荡荡'的时候,他们才能看到整个城市不被遮掩的图景。"① 在商品世界中,人会陷入一种物化意识中,就如同被蒙蔽在一层薄纱之中。只有撕开这层薄纱,只有超出这种物化世界,只有超出大众的物化意识,游荡者才能真正看清这个世界。

三、大众:时尚化趋势中的弄潮儿

与游荡者密切相关的是人群。如何理解人群(crowd,在本雅明那里,这个词相当于"mass"即大众)呢?本雅明以比喻的口吻指出,在不同的人群相互堵塞的地方,"在这样的大众中,游荡是不会兴盛起来的"(游荡者不是野蛮人,所以在人群相互堵塞的地方,游荡不会兴盛起来)。② 如果人群相互堵塞,推推搡搡,那么游荡者必须在其中推推搡搡。这样推推搡搡的人是相互冷漠的人。在本雅明看来,这群相互冷漠的人还具有野蛮性质。这表现为这群人还处于"自然状态"。他说,大自然借人群而对城市行使它的权利。③ 人群还是野蛮的,具有自然形态的特征,这是因为人群中的人都会推推搡搡,像自然界的动物那样,相互冷漠。在人群中人和人之间的关系没有社会性的联系,没有关爱,没有情感,没有本雅明所期待的那种感觉(经验)。本雅明说,"在雨果那里,人群以一个由没有形状的、超人的力量以低于人类的生物中创造出

---

① 〔德〕本雅明:《发达资本主义时代的抒情诗人》,张旭东、魏文生译,北京:生活·读书·新知三联书店2007年版,第77页。
② 〔德〕本雅明:《发达资本主义时代的抒情诗人》,张旭东、魏文生译,北京:生活·读书·新知三联书店2007年版,第71页。译文有改动。参见 Walter Benjamin Selected Writings, Volume 4, edited by Michael W. Jennings, Harvard University Press, 2006, p.30。
③ 〔德〕本雅明:《发达资本主义时代的抒情诗人》,张旭东、魏文生译,北京:生活·读书·新知三联书店2007年版,第80页。

来的杂种的形象而出现。"① 正是由于人群不是在人类社会意义上出现的。因此本雅明与雨果等人一样，把人群看作是一种自然现象。他说："人群实在是种自然景观——如果可以把这个术语运用到社会状况中的话。"② 这些人都是没有社会联系的人。一个偶然事件，一种特别的活动会把这些毫无社会联系的人结合在一起。按照本雅明的分析，一条街道、一场大火、一起车祸可以使不同的人聚集在一起。这些人群中的人都是"各怀着自己的利益云集市场"。③ 当这些各怀自己的利益的人集合在一起的时候，这些人是从社会中脱离出来了的人，"他们依然是抽象的"。本雅明说："在很多情况下，这样的人群只是一种数字的存在。这种存在隐藏着人们身边的一个巨大怪物：由于私利的巧合而集中起来的个体。"④ 现代民主制度所统计的就是这个抽象的数字。

在这里，本雅明实际上揭示了资本主义社会出现的两种不同性质的人群。一种性质的人群是人们在实现私人利益而聚合在一起的人群。比如在市场上，人们相互之间都是陌生人，但是为了实现各自的利益，他们聚合在一起。这种意义上的人群从资本主义社会出现的一开始就广泛存在。这里还存在着另一种形式的人群。在这里，这个人群的出现与个人利益无关，而完全是看热闹的人群。在人类历史中这种看热闹现象到处都有。这就如同市场中的聚集在资本主义社会之前就出现了。尽管如此，在资本主义社会，这两类人群与之前的人群还是有很大的不同。陌生人之间在市场之中的聚集在传统社会只是整个社会生活的补充，而不是社会生活的全部。而今天社会生活几乎完全依赖于陌生人之间的交

---

① 〔德〕本雅明：《发达资本主义时代的抒情诗人》，张旭东、魏文生译，北京：生活·读书·新知三联书店 2007 年版，第 80 页。

② 〔德〕本雅明：《发达资本主义时代的抒情诗人》，张旭东、魏文生译，北京：生活·读书·新知三联书店 2007 年版，第 80 页。

③ 〔德〕本雅明：《发达资本主义时代的抒情诗人》，张旭东、魏文生译，北京：生活·读书·新知三联书店 2007 年版，第 80 页。

④ 〔德〕本雅明：《发达资本主义时代的抒情诗人》，张旭东、魏文生译，北京：生活·读书·新知三联书店 2007 年版，第 80 页。

易,而且这种交易是聚集在大商场和人群聚集的街道上。本雅明指出:"在历史上,当大商店第一次创立起来的时候,消费者感到自己成为大众。"① 另外,人群的偶然聚集。看热闹的意义上的聚集在当代资本主义社会发生了一个根本性的改变。以往的历史上,看热闹的人都是熟悉的邻居。而当代社会中,看热闹的人是陌生人,是陌生人之间的聚集。他们虽然相互聚集,但是却相互冷漠。他们是在机械化系统中训练出来的人。这就如同训练有素的服务员一样,她看到谁都在微笑。但是这是没有情感的微笑,是非常可怕的微笑。看热闹的人看似关心,实际上是完全的冷漠,如同微笑的服务员。人群中的人训练有素,当有人撞到他的时候,他习惯性地鞠躬道歉。他看起来很文明,实际上却很"野蛮"。我们可以把这群人比喻为聚集起来的刺猬。对于本雅明来说,这群聚集起来的刺猬处于野蛮状态。现代大都市人们就处于这种野蛮状态。

那么,我们如何看待大众的社会作用呢?本雅明从侦探的角度来说明大众的危害性。他说:"大众仿佛是避难所,使得这类脱离社会的人免遭惩罚。在大众的各种危害方面,这一点也最为明显。"② 在从侦探的角度来说,如果一个罪犯逃到茫茫人海之中。那么这就给侦探造成了困难。不过,我认为,本雅明不是这样的简单意思。他还有自己的隐喻意义。对于他来说,大众是脱离社会的人的避难所,而罪犯也可以在这里找到自己的避难所。大众的聚集就是一群冷漠的"罪犯"的避难所。他们看起来都面带微笑,然而却冷若冰霜。只有脱离人群的游荡者才对于人群的这种冷漠感到恐惧。他处于人群之中,又脱离人群。如果这些脱离社会的人不能成为游荡者,那么他们会沉沦到大众之中,成为大众中的一员。这才是大众最大的危害。在现代社会生活中,许多人虽然看到社会中的许多不正当现象,但是却视而不见。他们人云亦云,随波逐流。

---

① 〔德〕本雅明:《拱廊街计划》,见《本雅明文集》第 5 卷,93 页。*Walter Benjamin Gesammelte Schriften*,Herausgegeben von Ralf Tiedemann,Suhrkamp Verlag Frankfurt am Main 1982.

② 〔德〕本雅明:《发达资本主义时代的抒情诗人》,张旭东、魏文生译,北京:生活·读书·新知三联书店 2007 年版,第 59 页。

本雅明比较了雨果和波德莱尔对待人群的两种态度。对于雨果来说，人群是他的思想走向深处的刺激。按照本雅明的分析，在雨果那里，"汹涌的大海是人群的模本。沉思于这种永恒的景象的思想家是人群真正的探索者。"① 雨果所热衷的是大众参与的革命运动。他要探索这种革命运动。为此，本雅明说，"总之，大众那种无法渗透的模糊的生存是雨果革命玄想的源泉。"② 本雅明认为，虽然雨果充满了革命热情，但是他却无法解决这种革命热情与穷苦大众的投票权之间的对立，无法解决革命与顺从秩序之间的对立。因此，在本雅明看来，雨果所关注的大众不过是"旧时代的顾客"，也就是他的读者和支持者。对于本雅明来说，雨果虽然关注大众，但是他不过是想多卖掉自己的几本书而已。因此，"雨果不是游荡者。"③ 而波德莱尔则不同了，"在跟随雨果的大众和雨果所跟随的大众中没有波德莱尔。"④ 波德莱尔不仅不是大众，而且是与大众的潮流相对立的。他是游荡者，是波西米亚人。本雅明说，"是大众的景象使他⑤每天都要测量他的失败的深度。"⑥ 他是勇敢地和时尚、从大众的潮流对立的人。正是这个潮流导致他的失败、孤独、游荡。对于本雅明来说，波德莱尔的失败就是他的成功的表现。按照本雅明的看法，虽然波德莱尔也会卷入人众之中，但是，"却为了在轻蔑的

---

① 〔德〕本雅明：《发达资本主义时代的抒情诗人》，张旭东、魏文生译，北京：生活·读书·新知三联书店 2007 年版，第 78 页。
② 〔德〕本雅明：《发达资本主义时代的抒情诗人》，张旭东、魏文生译，北京：生活·读书·新知三联书店 2007 年版，第 82 页。
③ 〔德〕本雅明：《发达资本主义时代的抒情诗人》，张旭东、魏文生译，北京：生活·读书·新知三联书店 2007 年版，第 83 页。
④ 〔德〕本雅明：《发达资本主义时代的抒情诗人》，张旭东、魏文生译，北京：生活·读书·新知三联书店 2007 年版，第 83 页。
⑤ 波德莱尔——引者注。
⑥ 〔德〕本雅明：《发达资本主义时代的抒情诗人》，张旭东、魏文生译，北京：生活·读书·新知三联书店 2007 年版，第 83—84 页。

一瞥里把他们淹没在忘却中"。① 或许，本雅明本人也是这样的游荡者，一个学术"游荡者"。或许一个真正的学者也应该是游荡者。

对于大众，波德莱尔和雨果的态度完全不同。在这里，本雅明显然支持波德莱尔的态度。而对于雨果，他提出了这样的批评。他说："他在他们头顶摇动的旗帜上写着'还政于民''民主'和进步的口号。这些口号旗帜美化了大众生存。"② 在这里，本雅明发现了大众对于民主制度所产生的不良后果。民主制度不过是美化大众生存，强化大众的趋势。而大众对于本雅明来说，就是顺应这个社会主流趋势的人，是跟风跑的人，他们缺乏对于问题的深入思考。在魏玛共和国期间，正是这些大众通过民主的选举把希特勒推上了权力的顶峰，造成了法西斯主义的灾难。从这里，可以看出，这群大众不仅不会推进民主，反而导致集权主义。这是我们今天不牢记的历史教训③。

本雅明所要赞颂的是与大众完全不同的英雄。在这里，他还是借助于对于波德莱尔《恶之花》的评论来表达他自己的希望。本雅明说，"古希腊给他④提供了女英雄的形象，他觉得很值得把它们带到现代来。而且他也认为，自己有这个能力。"⑤ 本雅明发现，在《恶之花》中，波德莱尔给他诗歌中的女人取了希腊名字：德尔菲娜与伊波利特。而这首诗写的是女同性恋。本雅明认为，女同性恋是现代主义的英雄。对于本雅明来说，波德莱尔似乎从古希腊的女性中发现了这种"女英雄"。这种女英雄当然与那种顺从社会潮流的大众是完全不同的。本雅明自己

---

① 〔德〕本雅明：《发达资本主义时代的抒情诗人》，张旭东、魏文生译，北京：生活·读书·新知三联书店2007年版，第148页。

② 〔德〕本雅明：《发达资本主义时代的抒情诗人》，张旭东、魏文生译，北京：生活·读书·新知三联书店2007年版，第84页。

③ 《大众的崛起与民主的衰弱》，载《哲学动态》2015年第11期。

④ 波德莱尔——引者注。

⑤ 〔德〕本雅明：《发达资本主义时代的抒情诗人》，张旭东、魏文生译，北京：生活·读书·新知三联书店2007年版，第109页。

也认为，他在这里"得以一睹波德莱尔所倾心的英雄女性的原始面貌"①。而且更奇妙的是，本雅明还从这种女英雄那里发现了实现圣西门主义的乌托邦的希望。他说，"我们也可以在圣西门主义里找到这个主题，它的狂放的空想经常借助于阴阳合体的念头。"②那么古代的女英雄与圣西门主义的阴阳合体的念头有什么关系呢？实际上这是本雅明救赎观念的一个基本思路。在他看来，在历史的发展中只有主流的东西（符合社会潮流）才取得胜利，在历史中得以发展。而那些不符合社会潮流的东西则在历史上被牺牲了。我们如何才能把历史上那些被牺牲的东西（阴阳合体是一种类比意义上的说明）拯救出来呢？这就是要像波德莱尔那样，把古代的那些被牺牲了、被忽视了的东西带到现代来。只有这样，我们才有可能实现圣西门主义的那种乌托邦。未来就依赖于我们对于古代那些不合潮流东西的拯救。当然，这也显示了本雅明的超现实主义的想象。

本雅明的这个讨论涉及现代性的中心问题之一：现代社会中人们都求新、求异。然而这种求新、求异中所表现出来的却可能是赶时髦，随大流。本来赶时髦、随大流和求新、求异是完全对立的。然而在现代社会中，这两个完全对立的东西奇妙地结合在一起了。波德莱尔作为现代性批判的先驱早已看到了这个问题。而本雅明则按照自己的思路把这个问题更加凸显出来。本雅明借助于对波德莱尔的文学作品的批评来讨论如何看待现代社会中的求新和求异的问题。在他看来，现代社会中人们所追求的新奇不过是随大流的另一种形式而已。而真正的求新恰恰就是要从历史中看到那些社会大潮中被忽视和被否定的东西。我们需要做的恰恰是拯救那些在历史上被怀疑、被否定的东西。对于未来，我们不是站在现代社会的基础上去设想，而是回到过去，看看过去的那些被边缘

---

① 〔德〕本雅明：《发达资本主义时代的抒情诗人》，张旭东、魏文生译，北京：生活·读书·新知三联书店 2007 年版，第 111 页。

② 〔德〕本雅明：《发达资本主义时代的抒情诗人》，张旭东、魏文生译，北京：生活·读书·新知三联书店 2007 年版，第 110 页。

化、被否定了的东西中究竟如何在今天才能实现出来。如果我们要思考未来，那么我们所要思考的是，在现代社会中，那些被我们所否定、所排斥的东西是否可以让它们得到实现。这当然不是要鼓励人们去做波西米亚人，去对社会进行革命，去做逆社会潮流而动的人，而是要鼓励人们创新。而创新的一个重要思想来源就是要关注过去被否定和被忽视的东西。对于本雅明来说，我们不要被一阵大风刮向未来，而要像这个被这阵大风刮向未来的天使那样眷顾过去①。一个在商品大潮中迷失自己的人，一个在大众化趋势中随波逐流的人是不会有真正的创新的。今天，创新已经成为时代发展的要求，创新已经成为摆在我们面前的重大现实问题。是按照时尚化的做法，从形式上创新，还是反时尚、非时尚化的趋势中寻找突破，这是我们必须思考的问题。

当然，游荡者也是无"家"可归的人，他失落在人群中，孤独无助。这是我们需要在现代性批判中所要揭示的另一个主题——游荡者的家园究竟在何处？

（作者王晓升系华中科技大学哲学系教授，博士；主要研究方向：马克思主义哲学、国外马克思主义、历史唯物主义。）

---

① 〔德〕本雅明：《历史哲学论纲》第九条，见《本雅明文选》，陈永国、马海良译，北京：中国社会科学出版社1999年版，第408页。

政治经济学批判视域中的"恩格斯问题"[*]

孙乐强

[摘 要] 随着MEGA²第二部分即《资本论》及其手稿部分的公开出版,马克思恩格斯关系问题也获得了新的发展。如果说以前的研究在某种程度上主要局限于哲学领域,那么,到了当代西方学者这里,这种关系则被延伸到《资本论》和政治经济学批判领域。在他们看来,马克思恩格斯不仅在哲学原则上是对立的,在整个政治经济学批判方法和《资本论》问题上也是对立的。这些研究打着"价值中立"的旗号,以文献考证方法为支撑,力图再现马克思恩格斯之间的思想差异,表面上看似客观,实际上却带有明显的解构主义倾向,是一种脱离思想史研究的文献拜物教。我们必须从马克思主义发展史和工人运动实践的高度,实事求是地看待恩格斯的编辑工作,那种戴着"有色眼镜"或原罪推定的心态,故意制造马克思恩格斯对立论的做法,在理论上不仅是错误的,在政治上也是完全反动的。

[关键词] "恩格斯问题" 《资本论》 政治经济学批判 学园版MEGA 文献考证

---

[*] 本文系全国优秀博士学位论文作者专项资金资助项目"《资本论》的哲学思想及其当代效应研究"(201401)、国家社科基金一般项目"当代西方左派对马克思'机器论片断'的理论重构与社会批判范式的当代转型研究"(17BZX031)的阶段性成果。

如何理解恩格斯在马克思主义哲学史上的历史地位，一直都是国内外学界研究的焦点问题。在这一主题上，主要有以下几种代表性的观点，如，西方马克思主义的"自然辩证法"与"历史辩证法"的对立论，广松涉的"恩格斯主导论"以及西方"马克思学"提出来的马克思恩格斯差异论、分工论和对立论。① 随着 MEGA² 第二部分即《资本论》及其手稿部分的公开出版，马克思恩格斯关系问题也获得了新的进展。如果说前三种研究还主要停留在哲学领域，那么，在 MEGA² 的影响下，当代西方学者则将其延伸到政治经济学领域，从而制造了马克思恩格斯在《资本论》和政治经济学批判方法上的对立或差异。面对这些新的观点，我们如何回应当代西方学者在《资本论》及其手稿问题上制造的对立论或差异论，就是一个至关重要的问题。

一、《资本论》的文献学研究："恩格斯问题"的新进展新形态

MEGA² 第二部分即《资本论》及其手稿部分的公开出版，为我们深入研究马克思的原稿与恩格斯编辑稿之间的关系提供了基础性的文献依据。然而，许多西方学者却由此走向了极端，将原本在哲学领域中的对立进一步拓展到政治经济学领域，重新制造出马克思恩格斯对立论或差异论的新形态。概括而言，主要表现在以下三个方面：

首先，马克思恩格斯在《资本论》问题上的彻底对立。通过《资本论》的原初计划、原稿与恩格斯编辑的三卷本《资本论》的对比，海因里希认为，"我们今天看到的《资本论》三卷书中没有一卷是以马克思本人提供的方式出现的。每一卷（即使是第一卷）都是由恩格斯定型的。这对于第一卷来说，没有什么问题。但是从其他两卷的结构和内容

---

① 关于前三种流派的评述，请参见拙文：《重新理解恩格斯在马克思主义哲学史上的历史贡献》，载《黑龙江社会科学》2012 年第 5 期。

来看,恩格斯的编辑作用影响很大,而在另外一些地方,原始手稿中部分'开放性'的问题被恩格斯终结为最后的结论,同时对此又没有给读者一个清楚的说明。"①三卷本的《资本论》定稿是以不同时期的不同文本为基础编辑而成的,在这期间,马克思对一些问题的认识发生了较大变化,而恩格斯在编辑时恰恰忽视了这种变化。也是在此基础上,海因里希指出:"可以说《资本论》不仅是一部没有完成的著作,而且已经出版的这三卷也不能构成一个同质的整体。特别是第三卷在理论水平上落后于修改后的第一卷以及第二卷的最后手稿。"②三卷本《资本论》都是经过恩格斯编辑定稿的:《资本论》第一卷的"通行版"是按照恩格斯最后编定的德文第四版刊印的,第二、三卷更是恩格斯在马克思遗稿的基础上整理编辑的。这些编辑已经改变了马克思思想的原意,使《资本论》成为经恩格斯中介过的"马克思思想"。因此,"从严格意义上说,由马克思撰写的三卷本《资本论》并不真正存在"③。结果,原本作为有机整体的《资本论》被彻底解构了。在 MEGA² 的影响下,马克思恩格斯对立论呈现出了一种全新形态。

其次,政治经济学批判起点和方法论上的对立。这主要表现在以下几个方面:(1)关于《资本论》开端的不同理解。众所周知,《资本论》第一卷是从"商品"章开始的,但这里的"商品"究竟是"简单商品生产"还是"资本主义条件下的商品生产"?许多西方学者认为,在这一问题上,马克思恩格斯是完全对立的。在《资本论》第三卷序言中,恩格斯指出:"马克思在第一册的开头从被他当作历史前提的简单商品生产出发,然后从这个基础进到资本……他要从简单商品出发,而

---

① 〔德〕海因里希:《重构还是解构?》,见〔意〕理查德·贝洛菲尔等主编:《重读马克思——历史考证版之后的新视野》,徐素华译,北京:东方出版社2010年版,第120—121页。
② 〔德〕海因里希:《重构还是解构?》,见〔意〕理查德·贝洛菲尔等主编:《重读马克思——历史考证版之后的新视野》,徐素华译,北京:东方出版社2010年版,第121页。
③ 〔德〕海因里希:《重构还是解构?》,见〔意〕理查德·贝洛菲尔等主编:《重读马克思——历史考证版之后的新视野》,徐素华译,北京:东方出版社2010年版,第121页。

不是从一个在概念上和历史上都是派生的形式,即已经在资本主义下变形的商品出发。"① 为了更为准确地说明这一问题,恩格斯在第三卷末尾作了一个"增补"(即《恩格斯〈资本论〉第三卷增补》)。对此,巴克豪斯指出,马克思《资本论》第一卷所探讨的"商品",绝不是前资本主义条件下的简单商品生产,而是资本主义社会特有的普遍化的商品生产,而恩格斯却将其诠释为前资本主义社会的简单商品生产,完全背离了马克思的原意,是错误的。② 同样,罗伯特·芬奇也认为,在这点上,恩格斯与马克思是完全不一致的,"像我们所看到的那样,就马克思和恩格斯的关系而言,认为他们的思想保持整体一致性的看法是不能接受的。简单商品生产不是马克思《资本论》第一卷第一版的探讨对象,书中既没有描述简单商品生产流通的历史进程,也没有把它看作是前资本主义生产方式或经济学体系。此外,书中也没有涉及以往的概念的或经验的商品交换;在最后,简单商品流通被证明是不存在的,而是被过程中发生的现象形式所超越:商品生产表达了资本主义的基本特征。"③(2)《资本论》第一卷与恩格斯编辑的第三卷之间的矛盾。《资本论》第三卷出版以后,庞巴维克指出,《资本论》第一卷探讨的是肉眼看不见的价值问题,而第三卷研究的则是经验现象领域中的价格问题,二者之间存在不可协调的矛盾。这一问题也就是后来经济学界争论的价值向价格的转向问题。如果说庞巴维克只是就第一卷与第三卷的关系而言的,那么,当代西方学者则把这一问题进一步转化为马克思与恩格斯的关系。巴克豪斯指出,恩格斯将《资本论》第一卷的"商品"理解为简单商品生产,这与马克思的原意是完全相反的。当恩格斯从这一

---

① 《马克思恩格斯全集》第46卷,北京:人民出版社2003年版,第17页。

② Hans-Georg Backhaus, *Dialektik der Wertform: Untersuchungen zur marxschen Ökonomiekritik*, Freiburg: Ça ira, 1997, S.131.

③ 〔意〕罗伯特·芬奇:《商品的辩证法和它的理论说明:20世纪70年代德国人争论的评述》,见〔意〕理查德·贝洛菲尔等主编:《重读马克思——历史考证版之后的新视野》,徐素华译,北京:东方出版社2010年版,第90页。

思路来编辑和增补《资本论》第三卷时,恰恰加剧了这一矛盾:"恩格斯曲解了马克思的简单商品生产的简单流通理论:在《资本论》第一部分所描述的前资本主义社会中商品流通是根据它们价值的大小,而在彻底的资本主义社会人们关心的不是价值,而是生产价格。在这方面,恩格斯发展了这个观点,即《资本论》第一卷和第三卷之间存在自相矛盾的说法。……恩格斯把《资本论》第一部分看作前资本主义社会,这样就带来了价值和价格相互关系上的理解的困难。"①(3) 关于价值和价值规律理解上的对立。海因里希指出,由于恩格斯是从简单商品生产出发来理解价值和价值规律的,这就忽视了价值规律显现出来的社会条件,即普遍化的货币交换,没有后者作为前提,人们就无法认识价值规律,更不可能揭示价值的本质。由于恩格斯忽视了这一点,直接从简单商品交换来理解价值,结果,就把原本作为一种关系性存在的价值理解为任何单个商品所固有的"实体"属性了,完全陷入到李嘉图主义和近代形而上学的窠臼之中。与恩格斯不同,马克思则是从资本主义商品生产出发来理解价值问题的,这样就能清晰认识价值的本质,即一种幽灵般的、非实体性的社会关系,它"只能在商品与商品的社会关系中表现出来"②。海因里希进一步指出,在《资本论》中,马克思的确也使用了"价值实体"(Substanz)概念,但这里的"实体"与近代形而上学理解的"实体"存在本质差异。马克思说:"价值的'原因'是价值的实体(Substanz),因而也是内在的价值尺度。"③马克思的"实体"范畴是在原因和依据的意义上使用的,既不是近代形而上学所宣扬的永恒不变的"实体"范畴,也不是李嘉图所理解的单个商品固有的实体属性,而是一种关系性存在。也是基于此,海因里希得出结论说,在马克思那里,

---

① 转引自〔意〕罗伯特·芬奇:《商品的辩证法和它的理论说明:20 世纪 70 年代德国人争论的评述》,见〔意〕理查德·贝洛菲尔等主编:《重读马克思——历史考证版之后的新视野》,徐素华译,北京:东方出版社 2010 年版,第 70 页。

② 《马克思恩格斯全集》第 44 卷,北京:人民出版社 2001 年版,第 61 页。

③ 《马克思恩格斯全集》第 26 卷第 3 册,北京:人民出版社 1974 年版,第 177 页。

"价值不仅是社会实体的表示,同时也是实体的反映,这种实体不可能单个的(孤立的)存在,也不是单个产品决定的……这种价值问题上的非实体论者的理论(在价值形式的分析中是作为价值的货币理论来表现的,就一种普遍价值——劳动产品之间的关系而言,只有在价值——货币——存在具有独立形式的时候才是可能的)否认实体论者的看法"。①总之,海因里希认为,恩格斯从简单商品生产出发,走向了价值实体论,将其理解为单个商品固有的实体,这是一种不需要货币理论的价值理论,是一种李嘉图主义式的形而上学的价值理论;而马克思则从资本主义商品生产出发,走向了价值关系论,这是一种非实体性的价值理论。这种实体主义与非实体主义的对立,构成了马克思与恩格斯在价值问题上的根本对立。(4)政治经济学批判方法上的对立。当代西方学者认为,《资本论》第一卷的开篇所展现出来的"图景",既不是单纯的历史,也不是纯粹的逻辑史,而是从抽象上升到具体的过程,是逻辑与历史的辩证统一。而恩格斯则错误地"曲解了逻辑与历史之间的关系,按照他的观点,逻辑的理论与简单化是同一类的东西,而且是真实历史过程的程式化。马克思的看法则被这样的理解所顶替:范畴的逻辑联系的阐述必然考虑到对它们的历史认识和它们的历史意图"②。"恩格斯没有完全理解马克思阐明的辩证法方面的含义。"③他始终带有经验主义的倾向,力图从经验事实或现实具体来理解或编撰《资本论》,这是与马克思的政治经济学批判方法或历史辩证法所体现出来的精髓要义完全相悖的。

---

① 〔德〕海因里希:《重构还是解构?》,见〔意〕理查德·贝洛菲尔等主编:《重读马克思——历史考证版之后的新视野》,徐素华译,北京:东方出版社 2010 年版,第 126—127 页。

② 〔意〕罗伯特·芬奇:《商品的辩证法和它的理论说明:20 世纪 70 年代德国人争论的评述》,见〔意〕理查德·贝洛菲尔等主编:《重读马克思——历史考证版之后的新视野》,徐素华译,北京:东方出版社 2010 年版,第 90—91 页。

③ 〔意〕罗伯特·芬奇:《商品的辩证法和它的理论说明:20 世纪 70 年代德国人争论的评述》,见〔意〕理查德·贝洛菲尔等主编:《重读马克思——历史考证版之后的新视野》,徐素华译,北京:东方出版社 2010 年版,第 91 页。

最后，是马克思恩格斯差异论的新形态。（1）关于必然王国和自由王国的理解。当代西方学者指出，在恩格斯的视域中，所谓必然王国是指人受盲目力量统治的王国，一旦人们认识了客观规律，并使这种规律为共同生产服务，人类也就现实了从必然王国到自由王国的飞跃。① 这与马克思对必然王国和自由王国的理解存在重要差异。他们指出，恩格斯所理解的自由王国，实际上只不过是马克思所说的必然王国中所达到的最大自由的那个阶段：在这里，劳动虽然是以共同的自主活动形式出现的，但它并没有从根本上摆脱自然必然性的限制，转化为目的本身，仍是一种满足人类生存需要的手段性活动，在本质上仍属于必然王国，根本不是马克思所说的自由王国。这些学者指出，恩格斯是根据规律的作用方式来划分必然王国和自由王国的：以盲目方式发挥作用的是自然王国，而自觉利用规律的则是自由王国。与此不同，马克思则是根据劳动的作用及其性质来划分的：不论规律以何种方式发挥作用，只要劳动还是手段性活动，就统统属于自然王国；只有当劳动从双重必然性——生产剩余价值的经济必然性和生产物质生活资料的自然必然性——中解放出来，由手段上升为目的，成为每个人自由全面发展的内在需要时，自由王国才真正到来。② （2）关于危机、信用和一般利润率下降规律的理解。福尔格拉夫③、格尔特·罗伊藤等人认为，《资本论》至始至终都是一部未完成的著作。马克思虽然写下了大量手稿，但基本上都是未定型的、开放性的，甚至认为其中的一些材料已无法适应资本主义的最新发展，力图以美国为"典型地点"来重新修订《资本论》第一卷，并重写《资本论》第三卷的部分内容。然而，令人遗憾的是，这些工作并没有完成。而恩格斯在编辑第三卷时，并没有考虑到这些情况，径直把其中一些需要修正或放弃的思想变成了最终定稿，"非常错误地干涉了马

---

① 《马克思恩格斯全集》第 20 卷，北京：人民出版社 1971 年版，第 307—308 页。
② 《马克思恩格斯全集》第 46 卷，北京：人民出版社 2003 年版，第 928—929 页。
③ 〔德〕福尔格拉夫：《对〈资本论〉的新认识》，载《马克思主义与现实》2014 年第 3 期。

克思的本意"。①里贾纳·罗斯更是直截了当地指出,恩格斯在编辑危机理论、信用和一般利润率下降部分时,完全改变或夸大了马克思的原意,"恩格斯将马克思所用的利润率的'下降趋势'这一表达方式改变为具有强烈色彩的'崩溃'(资本主义生产的崩溃),并且将'利润率下降这个过程将不可避免地导致资本主义生产的快速崩溃'这句话移到这一段的结尾,恩格斯将这句话看作一种'综合性的思考'……马克思原始手稿整理过程中的另外一个突出之处,是在第五篇关于利息、企业利润、信用等问题的阐述中,因为前面提到的大量摘录都包括在这里。马克思自己不能决定该如何去妥善处理那些分析研究中碰到的部分难题……马克思给后人留下一个开放性的问题,这就是信用系统的法律管理究竟是受资本发展一般水平的制约?还是受占优势的社会历史条件等因素的影响?恩格斯在他重新整理过的版本中,选择了第一种解释。"②

面对这些新的观点,我们如何基于中国立场,系统回应当代西方学者制造的新对立论,就显得尤为重要。

二、如何正确看待学园版 MEGA 及其编辑原则

1990 年之后的 $MEGA^2$ 又被称为"学园版 MEGA"③。而《资本论》

---

① 〔荷〕格尔特·罗伊藤:《马克思的一般利润率转化:方法论和理论的障碍》,见〔意〕理查德·贝洛菲尔等主编:《重读马克思——历史考证版之后的新视野》,徐素华译,北京:东方出版社 2010 年版,第 276—277 页。

② 〔德〕里贾纳·罗斯:《MEGA 中马克思的原始手稿:关于〈资本论〉的另一种观点》,见〔意〕理查德·贝洛菲尔等主编:《重读马克思——历史考证版之后的新视野》,徐素华译,北京:东方出版社 2010 年版,第 62—63 页。

③ 由于此后 MEGA 的出版机构从原来的狄茨出版社改为学园出版社(Akademie Verlag),因此,1990 年之后的 $MEGA^2$ 也被称为学园版 MEGA。参见夏凡:《学园版 MEGA 与西方马克思学的渗透》,载《南京社会科学》2007 年第 10 期。

第二、三卷的原始手稿部分基本上都是 1990 年之后出版的。① 当代西方学者在《资本论》第二、三卷问题上所制造出来的对立论，都是以学园版 MEGA 为文献依据的。因此，要真正回应当代西方学者对恩格斯的指责，首先要批判性地反思学园版 MEGA 及其编辑原则。

与 1990 年之前的 MEGA 不同，学园版 MEGA 一开始就是以去意识形态化、去政治化为指导思想的，主张以价值中立的方式来重新编辑历史考证版全集。② 而他们对《资本论》第二、三卷的还原，本身就是在这种指导思想下完成的。单纯从文献考证的角度来看，这种编辑稿无疑具有重要的文献价值，能够为我们准确把握恩格斯的修改过程提供重要的文本依据，但我们决不能以此为由，将这种编辑原则当成我国马克思主义研究的方法论原则，否则的话，就走向了问题的反面。

首先，学园版 MEGA 带有鲜明的解构主义倾向，在某种程度上会消解马克思主义的合法性。马克思主义不仅是一种科学，而且也包含着非常明确的政治导向和实践旨趣，决不能将马克思主义文献还原为一种单纯的知识体系。因此，在编辑马克思主义文献时，必须正确处理好学术性与意识形态、理论与实践之间的辩证关系。如果说阿多拉斯基时期的 MEGA[1] 是一种以政治为主导的建构主义，那么，学园版 MECA 则是一种以价值中立为主导的解构主义：前者为了过分强调意识形态和政治性，在一定程度上削弱了学术性；而后者在去除意识形态化影响的同时，把马克思恩格斯文本的实践导向和价值旨趣也彻底消解了，将它们还原为类似于黑格尔或尼采著作集式的一种纯粹知识，这就把小孩和洗澡水一起泼掉了。譬如，在《德意志意识形态》和《资本论》的编辑问题上，学园版 MEGA 在解构主义的指导下，将《德意志意识形态》编辑成马克思、恩格斯、魏德迈、赫斯等人共同参与的一部论文集，将《资本论》

---

① 〔意〕理查德·贝洛菲尔等主编：《重读马克思——历史考证版之后的新视野》，徐素华译，北京：东方出版社 2010 年版，第 19 页。

② 参见拙文：《在学术性与意识形态之间——MEGA 对我国马克思主义研究的影响及其价值评估》，载《江海学刊》2012 年第 3 期。

第二、三卷编辑成完全散漫的独立手稿片段，这不仅彻底解构了这两部著作的合法性，而且也从根基上取消了马克思主义的合法性，这不仅是错误的，而且也是我们必须要坚决抵制的。

其次，学园版MEGA的"一视同仁"原则，过分夸大了非定稿文本的历史价值，容易导致"马克思反对马克思"或"恩格斯反对马克思"的神话。马克思恩格斯一生为我们留下了卷帙浩繁的巨量文献，张一兵教授将其划分为三类，"一是读书摘录笔记与记事笔记；二是未完成的手稿和书信；三是已经完成的论著和公开发表的文献。"① 在马克思主义发展史上，人们通常认为，第三类文本价值最高，第二类次之，第三类较次之，这也是MEGA¹不主张收录第一类文本的重要原因。这种编辑思路忽视了第一类文本的价值，无法为我们准确揭示马克思恩格斯思想的萌芽、形成和发展过程，提供最初的文献支撑。然而，与此不同，学园版MEGA又走向了相反的路径，它完全摒弃了最终定稿原则，平等地看待各类文本的价值，把非成熟的摘录、笔记或手稿从思想史的脉络中剥离出来，将其视为具有终极意义的文本形态，进而为当代西方学者重新制造"马克思反对马克思"或"恩格斯反对马克思"的神话，提供了文献依据。文献考证只是一种工具，如果抛开思想史，一味地强调文献考证，那就是典型的文献拜物教。当代西方学者之所以会制造出恩格斯的编辑稿与《资本论》的原始手稿之间的对立，本身就是抛开马克思主义思想发展史，单纯基于文献考证和外在的分析方法，炮制出来的错误结果。对当代中国学者而言，我们既不能依据公开出版的文献，故意矮化未出版手稿的文献价值，也不能依据未出版手稿中的思想，有意贬低公开出版的著作，更不能将二者简单地对立起来。相反，我们应当秉持历史唯物主义方法论，基于马克思主义思想发展史，客观公正地看待非定稿与最终定稿之间的思想关系，任何同质化的线性思维固然有错，但无原则地鼓吹"断裂论"或"对立论"也断不可行。

---

① 张一兵：《回到马克思》，南京：江苏人民出版社1999年版，第13页。

最后，学园版 MEGA 在逻辑上是一种典型的"客观马克思"崇拜。学园版 MEGA 的编者认为，过去的 MEGA 项目都是在政党和国家的支持下启动的，带有鲜明的意识形态导向，以这种方针为指导，编辑出来的马克思恩格斯著作不可避免地受到了政党意识形态的影响，或者说是根据政治需要建构出来的。为了反对这种编辑方针，学园版 MEGA 主张去除意识形态的影响，以价值中立为指导原则，力图原生态地再现马克思恩格斯的笔记、手稿和定稿过程。必须承认，这种编辑在一定程度上为我们进一步深化对马克思恩格斯思想的形成和发展过程研究，提供了更为精细的文本依据；但必须看到，这一思路实际上隐含着一个重要的逻辑前提，即过去呈现出来的马克思形象完全是意识形态建构的结果，并不是马克思原生态的客观形象，而学园版 MEGA 所要做的就是去除一切意识形态的建构，还原一个他们自己所认为的客观的真实的马克思。在《资本论》的编辑上就是如此。在他们看来，《资本论》的最终定稿完全是在恩格斯的干预下完成的，只有去除恩格斯的主观干预，才能还原《资本论》第二、三卷的原始状态。那么，问题在于，经过他们编辑后的原始手稿就真的是原始状态吗？这种原始状态真的是马克思所希望的定稿形式吗？当代西方学者通过原始手稿与恩格斯编辑稿的比较分析所得出来的"对立论"，就真的具有合法性吗？在笔者看来，这本身就是一种脱离思想史的"原罪"推定。换言之，在他们看来，原始手稿才是马克思思想的真实状态，而恩格斯所作的任何修改或编辑都是有罪的。这种"客观马克思"的认知态度本身就是值得反思的。

通过上述梳理，我们可以得出如下结论：不能因为强调哲学的政治导向和党性原则，就对原始文本作随意的调整、修改和删减；同样，也决不能因为强调文本的原始状态和"本真性"，就有意无意地消解马克思主义的基本立场、观点和方法，更不能依据学园版 MEGA 的编辑原则，来彻底否定《德意志意识形态》和《资本论》的合法性，由此制造马克思恩格斯在整个《资本论》问题上的彻底对立。实际上，文献考证只是一个基础工作，或者说只是思想史研究的一种预备方法，即校勘文字、确定文本的创作编年等,进而为思想史研究提供有效支撑,但它本身并不能代替思想史研究;换言之,它既可以服务于马克思主义理论研究,也可以用来解构马克思主义。因此,在使用这一方法时,必须坚持马克思主义的意识形态导向,时刻警惕和反对以这种方法为支撑来解构马克思主义的各种错误倾向,决不能将其视为我国马克思主义理论研究的主导方法,更不能将其遵奉为我国马克思主义研究的范本,否则的话,必将会对我国马克思主义研究产生巨大冲击。

三、如何看待恩格斯的编辑和修改

关于《资本论》第二卷和第三卷的编辑原则及过程,恩格斯在每卷的序言①中都作了详细说明。问题在于,我们应当以何种态度看待这些编辑或修改过程?

首先,必须从马克思主义的政治高度来看待恩格斯的编辑工作。作为"工人阶级的圣经",《资本论》一开始就不是一部纯学术著作,它包含着鲜明的政治导向和实践旨趣,即为工人阶级斗争提供科学依据。令人遗憾的是,马克思生前只完成了《资本论》第一卷,并没有完成《资本论》第二、三卷的撰写和出版工作。作为马克思生前最亲密的革命战友,恩格斯依据马克思留下来的大量手稿,整理、编辑出版了《资本论》第二、三卷,将《资本论》作为一个有机整体完整地再现了出来,完成了战友的生前遗愿,为工人阶级斗争提供了最为直接的理论依据。从这个角度而言,恩格斯的编辑工作本身就是马克思主义的传播和发展以及国际共产主义运动不可分割的重要组成部分。因此,决不能抛开国际工人运动实践、马克思主义传播发展史以及马克思恩格斯的政治旨趣,单纯从纯文本或文献考证的角度来看待恩格斯的编辑工作。如马西

---

① 参见《马克思恩格斯全集》第45卷,北京:人民出版社2003年版,第3—4页;《马克思恩格斯全集》第46卷,北京:人民出版社2003年版,第7—11页。

米利亚诺·托姆巴所说:"马克思恩格斯著作历史考证版(MEGA²)使以新的哲学方法来重新解读马克思成为可能。然而,如果它们没有给我们留出一个解释和运用马克思的新开始的余地,这些著作并不真正意味着更多的东西。人们解读马克思不可能没有马克思主义及其解释的积淀。甚至哲学都不是中立的。作为'纯'文本的马克思文本,去除其政治背景,不存在任何更多的东西。事实上它们并不曾这样存在过。从根本上说,我们在这里面对着两位作者一个唯一的考证版的事实就是一个明证……这些文本包括一个固有的政治维度。他们不可能在政治上与工人运动相分离的事实是学术界难以接受他们的原因。没有解释性的积淀及其在阶级斗争中的政治作用,马克思的文本就不存在。那种将它置于哲学的玻璃柜、恢复其经济学和社会科学的客观性的当代企图,本身就是阶级斗争的一部分;那种反对马克思分析中的政治内容的看法,目的是制造一个不要阶级斗争的、去政治化的马克思。"[①] 因此,那种力图通过马克思原稿与恩格斯编辑稿的对比分析,来解构《资本论》的做法,本身就抹杀了这种编辑背后的政治导向,妄图将恩格斯的工作从工人运动实践和马克思主义发展史的谱系中分离出来,将其还原为一种单纯的文字工作,这本身就是一种历史虚无主义和政治解构主义,必须坚决抵制。

其次,必须具体地、历史地看待恩格斯的编辑工作。通过恩格斯的说明,可以看出,他的编辑和改动大致包括以下几种情况:(1)纯文字或文体上的修改,以符合出版和阅读规范。(2)在不改变马克思原意的情况下,根据上下文需要,加入一些解释性的话或过渡句。(3)手稿和材料的取舍、压缩与重组。根据内容需要,对部分手稿和材料进行加工取舍、压缩或重组,将其放入适当的章节之中,或符合上下文的逻辑需要。(4)计算公式的完善和修改,如剩余价值率和利润率关系的数学计

[①] 〔意〕马西米利亚诺·托姆巴:《从资本的历史到〈资本论〉中的历史》,见〔意〕理查德·贝洛菲尔等主编:《重读马克思——历史考证版之后的新视野》,徐素华译,北京:东方出版社2010年版,第254—255页。

算、利润率的计算公式等。①（5）内容上的改动、续写和增补，并标注出自己的姓名缩写。（6）在整体上，把分散的手稿整理成内在连贯的、尽可能完整的著作，如此等等。其中，前两类修改并没有引起太多争议，主要是后几类编辑和修改，成为当代西方学者重新制造马克思恩格斯对立论的主要口实。客观地说，这种编辑和修改不可能没有恩格斯主观意图的介入，但就像恩格斯指出的那样，这种意图是"限制在最必要的范围内"；而那些超出编辑范围之外的修改和增补，恩格斯都标注了自己的名字，目的也是为了让人们更好地理解马克思的思想。作为无产阶级革命导师，马克思恩格斯有责任有义务为工人阶级斗争提供成熟的、科学的理论指南。这种政治使命感决定了他们不可能也不会将那些不成熟的、未定型的手稿直接公布于众，否则，就会给工人运动及其革命纲领带来不必要的麻烦和混乱。从这个角度而言，恩格斯将手稿整理成内在连贯的、尽可能完整的著作，本身是符合马克思的遗愿的。还有一些学者断言说，马克思晚年打算以美国为典型，重新修正《资本论》第一卷的思想，或重写《资本论》第二、三卷的部分内容，并以此为由，批判恩格斯对《资本论》的编辑未能有效反映马克思的思想进展。这一说法看似合理，实则不然。马克思晚年的确有此意向，甚至我们也相信，通过对美国资本主义的研究，马克思可能会提出一些新想法新观点，但这一切终究是假设，马克思生前毕竟没有完成这一工作，因此，我们决不能以此为由来指责恩格斯的编辑工作。作为马克思遗愿的执行人，恩格斯的主要任务是把马克思在当时情况下所形成的历史的、具体的思想完整地、真实地再现出来，而不是把那些马克思想写却没有完成的思想"撰写"出来，那样的话，《资本论》就真的不是马克思的著作了。针对这一点，恩格斯在关于第五篇的编辑说明中已经解释得非常清楚了："起初我曾试图像对第一篇在某种程度上已经做过的那样来编辑这一篇，即把空白补足，对只有提示性的片断进行加工，使这一篇至少

---

① 《马克思恩格斯全集》第46卷，北京：人民出版社2003年版，第8页。

接近于作者原来打算写成的那个样子。我至少这样试了三次，但每一次都失败了……最后，我看到这条路是走不通的。要是这样做，我就得涉猎这方面的全部浩瀚的文献，而最后搞成的东西，就不会是马克思的著作了。"① 从一系列分散的手稿到一部有机联系的完整著作，这种编辑过程无疑倾注了恩格斯的大量心血。作为马克思主义的共同创始人，恩格斯不可能像 MEGA² 那样原封不动地把马克思的原始手稿再现出来，这既不符合马克思的本意，也不符合马克思主义和工人运动的实践需要；同时，他更不可能以当事人的口吻续写《资本论》，而是尽可能在尊重马克思原意的前提下，对原始手稿进行适当的编辑和整理，使之成为内在一贯的完整著作。这种编辑和修订，不论在当时还是现在看来，都是必要的、必须的。今天，MEGA² 却反其道行之，主张去除恩格斯的编辑，以手稿的原始面貌刊载《资本论》手稿，这在文献上是合理的，但在政治上却是反动的。我们必须具体地、历史地看待恩格斯的编辑和修改工作，决不能因为恩格斯作了一些改动或增补，就否认恩格斯的历史贡献；更不能基于单纯的文本考证，就故意制造马克思恩格斯对立论，彻底否定《资本论》的合法性。这些都是错误的。

最后，必须科学地、准确地看待马克思恩格斯之间的思想差异。作为两个不同主体，马克思恩格斯的思想不可能完全一致，更不可能完全一样，即使是同一个人在不同时期思想都会发生变化，何况是两个不同的人。因此，在编辑《资本论》的过程中，恩格斯对相关问题的理解略不同于马克思，也纯属正常，关键是我们如何看待这些差异。在这里，我认为，必须区分以下几种情况：（1）客观存在的思想差异。在笔者看来，马克思恩格斯关于《资本论》第一卷"商品"章的理解确实略有差异：恩格斯的确将其理解为"简单商品生产"，而马克思则更多地将其理解为"资本主义商品生产"；再譬如，两人在自由王国和必然王国的划分标准上也确实存在差异。这些都是可以通过对两人的文本分析得出

---

① 《马克思恩格斯全集》第 46 卷，北京：人民出版社 2003 年版，第 9 页。

来的客观结论。(2) 为了完善马克思的理论,恩格斯所做的一些必要性修改,最为典型的就是危机、金融资本、信用和利润率部分。譬如,关于利润率公式问题,恩格斯说:"第三章的利润率公式实际上需要作一些修改才能普遍适用。"① 再譬如,关于危机、金融资本、信用等部分的编辑,恩格斯说:"真正的困难是从第三十章开始。从这章起,不仅要整理引证的材料,而且要整理思路,因为思路不时为插入的句子、离题的论述等所打断,然后再在别处展开,而且往往是完全附带地展开的。因此,第三十章是经过挪动和删节编成的……手稿中接着是题为《混乱》的一长篇东西,都是议会关于1848年和1857年危机的报告的摘录……我经过多次尝试以后,相信要整理好这一章是不可能的"②。一些当代西方学者正是基于恩格斯的修改,制造出所谓开放性与封闭性、多元性与单一性之对立或差异。不过,据恩格斯的论述可知,马克思原稿本身就比较混乱,这种修改是出于对文本的完善,编辑后的定稿也只是一种修改方案,恩格斯自己也不是特别满意。如果以此为由来制造马克思恩格斯之间的新对立,就有点言过其实了。(3) 当代西方学者故意制造或夸大出来的差异或对立,如"价值"问题上的对立、《资本论》第一卷与恩格斯编辑的第三卷之间的对立、政治经济学批判方法上的对立等。这些对立或差异实际上都是当代西方学者在曲解恩格斯本意的基础上制造出来的,其中包含着明显的理论错误或潜在的政治图谋。对于这类对立,我们必须要严格基于文本分析,给予彻底批判,坚定捍卫马克思恩格斯在政治经济学批判原则和方法论上的内在一致性。

总之,一方面,我们既要反对那种打着学术研究或文献考证的旗号,故意制造马克思恩格斯对立论的错误倾向,也要反对那种否认他们之间存在任何差异的"同一人格论"。另一方面,我们必须坚持实事求是的原则,客观公正地看待马克思恩格斯之间的思想差异。作为两个不

---

① 《马克思恩格斯全集》第46卷,北京:人民出版社2003年版,第8页。
② 《马克思恩格斯全集》第46卷,北京:人民出版社2003年版,第9—10页。

同主体，马克思恩格斯的思想不可能没有任何差异，在某些具体问题上，这种差异是客观存在的；但必须看到，这种差异只是一种局部或具体观点的差异，而不是整个政治经济学批判原则的对立，决不能因为存在具体差异，就否认他们在《资本论》问题上的内在一致性，更不能将这种差异夸大为批判原则和根本方法上的对立，否则，就完全本末倒置了。

（作者孙乐强系南京大学哲学系副教授；主要研究方向：马克思主义哲学史和国外马克思主义。）

回到《资本论》与发展《资本论》

马丽娟

[摘 要] MEGA² 整理并出版了与《资本论》相关的文献，包括《资本论》的四大经济学手稿、《资本论》1—3卷以及《资本论》的书信集与笔记三个部分。这些文献的整理出版为《资本论》的文献学研究以及回到《资本论》奠定了坚实的基础。《资本论》的文本研究则可以概括为三种范式：经济学范式研究、哲学范式研究与历史科学范式研究。经济学范式研究的主流是西方经济学家，哲学范式研究旨在超越经济学的解读思路，并且为发展《资本论》作出了重要贡献，而历史科学范式研究的重大意义在于不仅可以发展《资本论》，而且为解决实证科学的危机指明出路。

[关键词] 文献学 文本学 经济学范式 哲学范式 历史科学范式

一、《资本论》的文献学研究

2012年9月，《马克思恩格斯全集》"历史考证版"（MARX/ENGELS GESAMT AUSGABE，以下简称 MEGA²）的第二部分《资本论》及其手稿

---

* 基金项目：国家社科基金青年项目"《资本论》的历史科学视阈研究"阶段性成果。

三 学术视点

全部出齐，这部分文本的出版为《资本论》的文献学研究提供了重要的文本依据。

MEGA² 以翔实的文献表明《资本论》不是一部已经完成的著作，而是一系列庞大的手稿群。这个庞大的手稿群可以概括为五个部分：第一部分，MEGA²（1—4 卷）主要包括《资本论》的四大手稿即"1857—1858 年经济学手稿""1858—1861 年经济学手稿""1861—1863 年经济学手稿""1863—1867 年经济学手稿"。第二部分，《资本论》第一卷的六个版本，分别为：德文第一版，现刊于 MEGA² 第 5 卷；德文第二版，现刊于 MEGA² 第 6 卷；法文版，现刊于 MEGA² 第 7 卷；德文第三版，现刊于 MEGA² 第 8 卷；英文版，现刊于 MEGA² 第 9 卷；德文第四版，现刊于 MEGA² 第 10 卷。第三部分，《资本论》第二卷的三个版本，即马克思手稿，共两册，刊于 MEGA² 第 11 卷；恩格斯整理稿，刊于 MEGA² 第 12 卷；以及恩格斯出版稿，刊于 MEGA² 第 13 卷。第四部分为《资本论》第三卷的 3 个文本，即马克思手稿，恩格斯整理稿以及恩格斯出版稿，现分别刊于 MEGA² 第 14 卷和第 15 卷。第五部分为《资本论》的书信集与《资本论》的笔记。《资本论》书信集现已出版在 MEGA² 第 1—11 卷；马克思从 1843 年开始研究政治经济学，《资本论》是马克思进行政治经济学批判的结晶，因此《资本论》笔记应包含"巴黎笔记""布鲁塞尔笔记""曼彻斯特笔记""伦敦笔记"，这四个时期的笔记现分别刊于 MEGA² 第 3 卷、第 4 卷、第 7—9 卷。

以上是《资本论》以及《资本论》的手稿笔记在 MEGA² 的分布情况，这些文献的重新整理与出版为还原马克思创作《资本论》的思路进程、《资本论》诞生的来龙去脉、《资本论》内容与结构的调整以及最终确定提供了重要的依据，使《资本论》的研究者可以回到《资本论》，得见《资本论》的本来面目。然而回到《资本论》只是第一步，重要的是以回到《资本论》为出发点，研究《资本论》，掌握马克思在《资本论》中所创立的方法论与新科学，来回答与解决当代人类社会所面临的重大问题,而这一步依赖于对《资本论》的文本解读,依赖于发展《资本论》。

二、《资本论》的文本学研究

《资本论》第一卷德文第一版发表于1863年,迄今已经156年。这期间学者们对于《资本论》的研究犹如汗牛充栋,研究成果非常丰富。对这些研究成果加以概括,可以将《资本论》的文本研究分为三种范式:第一,《资本论》是马克思的政治经济学,即将《资本论》作为经济学著作来研究;第二,《资本论》是马克思的哲学著作,《资本论》的创作既以马克思所创立的哲学为基础,又发展了马克思哲学;第三,《资本论》是马克思所创立的新科学——历史科学的示范。

(一)《资本论》的经济学范式研究

《资本论》自诞生之日起,就命运坎坷,几经沉浮。西方经济学家对《资本论》的态度既有攻讦又有推崇,态度的转变则是由西方主要资本主义国家的经济发展状况决定的。根据西方主要资本主义国家的经济发展状况与西方经济学家对《资本论》的态度,可以将其对《资本论》的经济学范式研究分为以下几个阶段:

第一个阶段:19世纪60年代—20世纪60年代

1863年《资本论》第一卷问世。《资本论》问世之初,西方经济学企图用沉默的方式将《资本论》扼杀在摇篮中,后来由于恩格斯和李卜克内西等人粉碎了这一阴谋,《资本论》才得以广泛传播,此后经济学家转而对《资本论》发动猛烈攻击,《资本论》发表之初所处境况在马克思当时的叙述中便可看到。

19世纪末期,经过恩格斯的努力先后出版《资本论》的第二、三卷,《资本论》被译为英文版和法文版,并且德文版多次再版,《资本论》在欧洲广泛传播,学术界对于《资本论》的态度也有所转变。1897

年出版的《钱伯斯传记辞典》中称："《资本论》这本书对十九世纪的思想产生了巨大影响，除了《圣经》和《罗马法学全书》外，没有其他著作引起这样多的评论者。"①

到了20世纪60年代，各主要资本主义国家面临滞胀与凯恩斯主义失效的局面，西方经济学家开始注意马克思的《资本论》，这一时期的经济学家如萨缪尔森与熊彼特等人对马克思持批判态度，称马克思主义是"宗教"或者"鸦片"，但又不得不重视马克思的《资本论》学说的借鉴意义。1962年塞利格曼在《现代经济学主要流派》一书中称："《资本论》是一个丰富的矿藏"，"为后人解释资本主义提供了种种启发。"② 1965年12月24日美国时代周刊将凯恩斯作为封面人物，并称凯恩斯、马克思与亚当·斯密为史上最伟大的经济学家。1986年布劳格在《凯恩斯以前100位杰出经济学家》一书中称："现在正普遍认为马克思不仅是一位经济学家，他还是一位把经济学、社会学、政治学、历史学甚至人类学有机结合起来的社会科学家。"③

第二阶段：20世纪末期—2008年金融危机

20世纪80年代末到90年代初，社会主义建设受到重大挫折，随着苏东剧变与东欧解体，撒切尔就曾刻板地否认社会形态选择的可能性而赢得TINA的绰号——一种英文"别无选择"（There Is No Alternative）的缩写。许多西方学者认为马克思主义已经过时与《资本论》应该被扔进故纸堆的论调甚嚣尘上。例如，福山也在他的《历史的终结与最后的人》中称共产主义学说已经破产，社会主义建设的努力已经失败，自由民主制是最后的历史形态。斯考森也认为"随着苏联和中央计划的社

---

① 转引自钟少华编：《词语的知惠 清末百科辞书条目选》，贵州：贵州教育出版社2000年版，第200页。

② 〔美〕本·塞利格曼：《现代经济学主要流派》，贾拥民译，北京：华夏出版社2010年版，第60页。

③ 〔英〕马克·布劳格：《凯恩斯以前100位杰出的经济学家》，成都：西南财经大学出版社1992年版，第140页。

主义范式的解体,马克思主义的魅力也消失了,至少在经济学界是如此"①。但也有学者提出不同论调,例如多德认为,只有"那些几乎没有读过马克思的人,才会制造或相信这种误解"②。亨特表示:"只要资本主义继续像马克思描述的那样运行,马克思的思想毫无疑问将战胜这种或那种在未来贬损其影响的企图。"③

第三阶段:2008年金融危机至今

2008年爆发了席卷全世界的金融危机,有些国家至今仍未走出经济危机的消极影响,心有余悸的人们开始重视并阅读《资本论》,《资本论》一时之间成为畅销书。其时身处金融危机旋涡的德国财政部长施泰因布吕克就曾带领30位企业总裁购买《资本论》,法国总统萨科齐的案头也摆上了《资本论》。英国媒体甚至说如果马克思还在世的话,《资本论》的巨额版税会让他进入福布斯排行榜。

综上所述,西方经济学家对《资本论》的批判与诋毁有之,推崇亦有之,然而无论如何都有一个共同点,他们都是作为经济学家阅读《资本论》,并拿经济学外在的与《资本论》进行对比,以便弥补自身的不足从而能够更好地为资本主义的病症开出药方。

(二)《资本论》的哲学范式研究

上述对于《资本论》的经济学范式解读的主流乃是西方经济学家,他们将马克思作为一个与亚当·斯密与大卫·李嘉图一样的古典经济学家,认为《资本论》只是对斯密与李嘉图经济学的继承与发展,这种解读范式彻底遮蔽了马克思所发动的经济学革命与政治经济学批判的意

---

① 马克·斯考森:《现代经济学的历程——大思想家的生平和思想》,马春文译,长春:长春出版社2006年版,第160页。
② 道格拉斯·多德:《资本主义经济学批评史》,熊婴、陶李译,南京:凤凰出版传媒集团、江苏人民出版社2008年版,第21—22页。
③ E.K.亨特:《经济思想史———一种批判性的视角》,颜鹏飞译,上海:上海财经大学出版社2007年版,第204—205页。

义。因此，国内外的《资本论》研究者都提出了超越经济学解读范式的任务，而对《资本论》的经济学解读范式的超越则依赖于对于《资本论》的哲学范式解读。

若要表明《资本论》的性质不是经济学而是哲学需要从两个方面对《资本论》进行研究：一方面，探讨《资本论》的哲学基础；另一方面，探讨《资本论》的研究对象与研究方法。

1. 国内研究现状综述

（1）关于《资本论》的哲学基础的研究

国内关于《资本论》的哲学基础的研究可以分为两方面的内容：一方面是对于《资本论》之存在论基础的研究；另一类是对于《资本论》与马克思哲学之间关系的研究：

关于《资本论》之存在论基础的研究国内学术界大概有两种观点：

第一种观点认为：《资本论》的存在论基础是现实的社会以及社会生产关系。持这种观点的人认为现实社会本体论与生产关系本体论突破了旧的形而上学并且构成了马克思对政治经济学有原则高度的批判。例如，俞吾金提出"马克思的哲学就是历史唯物主义，而历史唯物主义的实质则是实践——社会生产关系本体论"。[1] 王德峰在其《资本批判的原则高度》一文中提出马克思对社会生活条件之真相的揭示即积累起来的死劳动对活劳动的统治关系构成了马克思对政治经济学以及资本之有原则高度的批判，因此可以说物质生活领域的社会生活条件是马克思批判资本的存在论基础。[2] 孙正聿认为《资本论》本身就是一部关于"现实历史的存在论"，[3] 而且是历史唯物主义的存在论。王庆丰认为《资本论》对政治经济学的超越乃是"哲学或存在论超越"，而"哲学或存在论"指的是以现实个人为出发点，以现实个人的生产关系为基础的历史

---

[1] 参看俞吾金：《马克思对物质本体论的扬弃》，载《哲学研究》2008年第3期。
[2] 参看王德峰：《资本批判的原则高度》，载《江苏社会科学》2005年第11期。
[3] 参看孙正聿：《"现实的历史"：〈资本论〉的存在论》，载《中国社会科学》2010年第3期。

唯物主义。① 旷三平则提出马克思建立的是取代"理性存在论"的"社会存在论"。他指出唯物辩证法、唯物史观的方法与"实践的唯物主义"乃是马克思的三大批判武器。这是这三大批判武器的融合构成了一种全新的革命性的思维方式,这种思维方式超越了传统的理论范式,彻底炸毁了"理性存在论"的思维方式,并在哲学史上树立起"社会存在论"的丰碑。②

第二种观点认为:《资本论》的存在论基础乃是"感性活动"与"感性世界"。刘贵祥在他的《马克思的感性活动论研究——一个生存现象学视角的探索》一书中,提出"感性活动"乃是马克思哲学革命的存在论基础,作为这场革命之结果的"历史科学"乃是一种人学现象学或历史现象学。作者认为这种生存现象学可以破除马克思哲学研究中的三种对立并揭示马克思哲学指向"事情本身"之本质。三种对立乃是"(1)马克思哲学是唯物主义还是唯心主义的对立;(2)马克思哲学是人道主义还是实证主义的对立;(3)马克思哲学是科学还是哲学的对立。"③ 郗戈在其《感性世界的重构与〈资本论〉的世界观》一文中指出,马克思通过对"感性确定性"的批判,确立了以"感性活动"与"实践"为内容的"感性世界"观,并且在《资本论》中深化为社会存在论。李龚君提出:"马克思哲学的存在论是感性活动存在论,并且提出感性活动是人的社会存在的自身生产,人不但生产自己存在的物质条件,也生产人的社会关系、人的对象性生活。"④

综上所述,国内学者对于《资本论》之存在论基础的研究主要有两种观点即现实社会与生产关系存在论的观点与感性存在论的观点。然而

---

① 参看王庆丰:《〈资本论〉与哲学的未来》,载《学习与探索》2013年第1期。
② 参看旷三平:《马克思"社会存在论"及其当代价值》,南昌:江西人民出版社2007年版。
③ 刘贵祥:《马克思的感性活动论研究——一个生存现象学视角的探索》,北京:中国社会科学出版社2016年版,第1页。
④ 李龚君:《马克思的感性活动存在论——一个从"存在论差异"展开的比较研究》,天津:天津人民出版社2005年版,第2页。

需要特别指出的是现实社会与生产关系存在论同感性存在论之间的关系并不是泾渭分明或者是对立的,而是相互交融的。例如,王德峰提出的以物质生产领域为基础的社会生活条件之本质特征乃是感性的,因此可以说马克思的感性存在论基础奠定了马克思对资本批判的原则高度;又如,郗戈提出马克思的感性活动与实践的"感性世界观"在《资本论》中深化为社会存在论。

关于《资本论》与马克思哲学之间关系的研究,国内学术界的观点大概可以分为两种:

一种观点认为不是《资本论》运用了马克思的哲学,而是《资本论》构成了马克思的哲学。孙正聿认为《资本论》与马克思哲学之间的关系不是体现为《资本论》运用了马克思的哲学,而是《资本论》构成了马克思的哲学,孙正聿认为应该从《资本论》与马克思哲学的"互释"来理解《资本论》与马克思的哲学。王庆丰也持相同的观点,他指出《资本论》实现了"哲学批判与经济学批判的统一",并且认为《资本论》的存在论确定为对"现实的描述"。[1] 卜祥记在他的《〈资本论〉哲学思想的当代阐释》一书中将《资本论》视作唯物史观的哲学巨著。在他的另一篇文章《〈资本论〉的唯物史观性质及其理论精粹》中提出,应从唯物史观形成的内在过程考察《资本论》与唯物史观的关系,并且指出:"《资本论》是唯物史观建构历程中的必然环节,同时,《资本论》也是浓缩版的唯物史观。"[2] 仰海峰在《政治经济学批判中的历史唯物主义》《历史唯物主义的双重逻辑的当代境遇》《历史唯物主义的双重逻辑》等文章中提出历史唯物主义具有双重视野,例如仰海峰提出:"马克思的历史唯物主义具有双重视野:一是以适用于所有社会的物质生产为基础的历史唯物主义视野,物质生活资料的生产和再生产构成了

---

[1] 参看王庆丰:《〈资本论〉与马克思的"新哲学"——从孙正聿对〈资本论〉思想史意义的解读说起》,载《学习与探索》2016 年第 1 期。

[2] 卜祥记:《〈资本论〉的唯物史观性质及其理论精粹》,载《江苏师范大学学报(哲学社会科学版)》2016 年第 3 期。

这种历史唯物主义的前提。二是以历史性为理论规定的历史唯物主义深层视野。"① 从作者的文章中可以得到合理的推论，即作者认为马克思政治经济学批判的哲学基础是"以历史性为理论的规定的历史唯物主义的深层视野"。②

另一种观点认为马克思的哲学是《资本论》的哲学基础，同时《资本论》学说继承并发展了马克思的哲学。例如孙承叔在他的《〈资本论〉哲学思想与马克思的现代史观》一文中提出《资本论》的哲学基础是"现代史观"而非"抽象的人类史观"，"现代史观"是真正理解历史唯物主义的关键点。③ 张一兵对《资本论》学说的研究主要集中在其著作《回到马克思》中。《回到马克思》一书的研究视角是从马克思经济学研究的深层语境中去重新探索他的哲学话语的转换，他的思路是经济学研究与哲学研究相结合的思路。张雄主张从经济哲学的视角研究马克思的著作，并且运用马克思哲学中的历史哲学维度，深刻揭示当前人类生活的货币幻象和财富幻象。这种观点从他的著作与文章可以看出来，例如《经济哲学：从历史哲学向经济哲学的跨越》《财富幻象：金融危机的精神现象学解读》《货币幻想：马克思历史哲学解读》《货币化生存世界的哲学批判》《经济学的哲学传统》。

综上所述，国内学术界对于马克思的哲学达成了基本的共识，即马克思的哲学指的是历史唯物主义，俞吾金就曾明确地提出，历史唯物主义就是马克思哲学的全部。除了将历史唯物主义作为《资本论》的哲学前提，或是将《资本论》作为构成历史唯物主义的主要环节，国内学术界还有另外一种具有代表性的观点，即将《资本论》的性质确立为"历史科学"，而历史唯物主义构成了历史科学的方法论原则。例如，吴晓

---

① 仰海峰：《政治经济学批判中的历史唯物主义》，载《中国社会科学》2010年第1期。
② 参看仰海峰：《政治经济学批判中的历史唯物主义》，载《中国社会科学》2010年第1期。
③ 参看孙承叔：《〈资本论〉哲学思想与马克思的现代史观》，载《学习与探索》2013年第1期。

明在他的《作为历史科学方法论的历史唯物主义》一文中提出历史事变与社会现实的质的差别,历史科学的真正任务是切中并把握社会现实,历史唯物主义是这种新型的历史科学之方法论,其根本要义在于把握社会现实的基础上描述现实的人的历史运动,从而理解历史事变与历史现象。①

(2) 关于《资本论》之研究对象与研究方法的研究

马克思曾明确地指出《资本论》的研究对象是资本主义生产关系本身,所以对于《资本论》的研究对象学界并没有太多的分歧与争论。然而《资本论》的哲学基础与研究方法共同决定了《资本论》的研究对象的性质。因此,对于《资本论》的哲学基础与研究方法的研究本身就是对《资本论》之研究对象的性质的澄清。上文已经综述了国内学界对于《资本论》与马克思哲学之间关系的研究,下面综述的是国内学界对于《资本论》的研究方法的研究。关于《资本论》的方法主要有以下几种观点:

第一种观点:唯物辩证法乃是《资本论》的方法。如郭大力的《关于马克思的〈资本论〉》一书,作者认为《资本论》的方法是唯物辩证法;王亚南的《〈资本论〉的方法》《体现在〈资本论〉中的辩证法》等都持相同的观点。

第二种观点:《资本论》的方法是矛盾分析法。如王学文的《关于政治经济学方法论的几个问题》、王亚南的《我们应当怎样研究〈资本论〉》《体现在〈资本论〉中的辩证法》、刘景泉的《也谈关于〈资本论〉的方法》等认为《资本论》的方法是矛盾分析法。

第三种观点:《资本论》的方法是科学抽象法和从抽象上升到具体的方法。有些学者认为从具体到抽象的方法是分析的方法,从抽象到具体的方法是综合叙述的方法。例如,胡钧的《怎样理解从抽象到具体的

---

① 参看吴晓明:《作为历史科学方法论的历史唯物主义》,载《中国社会科学》2008年第1期。

方法》、郑杭生的《从抽象到具体的方法首先是建立科学体系的正确方法》、吴传启的《分析资本主义从商品开始的方法论意义》、关梦觉的《关于〈资本论〉的从抽象上升到具体的方法》等文章都持上述观点。

第四种观点：《资本论》的方法是逻辑顺序与历史顺序相一致的方法。例如，王学文的《谈谈〈资本论〉由抽象到具体的方法》、熊映梧的《经济学的对象和方法》等文章都持上述观点。但是学界也有与该观点相反的看法，即有人认为逻辑顺序与历史顺序不相一致，例如沈佩林就在《〈资本论〉中范畴的逻辑顺序和历史顺序问题》提出逻辑与历史的顺序不一致。

除了上述几种方法以外，国内学术界对《资本论》的方法形成一种共识，即《资本论》的方法是辩证法，这种共识来源于马克思本人的表述。但是对于辩证法的本质有几种不同的理解：

第一种观点：《资本论》中的辩证法是资本辩证法。例如王海峰在其《历史唯物主义和辩证法的统一——重估〈资本论〉的价值》一文中提出，《资本论》中马克思实现了从一般人类历史到现实历史的转向，资本辩证法"揭示了资本的内在矛盾、资本与生产的矛盾以及资本总积累的矛盾，进而使批判的革命的辩证法与历史唯物主义内在地统一起来"[①]。白刚在《从"概念辩证法"到"资本辩证法"——马克思对和黑格尔辩证法的扬弃》中指出马克思在《资本论》中用资本的辩证法扬弃了黑格尔的概念辩证法。王庆丰在其《辩证法的旨趣与使命》一文中提出，政治经济学是资本主义社会的意识形态，如果把《资本论》仅仅理解成对政治经济学的批判，那么《资本论》的批判对象就只是资本主义社会的意识形态，而不是资本主义社会本身。因此，《资本论》中的辩证法的旨趣既包括对政治经济学的批判，也包括对资本主义的政治经济的批判，也就是说辩证法是对资本主义社会现实的批判。

---

① 王海峰：《历史唯物主义和辩证法的统一——重估〈资本论〉的价值》，载《江海学刊》2011年第1期。

第二种观点：《资本论》中的辩证法是实践辩证法或感性劳动辩证法。例如，孙正聿在其《辩证法：黑格尔、马克思与后形而上学》一文中提出"马克思在对抽象理性和抽象存在的双重批判中，实现了辩证法对形而上学的'终结'，展开了辩证法'对现存的一切进行无情的批判'"，① 马克思的辩证法是实践的辩证法。俞吾金在他的《论马克思的"劳动辩证法"》一文中，将马克思的辩证法指认为关于人的生存实践活动的劳动辩证法，作者提出"劳动是最基本的生存实践活动，因而劳动辩证法构成马克思辩证法的基础性部分"②。俞吾金在他的另一篇文章《马克思对黑格尔方法论的改造及其启示》中提出，马克思用"实践"取代了黑格尔的"绝对精神"，使之成为辩证法的载体，因此，马克思的辩证法是"实践辩证法"与"感性劳动辩证法"以及"社会形态辩证法"。③

第三种观点：《资本论》中的辩证法是历史辩证法。例如，李西祥在他的《辩证法与马克思哲学的当代性》一文中指出，历史辩证法不是关于"历史的辩证法"，不是关于历史发展的必然规律，而是将现实社会看成一个辩证发展的过程。

第四种观点：《资本论》中的辩证法是感性辩证法。例如关春华的《个体感性力量和"类"力量相互否定过程之描述——感性辩证法的真实内涵探究》，作者指出："感性辩证法实际上是'作为感性存在物'诞生的内在机制。"④

第五种观点：《资本论》的方法是范畴批判与感性辩证法相结合的

---

① 孙正聿：《辩证法：黑格尔、马克思与后形而上学》，载《中国社会科学》2008年第5期。

② 俞吾金：《论马克思的"劳动辩证法"》，载《复旦学报（社会科学版）》2011年第7期。

③ 俞吾金：《马克思对黑格尔方法论的改造及其启示》，载《复旦学报（社会科学版）》2011年第1期。

④ 关春华：《个体感性力量和"类"力量相互否定过程之描述——感性辩证法的真实内涵探究》，载《宁夏社会科学》2011年第9期。

方法。例如王德峰在他的《马克思的历史批判方法》一文中,从"范畴批判是《资本论》获得其研究对象的方法""《资本论》描述感性实践对资本的建构""感性辩证法表明《资本论》方法的历史性原则"三个方面论述了《资本论》的方法是"历史批判方法"。该文指出,马克思的辩证法的核心是"人的感性存在之自我异化及其扬弃,故而是感性活动的辩证法",从而揭示了马克思将黑格尔的辩证法"颠倒"过来的含义。①

综上所述,国内学术界对于《资本论》与马克思哲学之间的关系以及《资本论》的研究方法大致可以分为两个阶段。

第一个阶段是经典教科书阶段,该阶段的研究者受到苏联经典教科书的影响,普遍认为《资本论》中的辩证法是唯物主义辩证法。而唯物主义辩证法是指扬弃了黑格尔辩证法的思辨唯心主义外衣,换上了物质本体论的外衣从而实现了对黑格尔辩证法的"颠倒"。而历史唯物主义就是辩证唯物主义在历史领域的运用,于是按照经典教科书的解释模式,历史唯物主义可以与辩证唯物主义的历史观画等号。我们不能用当前的研究现状来否定老一辈研究者在马克思主义哲学史上以及在对《资本论》的哲学基础与研究方法上作出的贡献,但也必须看到传统解释模式的局限性。首先尽管先前的研究者们从外部给物质加上运动与发展的特性,然而该"物质"并未突破抽象物质范畴。既然如此,物质本体论与辩证法的外部相加自然不能有效地颠倒黑格尔的辩证法,"拯救"一说更是奢谈。进一步讲,唯物辩证法在历史领域的运用也无法揭示现实历史的真相,而是重新返回了形而上学的窠臼。正是上述传统的理解招致了人们对于马克思哲学与辩证法的诘难以及对《资本论》的误解。

第二个阶段是后教科书阶段。该阶段国内学者对于《资本论》的研究是在前一阶段的研究已经取得的成果之基础上,以及前一阶段遗留的问题域为前提而继续研究的。后一阶段的研究扬弃了抽象的物质本体论

---

① 参看王德峰:《马克思的历史批判方法》,载《哲学研究》2013年第9期。

并代之以感性活动存在论或者实践活动存在论,于是唯物辩证法就变成了属人的感性活动或者实践活动创造属人的自然与人本身的辩证过程。历史就是人与属人的自然之诞生史,以感性活动或实践活动为存在论基础就破除了辩证唯物主义与历史唯物主义的分离,确立了马克思的哲学就是历史唯物主义,《资本论》中的辩证法就是关于感性活动或者实践活动的辩证法。于是历史唯物主义与实践活动的辩证法一起构成了《资本论》的哲学基础与方法论基础,从而使得对马克思对黑格尔辩证法的"颠倒"与"拯救"成为可能,并且使马克思对政治经济学以及资本主义社会本身的批判得以可能。这是现阶段国内学术界对于马克思哲学与《资本论》研究所取得的进展。

(三)《资本论》的历史科学范式研究

从上述内容可以看出《资本论》哲学范式的研究取得了丰硕的成果,但是却始终面对一种诘难,假如《资本论》是对马克思所作出的新哲学的继承,那么马克思的哲学"新"在何处?或者说马克思的新哲学是在何种意义上超越黑格尔哲学的?关于这个问题,马哲界有一个不争的答案,即马克思的哲学实现了对黑格尔唯心主义哲学的头足倒置,变唯心主义为唯物主义,变唯心主义辩证法为唯物主义辩证法,变历史唯心主义为历史唯物主义。但是这种"头足倒置"的解释并未真正解决上述诘难。例如,海德格尔就认为马克思与尼采只是将形而上学倒转过来,但依然在形而上学的藩篱之内,由是达到了极端的虚无主义状态。鲍德里亚也认为马克思的"生产方式"概念并未触及资本主义生产的存在论基础,所以马克思并未构成对资本主义的批判,而是依然在资本主义的"生产逻辑"中。

基于对上述诘难的思考,最近学界出现了一种新的《资本论》研究范式,即对《资本论》的历史科学范式研究。"历史科学"这一概念出现在《德意志意识形态》中,马克思早在《1844年经济学哲学手稿》中就已经预告了新科学类型的诞生。马克思指出:"说生活还有别的什么基础，科学还有别的什么基础——这根本就是谎言。"① 在《德意志意识形态》中马克思、恩格斯明确说出了这门科学的名字，他们说："我们仅仅知道一门唯一的科学，即历史科学。历史可以从两方面来考察，可以把它划分为自然史和人类史。但是这两方面是不可分割的；只要有人存在，自然史和人类史就彼此相互制约。"②

1965年，阿尔都塞在《读〈资本论〉》中提出历史科学就是历史唯物主义，《资本论》是马克思建构的真正的历史科学。国内学术界用历史科学范式解读《资本论》的时候大多延续阿尔都塞的这一解读。例如，王庆丰就曾提出："《资本论》，构成了真正的历史科学。它所追求的完全不是理解作为历史的结果的社会的产生机制，而是理解这种结果即现存的现实社会产生社会作用的机制。"③ 方瑞提出："马克思在构建历史科学的过程中，通过区分历史研究的两个不同领域，将历史科学限定在'可以用自然科学的精确性指明的变革'的生产的经济条件方面。依据这一限定，马克思一方面以'从具体到抽象'的研究方法作为其前提去充分占有材料，利用数学统计的方法分析和整理经济事实，以此来确立'自然科学的精确性'，另一方面，马克思通过对黑格尔概念辩证法界限的分析，在《资本论》中，以'由抽象到具体'的方法为我们辩证地叙述了'商品→货币→资本'的运动过程与价值转变为剩余价值的这一过程之间的内在关系。"④

上述解读方式对于澄清马克思所发动的科学革命具有重要的意义，上述研究可以表明马克思的哲学与黑格尔的哲学，《资本论》与政治经济学的本质差别。但是这种解读范式认为历史唯物主义就是历史科学。与此同时，学界普遍认为历史唯物主义就是马克思哲学革命的成果，即

---

① 《马克思恩格斯全集》第3卷，北京：人民出版社2002年版，第307页。
② 《马克思恩格斯选集》第1卷，北京：人民出版社1995年版，第66页。
③ 王庆丰：《〈资本论〉中的历史概念——阿尔都塞解读〈资本论〉的关键问题》，载《理论探讨》2017年第5期。
④ 方瑞：《〈资本论〉中的历史科学方法论建构》，载《浙江社会科学》2018年第12期。

便历史唯物主义不是马克思哲学的全部,也是马克思哲学的构成部分。如此这般,就容易使得马克思创建的新哲学与马克思创建的新科学混淆模糊起来。毫无疑问,马克思的新哲学和新科学间有非常密切的关系,但是二者绝不等同。因此笔者认为,对于《资本论》的历史科学范式研究的重要任务是阐明何为历史唯物主义,何为历史科学以及历史唯物主义与历史科学的关系。

综上所述,国内外学术界对于《资本论》的研究范式主要包括三种:经济学范式研究、哲学范式研究、历史科学范式研究。经济学范式研究的主流是西方经济学家,研究的目的是为了资本主义经济的顽疾找寻出路。《资本论》的哲学范式研究旨在超越《资本论》对于经济学范式的超越,或者说旨在表明马克思哲学革命与科学革命的成果。而历史科学解读范式旨在表明《资本论》是马克思作出的历史科学的范例。

胡塞尔在其晚年的布拉格演讲中对欧洲实证科学的危机提出了准确的诊断,胡塞尔指出欧洲科学危机的含义是:"它的真正科学的特征,它提出的任务和为此建立的方法论,竟成了问题。"正是欧洲科学之任务与研究方法出了问题,导致了欧洲科学更深层次的危机,即"科学的'危机'表现为科学丧失生活意义"。胡塞尔所说的"科学"指的是当今的实证科学。笔者认为马克思所建构的"历史科学"不失为一种实证科学危机的出路,因此《资本论》的历史科学范式研究是一项很有意义的研究。

(作者马丽娟系江苏师范大学马克思主义学院讲师,哲学博士。)

四

发展理论

21世纪马克思主义哲学发展路径的反思与前瞻

吴昕炜

[摘 要] 21世纪马克思主义哲学是马克思主义哲学在新的历史条件下的新发展。它一方面与未来相联系，代表了马克思主义哲学的前途和方向；另一方面与历史相联系，凝结了马克思主义哲学的历程和经验。探讨21世纪马克思主义哲学的发展路径，应在历史与现实、理论与实践以及东方与西方的激荡交织和碰撞融合中展开。发展21世纪马克思主义哲学的具体路径大致可以归纳为三方面：第一，以哲学史为根基，吸取20世纪马克思主义哲学的经验，积极探索马克思主义哲学的新内容和新形式，发展马克思主义文化哲学。第二，从当代问题出发，深刻反思现代化，深入解读文本，进一步探讨自然与人类社会的关系。第三，自觉加强中国哲学话语体系建设，继承和发扬中国马克思主义哲学的普遍性品格，努力构建新时代中国马克思主义哲学。

[关键词] 21世纪马克思主义哲学 文化哲学 政治哲学 新时代中国马克思主义哲学

习近平同志在党的十九大报告中指出，经过长期努力，中国特色社会主义进入了新时代。置身这一承前启后、继往开来的特殊历史节点，在当代中国马克思主义的理论与实践中认真思考21世纪马克思主义哲学的发展路径，无论对于我们更加深刻地认识和理解马克思主义发展史，还是对于我们更加深入地学习和研究马克思主义哲学、更加持久地推动和促进新时代马克思主义哲学健康向前，都是非常有意义的事情。探讨21世纪马克思主义哲学的发展路径，笔者认为应该以史为鉴，从历史与现实、理论与实践以及东方与西方的激荡交织和碰撞融合中，汲取丰富和发展21世纪马克思主义哲学的宝贵资源与经验，提出回应和解决今日社会和新时代重大问题的正确思路和方法，并积极探索面向世界和未来的中国马克思主义哲学发展壮大之路。

一、历史经验与21世纪马克思主义哲学发展路径

21世纪马克思主义哲学是马克思主义哲学在新的历史条件下的新发展，是一个承前启后、连接过去与未来的特定概念：一方面是与未来相联系，代表了马克思主义哲学的前途和方向；另一方面是与历史相联系，凝结了马克思主义哲学的历程和经验。21世纪马克思主义哲学不是凭空产生的，而是在此前的马克思主义哲学的基础上，特别是在20世纪马克思主义哲学的基础上发展起来的。因此，讨论21世纪马克思主义哲学发展路径，首先需要我们以哲学史为根基，回到20世纪马克思主义哲学发展的原初语境中，找寻开辟马克思主义哲学创新之路的宝贵历史经验。

第一，从20世纪马克思主义哲学与21世纪马克思主义哲学的区别出发，积极探索21世纪马克思主义哲学的新内容和新形式。21世纪马克思主义哲学与20世纪马克思主义哲学无疑是有着重大区别的。这一区别既可以从内容上进行分辨，也可以从形式上给予划分。首先，从内容上看，21世纪马克思主义哲学具有不同于20世纪马克思主义哲学的时代背景，因而在研究内容上应与后者呈现出不同的样貌特征。这就如同19世纪马克思主义哲学与20世纪马克思主义哲学的区别一样：19世纪马克思主义哲学面对的是自由资本主义时代，主要研究资本主义的发展规律，探讨科学社会主义的理论构建，强调经济基础对上层建筑的决

定作用；20世纪马克思主义哲学面对的是垄断资本主义时代，主要批判垄断资本主义的极权统治，关注科学社会主义的现实运动，研究上层建筑的能动性问题。其次，从形式上看，21世纪马克思主义哲学应具有与20世纪马克思主义哲学不同的哲学总观念。在这里，哲学总观念指的是哲学概念的表达，揭示的是"一个时代哲学的理性结构和理念"①。正是由于哲学总观念的差别，才有了20世纪马克思主义的哲学批判运动，才有了马克思主义哲学从19世纪到20世纪的历史性跨越。同样地，21世纪马克思主义哲学之所以与此前的马克思主义哲学不同，也在于哲学总观念的差别。要发展21世纪马克思主义哲学，就需要我们发掘这一哲学总观念，把那些被遮蔽在此前马克思主义哲学中最根本的核心揭示出来，并用这一核心说明它们是如何构建起新的哲学传统和哲学形态的。以往，我们在进行马克思主义哲学的断代研究中，比较注重从内容方面区分它与此前马克思主义哲学的差别，而对它们之间在形式上的差别关注不足。如前所述，在观察20世纪马克思主义哲学发展的时候，我们通常认为它与19世纪马克思主义哲学的差别就是产生的时代背景不同、研究内容的不同，而它们在马克思主义哲学的观念上、在坚持马克思主义哲学的原理上是一致的。实际上，观察和把握不同时代的马克思主义哲学，不仅要看它们在内容上的区别，更要看到形式上的区别，即，哲学总观念的区别。因为只有把握了哲学总观念，才能摆脱经验叙述的不足，从根本上把握这一时代马克思主义哲学的特点。21世纪马克思主义哲学的发展，不仅要在内容上根据新的时代变化有所推进，而且更要在形式上推动哲学总观念的更新。

更新21世纪马克思主义哲学的总观念，需要我们在马克思主义哲学传统和哲学形态的变革方面下功夫。20世纪以来，马克思主义哲学经历的传统和形态变革是十分深刻的。从西方的法兰克福学派、分析的马

---

① 何萍：《20世纪马克思主义哲学：东方与西方》，北京：人民出版社2012年版，第2页。

克思主义、实用主义的马克思主义,到中国的李大钊、陈独秀、李达和毛泽东等不同思想派别和思想家,都自觉把马克思主义哲学的理论创造建立在对哲学史的深度挖掘中。他们积极吸取现代哲学资源,不仅把马克思主义哲学放在近代哲学向现代哲学转变的大潮中加以认识,而且还结合本民族的文化传统创造出兼具时代特色和民族特色的马克思主义哲学新传统。在东方,苏联马克思主义者打通西方哲学史和俄国哲学史的研究,书写出马克思主义哲学史研究的崭新篇章;在西方,以葛兰西、卢卡奇和柯尔施为代表的西方马克思主义者扬弃第二国际马克思主义的哲学传统,并将其有机融入西方马克思主义哲学中,开启了与苏联马克思主义哲学并行发展的不同路向;在中国,以毛泽东为代表的中国马克思主义者把对马克思主义哲学的理解重心放在认识论和方法论上,形成了中国马克思主义哲学重视现实、重视实践的鲜明特征。20世纪马克思主义哲学传统和哲学形态的变革启示我们,推进21世纪马克思主义哲学的发展,应该进一步解放思想,探索新形势下的发展新思路。

第二,以20世纪马克思主义哲学的文化哲学研究转向为基础,积极发展21世纪马克思主义文化哲学。20世纪马克思主义哲学经历了一场全面而持久的文化哲学研究转向运动。在20世纪以前,马克思主义哲学对于文化哲学的研究还是零散而片面的。进入20世纪后,西方马克思主义者率先从本体论角度对文化哲学进行了深入探索,开展了独具特色的文化哲学理论研究和话语构建。在西方马克思主义哲学家们看来,马克思主义哲学应当建立以实践和文化批判为基础的本体论。他们把这种本体论的内在结构规定为大众文化和文化批判两个部分:大众文化与普通人自发的世界观相联系,文化批判与知识分子自觉的世界观相联系。文化批判的任务就是在现实的文化环境和实践中不断引导大众文化达到更高的水平。由此出发,他们积极拓展马克思主义哲学的研究内容,不仅研究马克思主义哲学的一般理论,而且研究马克思主义的政治哲学理论、大众文化批判理论和意识形态理论,试图通过探讨政治、文化和意识形态问题来反思资本主义文化工业,开展当代资本主义批判。

西方马克思主义哲学家们在文化哲学研究领域的探索取得了令人瞩目的成绩，发展出许多新思想和新理论，比如葛兰西的文化霸权理论、阿尔都塞的意识形态理论和法兰克福学派的批判的社会理论等。这些理论对于现代哲学的其他理论具有极强的渗透力，大大加深了马克思主义哲学在现代哲学领域中的影响力。除了对20世纪哲学具有渗透力和影响力以外，这些理论还起到了为20世纪和21世纪搭建思想桥梁的作用。自20世纪90年代以来，从西方到东方，哲学家们逐渐认识到，人类自己创造出来的文化逐渐走向了人类自身的对立面。尤其引人深思的是，随着资本主义的全球扩张，在工业社会基础上发展起来的文化已经成为束缚人类精神创造和自由的根源。在这种情境下，当代哲学要想切入现实并解决人类面临的一系列问题，就必须深入思考人与文化的关系。这样一来，马克思主义文化哲学就成为人们探索21世纪人类文明发展的必由之路。事实上，当代哲学家在反思消费问题、生态问题和政治问题时都把马克思主义的文化哲学理论作为重要的理论资源。这启示我们，发展21世纪马克思主义哲学，需要在马克思主义文化哲学的理论建构上努力创新。

二、当代问题与21世纪马克思主义哲学发展路径

正如马克思所说"任何真正的哲学都是自己时代的精神上的精华"[①]，21世纪马克思主义哲学要成为"真正的哲学"，就不能脱离我们所生活的时代，而应紧密联系当代问题，并对当代问题作出令人信服的理论回应。具体而言，21世纪马克思主义哲学应当在反思现代化、解读文本、进一步探讨自然与人类社会的关系等多个方面加强理论研究。

首先是大力开展对现代化的哲学反思。毋庸置疑，现代化是人类历史的一个进步。但是，我们在看到现代化的进步性的同时，更应对现代

---

① 《马克思恩格斯全集》第1卷，北京：人民出版社2002年版，第220页。

化的负面作用保持警惕。这个负面作用不仅体现在对民族国家的意识形态挑战上,而且还体现在哲学思维的观念固化上。作为西方资本主义世界寻求建立普遍价值理念的产物,现代化在哲学思维上代表了一种总体性观念。它将资本主义的经济、政治、社会和文化等因素裹挟在一起,强调这些因素之间具有不可分割的内在一致性,并且试图利用经济全球化运动,把西方资本主义模式确立为一统全球的国际新秩序。在当代世界和平发展的环境下,这种总体性观念对发展中国家具有极强的诱惑力。它吸引这些国家的理论家和政治家全盘接受西方的现代化理念,并依据这一理念在本国全面推进以西方资本主义为模板的现代化进程。在这些理论家和政治家看来,只要采取西方现代化的模板依葫芦画瓢,就能在本国迅速实现现代化。可惜的是,运用西方现代化理念,采取西方资本主义现代化模板,并没有给这些国家带来预想的高速发展和巨大成就。恰恰相反,这些国家在全盘接受西方现代化理念的过程中,丧失了自身经济、政治、社会和文化的独特个性,拉大了与西方发达国家的实力差距。可以说,这些国家是落入西方资本主义所设置的现代化陷阱中去了。这个现代化陷阱的要害,就是蕴含其中的总体性观念。对于西方资本主义国家来说,现代化的确是它们的崛起路径,这就像马克思、恩格斯在《共产党宣言》中所说:"资产阶级在它的不到一百年的阶级统治中所创造的生产力,比过去一切世代创造的全部生产力还要多、还要大。"① 但是,它绝不是包治百病的灵丹妙药。西方国家的理论家试图将现代化普遍化,为现代化冠以普遍价值理念,他们所要表达的并不是对发展中国家的关切,而是对资本主义世界扩张的期待。发展中国家要跟上西方资本主义国家的脚步,当然需要借鉴并吸收先进国家的现代化理念。然而,对于发展中国家而言,更重要的工作还是保持自身定力,结合本国实际情况对这一理念进行合理分析取舍,不能在简单全盘接受中放弃历史发展的主动性。这一工作,有赖于马克思主义哲学对现代化理

---

① 《马克思恩格斯选集》第 1 卷,北京:人民出版社 2012 年版,第 405 页。

念开展深入反思,破除现代化理念的总体性陷阱。一方面,马克思主义哲学要深刻揭示现代化的本质,把隐藏在全球经济一体化下的西方资本主义国家对发展中国家的非暴力征服凸显出来,揭露发达国家用国际资本对发展中国家的欺骗性掠夺。另一方面,马克思主义哲学还要探索世界历史中一般与个别的辩证法,用西方国家经济、政治、社会和文化的特殊性消解普遍性,指明发展中国家在世界历史中的地位和作用,并保持其在世界历史中的能动性和主动性。

其次是深入解读马克思哲学文本。马克思哲学文本在马克思主义哲学发展史上具有重大意义。它不仅凝结了马克思本人宝贵的理论探索,同时也以经典的形式提出了马克思主义哲学发展的共同题解。从这个角度来看,它起到的作用就如同库恩所说的范式,把21世纪马克思主义哲学与马克思思想历史地联结起来。自19世纪末以来,马克思主义哲学的发展就呈现为不断深化解读马克思哲学文本的过程。在这一过程中,人们对马克思《资本论》的哲学解读尤为引人瞩目。历史地看,对《资本论》的解读是由19世纪末的庸俗唯物主义者和第二国际的马克思主义者首先提出的。在19世纪末的庸俗唯物主义者那里,《资本论》被解读为经济唯物主义;在第二国际的马克思主义者那里,《资本论》被单纯视为描述资本主义经济运动的著述。前者是对马克思思想的歪曲,后者逐渐落入机械论和历史宿命论的泥潭。为了对这两种错误思想倾向进行批判,东西方马克思主义思想家们从哲学层面开展了对《资本论》的重新解读,推动了马克思主义哲学的蓬勃发展。例如,在东方,列宁主张把《资本论》与马克思对资本主义社会形态的分析结合起来研究,认为《资本论》从表面上看是对资本主义经济运动的描述,而实际上则是重点强调由资本主义经济运动引起的资产阶级与无产阶级的阶级斗争。在列宁看来,《资本论》的历史意义不只是政治经济学方面,更重要的是突出了马克思对资本主义社会形态和意识形态能动性的研究。基于上述认识,列宁以对马克思阶级意识理论的研究首开20世纪马克思主义意识形态理论研究的先河。他不仅提出:"没有革命的理论,就不会有革命的运动"①，而且从意识形态的能动性和历史发展的偶然性出发，说明了无产阶级反对资产阶级的斗争对于资本主义社会变革的积极意义。在西方，从葛兰西、卢卡奇到马尔库塞，也都把对《资本论》的解读作为他们哲学创造的基础。葛兰西认为，马克思主义哲学的基础应该是实践，《资本论》的价值恰恰在于实现了理论与实践的有机结合。卢卡奇在解读《资本论》时，提出了著名的物化和物化意识概念，并通过对物化和物化意识的分析，把对日常生活的文化批判纳入到无产阶级革命的目标之中。马尔库塞解读《资本论》的特色是把它和《1844年经济学哲学手稿》联系起来，认为《资本论》是《1844年经济学哲学手稿》的延续，不仅建立了以劳动为中心的否定辩证法，而且标志着马克思批判理论的最终完成。如果说列宁建立的是《资本论》解读的东方马克思主义哲学传统，那么，葛兰西、卢卡奇和马尔库塞等人建立的则是《资本论》解读的西方马克思主义哲学传统。这两种传统共同奠定了马克思主义哲学发展的基本格局，也为我们分析21世纪资本主义生产方式和世界历史变革提供了理论框架。

最后是进一步探讨自然与人类社会的关系。自然与人类社会的关系一直是马克思主义哲学密切关注的对象。20世纪70年代以来，日益严重的生态问题和生态危机的出现，引发了人们对自然与人类社会关系更为深沉的反思。马克思主义哲学家从自然和生态遭受破坏的事实、后工业社会的崛起及其带来的消费危机中，找到了生态危机产生的源头，即，资本主义的生产方式和建构于其上的社会制度和意识形态。活跃在西方资本主义国家的生态马克思主义者从马克思主义关于资本的理论出发，指出资本主义生产方式不仅造成了人类社会的危机，也导致了自然的危机，认定资本的逻辑是造成生态危机的罪魁祸首：资本作为一种社会存在物，把包括自然资源在内的一切都变成了自己利用的对象。它就像癌细胞一样，不断增殖，不断利用自然界来满足自身增殖的需要，并

---

① 《列宁全集》第2卷，北京：人民出版社1984年版，第443页。

由此带来对自然界的无尽的破坏,最终导致资本主义的过度生产和过度消费,从而产生生态危机。在生态马克思主义者看来,资本与生态是天然对立的,"只要资本逻辑还占有统治地位,只要主要是为着最大限度地获取利润而生产,就不可能从根本上消除生态危机"①。生态马克思主义者作出的这一判断并非穿凿附会,而是在新的历史条件下对马克思主义危机理论的延展。本·阿格尔在《西方马克思主义概论》一书中明确提出,生态学马克思主义把资本主义生产、消费所引起的生态危机视为马克思主义危机理论的环境和基础。建立在生态危机的环境和基础上的马克思主义危机理论"既强调资本主义的内在结构矛盾(导致马克思称之为利润率趋于下降的矛盾),又强调发达资本主义加深异化、分裂人的存在、污染环境以及掠夺自然资源的趋势"②。通过这种分析,生态学马克思主义不仅把发达资本主义污染环境以及掠夺自然资源的趋势揭示出来,而且指出了解决生态危机的根本出路。这一根本出路不是进行道德改革、建立生态伦理,不是发展科学技术、提高自然利用率,而是变资本主义的生产和生活方式为社会主义的生产和生活方式,推动资本主义实现从危机中走向社会主义的变革。生态学马克思主义者对生态危机的分析和对资本逻辑的批判,对于我们构建马克思主义哲学的新体系、建立马克思主义哲学的新范式具有积极借鉴意义。正如已有学者所指出的那样,"只要人类实践的时代格局仍然处于资本支配一切的时代,马克思对资本主义社会的批判分析以及由此完成的历史哲学变革,就仍然是我们面对当代社会实践及其文化理念的重要理论资源。"③ 21 世纪马克思主义哲学应继承这份资源,在进一步探讨自然与人类社会关系的过

---

① 陈学明:《谁是罪魁祸首——追寻生态危机的根源》,北京:人民出版社 2012 年版,第 1 页。

② 〔加〕本·阿格尔:《西方马克思主义概论》,慎之等译,北京:中国人民大学出版社 1991 年版,第 414 页。

③ 胡刘:《论马克思历史哲学与"历史唯物主义"的关系》,载《山东社会科学》2017 年第 4 期。

程中，把消除生态危机、建设生态文明和反对资本逻辑有机结合，创造出马克思主义哲学的新形态和新精神。

三、新时代中国马克思主义哲学与 21世纪马克思主义哲学

伴随着人类历史在 21 世纪前行的脚步，中国特色社会主义进入了新时代。在这个新时代来临之际，我们见证了国家的经济实力、科技实力、国防实力、综合国力进入世界前列，国际地位实现前所未有的提升，国家的面貌、人民的面貌、军队的面貌和中华民族的面貌发生前所未有的变化。这一切，清楚无误地显示中国特色社会主义已经在实践上成为 21 世纪科学社会主义和马克思主义发展的标杆。相应地，在理论上，中国马克思主义哲学也应成为引领 21 世纪马克思主义哲学发展的旗帜。为了实现这一目标，中国马克思主义者要担负起发展 21 世纪马克思主义哲学的历史使命，努力构建新时代中国马克思主义哲学。具体而言，需从两方面加以自觉。

一方面是自觉加强中国哲学话语体系建设，加快推进马克思主义哲学中国化。历史地看，中国哲学有着独特的话语体系。在雅思贝尔斯所说的轴心时期，中国就已经诞生了以孔子和老子为代表的伟大哲人，出现了儒家、道家、法家、墨家、名家、阴阳家等一大批哲学派别，产生了《道德经》《论语》《孟子》《庄子》《韩非子》等一大批哲学巨著。这些伟大哲学家、哲学派别和哲学巨著开创了中国哲学的传统，奠定了中国哲学话语体系的基础。如果我们从大的历史阶段进行划分，中国哲学话语体系的形成可归纳为三大阶段。第一阶段是从先秦到鸦片战争时期。这一时期是中国哲学话语体系在几乎没有受到外来哲学影响的基础上独立发展的阶段。从先秦的百家争鸣到汉代"罢黜百家，独尊儒术"，中国哲学的儒家传统逐渐成为占统治地位的主流哲学话语。与儒家传统相伴随，道家传统也逐渐成为中国哲学话语体系的重要补充。以儒家哲

学为主干,以儒家哲学与道家哲学的相互补充为基础,中国传统哲学历经两千年绵延不绝的发展,形成了极具代表性的东方哲学话语体系。这一话语体系在相当长的历史时期内呈现稳固前进的态势,对周边国家具有很强的辐射力,促成了东南亚儒学话语圈的形成,并且通过丝绸之路和茶马古道将中国思想远播欧洲,引导了世界哲学发展的风潮。第二阶段是鸦片战争到中华人民共和国成立。这一阶段是中国哲学话语体系的曲折发展时期。鸦片战争迫使中国打开了闭关锁国的大门,不仅给中国带来了屈辱和苦难,同时也带来了西方的科学和哲学。鸦片战争带来的东西方思想文化的交流碰撞,促使当时先进的中国人向西方学习,思考中国之所以遭受列强侵略的深层原因。中国知识分子在反思和检讨中选择了接受西方的思想和文化体系,这其中就包括接受哲学思想和哲学话语体系。在这个过程中,中国传统哲学话语体系不断式微:经史子集的学术分类黯然退场,儒家哲学和道家哲学饱受冲击,传统哲学话语权丧失殆尽。传统哲学话语体系遭受的挫折从另一方面预示着新体系的再造与重生。这个新体系创造的契机就是新文化运动以来马克思主义哲学的引进和传播。经过中国马克思主义者在理论和实践中的不懈努力,马克思主义哲学成功地与中国传统哲学实现了深度融合,并且开启了马克思主义哲学中国化的历史进程。第三个阶段是从中华人民共和国成立至今的中国哲学话语体系重建期。这一时期的总特点在于马克思主义哲学成为统摄中国哲学的主流。马克思主义哲学在充分吸收中国传统哲学、苏联马克思主义哲学和西方马克思主义哲学的基础上,生成了现代中国哲学的话语体系。众所周知,马克思是马克思主义哲学的创始人和奠基人。但是,马克思主义哲学并不是一成不变的教条,它必然要随着时代的变化和实践的发展而发展,马克思的合作者和后继者的成果也是马克思主义哲学。不断发展的马克思主义哲学是不同时代、不同民族的马克思主义者共同创造的精神财富。中国马克思主义哲学绝不是马克思主义哲学一般原理的简单移植,更不是苏联教科书的简单照抄,而是中国的马克思主义者把马克思主义哲学的根本原理与中国的特殊实际结合起来，独立探索创造出来的哲学。这种哲学同时也是中国传统哲学在现代的发展，也就是现代的中国哲学。① 经过上述三个阶段的发展，中国马克思主义哲学成为了中国哲学话语体系建设的中坚。新时代中国马克思主义哲学应以此为基础，把马克思主义哲学与当代中国哲学创造结合起来，从哲学思维层面回答世界历史一般性与中国现代化特殊性问题，推动中国现代化模式的综合创新。

另一方面是自觉开展东西方马克思主义哲学的交流和对话，继承和发扬中国马克思主义哲学的普遍性品格。马克思主义哲学是由东西方不同传统构成的总体。自19世纪末开始，东西方马克思主义者就有了理论交往。20世纪20年代以来，东西方马克思主义者围绕世界历史发展、社会主义运动和民族文化等问题展开过理论探讨。西方资本主义国家的马克思主义者和马克思学的学者通过研究列宁哲学、斯大林哲学和苏联马克思主义哲学，揭示了马克思主义哲学发展过程中的东西方民族传统的流变，以及马克思主义哲学内部的批判传统、人文主义传统和科学主义传统的区别。20世纪80年代以来，随着中国改革开放和现代化事业的蓬勃开展，西方马克思主义者把关注的目光投向中国，聚焦毛泽东哲学和邓小平哲学，出版了一系列关于中国马克思主义哲学研究的著作，开启了与中国马克思主义者的频繁互动。几乎与西方马克思主义者聚焦中国同步，中国思想界也从20世纪80年代起大量引进西方资本主义国家的马克思主义哲学理论，为中国的西方哲学研究和马克思主义哲学研究提供了丰富资料。其中，西方马克思主义哲学的众多理论更是成为中国马克思主义哲学研究借鉴的重要资源。东西方马克思主义哲学之间的历史互动关系表明，马克思主义哲学的发展过程既不是东方传统战胜西方传统，也不是西方传统压倒东方传统，而是东西方传统互相学习借鉴，互相交流补充，共同推进传播马克思主义宏伟事业的过程。随着中

---

① 关于马克思主义哲学中国化的详细论述可参阅陶德麟、何萍主编：《马克思主义哲学中国化的理论与历史研究》，北京：北京师范大学出版社2011年版。

国综合国力日益增强，中国特色社会主义进入新时代，中国马克思主义哲学在这一过程中所起的作用越来越明显。新时代中国马克思主义哲学要真正引领 21 世纪马克思主义哲学的发展，就必须从中国的实践出发，在与西方马克思主义哲学的交流对话中，认真探讨东西方马克思主义哲学的理论交汇点。这个理论交汇点既表现为中国马克思主义哲学为发展马克思主义哲学作出的原创性贡献，也表现为中国马克思主义哲学普遍性的理论品格。它在哲学本体论和政治哲学两个层面上展开。首先，中国马克思主义哲学在哲学本体论层面具有普遍性品格。这体现在我们所建构的以实践概念为核心，融世界观和认识论为一体的中国马克思主义哲学形态上。毛泽东同志的《实践论》和《矛盾论》就是对这一哲学形态的最好阐释和说明。其次，中国马克思主义哲学在政治哲学层面具有普遍性品格。这体现在我们所构建的以无产阶级革命和社会主义建设为主要内容的中国马克思主义政治哲学上。中国马克思主义者无论是思考无产阶级革命问题，还是探索社会主义建设问题，都始终自觉把中国问题放在世界历史发展的大背景下进行探讨，而且也自觉把思考的目标定位为世界历史的普遍，力图将中国的特殊提升为世界的普遍。从这个意义上说，哲学普遍性的理论品格不仅是中国马克思主义哲学引领中国社会从传统走向现代的理论保证，也是中国马克思主义哲学为解决人类问题贡献中国智慧和中国方案的理论依据。新时代中国马克思主义哲学有责任把这一普遍性品格继承和发扬下去。

综上所述，历史与现实的经验已经证明，马克思主义哲学是随着不同时代课题的变化而不断发展的。21 世纪马克思主义哲学也应直面时代问题，立足人类实践，为推动世界文明进步作出应有的理论回应。身处日益走近世界舞台中央、不断为人类作出更大贡献的新时代，中国马克思主义者在马克思主义哲学发展事业中发挥的作用将更为深远。正如习近平同志在党的十九大报告中所说，"时代是思想之母，实践是理论之源。只要我们善于聆听时代的声音，勇于坚持真理、修正错误，二十一世纪中国的马克思主义一定能够展现出更强大、更有说服力的真理力量!"① 这是对 21 世纪中国马克思主义的未来展望,也是对 21 世纪马克思主义哲学的发展期盼。中国马克思主义者应以更宽广的眼界审视马克思主义哲学在新时代发展的现实基础和实践需要,坚持以我们正在做的事情为中心,更加深入地推动马克思主义哲学中国化,充分展现马克思主义哲学的创造力与生命力,不断开辟 21 世纪马克思主义哲学发展的新境界。

(作者吴昕炜系武汉大学哲学学院副教授,哲学博士;主要研究方向:文化哲学、政治哲学以及批判理论。)

---

① 《决胜全面建成小康社会 夺取新时代中国特色社会主义伟大胜利——在中国共产党第十九次全国代表大会上的报告》,载《人民日报》2017 年 10 月 28 日,第 01 版。

城市正义重建与社会正义研究范式的转换

尹才祥

[摘　要] 城市正义是当代社会正义研究范式转换的主要形式，是正义话语的强表达。城市功能和主题的转换，在客观上要求城市正义重建在过程及结果上回应城市空间实践所造成的空间非正义现状。城市正义的本质是社会正义在地理学中的延伸与实践，有其自身的理论视域和诠释维度。较之于传统作为伦理呼唤和价值目标的抽象宏观正义，城市正义以其空间性、微观性、生成性和过程性的鲜明特质体现其实践品质，以一种批判性、建设性和面向未来的态度将传统正义理念转化为一系列可操作的原则与细则，突显其重建进程的实践哲学路向。

[关键词] 空间生产　城市正义　社会正义　正义实践

在历史唯物主义视域中，社会正义的研究历来与物质生产和生产方式相关联，强调社会正义的历史性和对社会生产依赖性。20世纪60、70年代以来，西方资本主义社会城市成为资本和阶级矛盾的集中之地，城市空间实践的非正义在事实及结果上成为社会非正义的主要表现形式。从正义的历史看，正义问题及其研究历来与城市勾连在一起。如麦

---

* 本文为国家社科基金项目"空间正以视域下我国当代城市治理研究"（17BKS036）的阶段性成果。

金太尔所言,"亚里士多德式的正义实践合理性的解释是从古代城邦的冲突中突显出来的。"① 随着20世纪城市化世纪的到来,城市化率不断提高,城市的功能和主题转换与正义转型深层互动。社会正义理应决定城市文明自身的质量并引领城市社会发展,然而,由于后现代社会正义的式微以及城市衰退带来的审美倦怠感,当代城市哲学注重在后现代正义批判的基础之上,重建面向当下城市空间实践的城市正义,复苏日益式微的社会正义,将理想或抽象的传统正义的理念转化为一系列可操作的原则与细则,突显其实践哲学路向。

一、正义范式的转换

"正义"是城市哲学的核心论题,有关正义的研究历来充满争议。这种争议并非源自正义在面对实践时能否作为一种价值范导的问题,而是关于正义理念在多大程度上能够被实践化,或者在实践中如何具有可操作性的问题。传统正义理论在上述问题上的探索一直踟躇不前。柏拉图就认为,正义是"每个人在国家(城邦)内做自己分内的事","城邦是个人成就幸福的所在"②。在他那里,正义就是城邦外在秩序和内在秩序的统一,是一种建立在等级性、集权性和人之天性优劣基础之上的顶层正义和宏观正义。亚里士多德认为,"正义是相关于他人的德性"③,"正义是一切德性的总结"④,是一种有利于城邦秩序的德性与品质。柏拉图和亚里士多德都以城市(城邦)为现实语境和实践场域,以实现宏

---

① 〔美〕麦金太尔:《谁之正义?何种合理性?》,见万俊人主编:《20世纪西方伦理学经典》,北京:中国人民大学出版社2004年版,第109页。

② 〔古希腊〕柏拉图:《理想国》,郭斌、张竹明译,北京:商务印书馆1986年版,第155页。

③ 〔古希腊〕亚里士多德:《尼各马可伦理学》,廖申白译,北京:商务印书馆2003年版,第126页。

④ 〔古希腊〕亚里士多德:《尼各马可伦理学》,廖申白译,北京:商务印书馆2003年版,第130页。

观正义为目的,强调自上而下的建构正义。近代以来,以启蒙精神为思想中轴的正义理论强调共识、共商的个体理性自由。无论是霍布斯、洛克、哈贝马斯、罗尔斯还是功利主义代表边沁,他们虽观点各异,但就总体而言,这些正义言说立足宏观和理论层面,依赖顶层设计、宏观变革维护与建构正义。上述相关正义研究作为社会正义的"规范性基础",在理解和破解社会公正问题上无疑具有积极意义,但正义作为一种宏观、抽象的价值目标,因其无法从根本上理解和回应社会实践问题,所以从未摆脱被批判和质疑的境地。马克思也曾一度悬置"正义",认为那是"虚无缥缈"的乌托邦。在《黑格尔法哲学批判》之后,马克思逐渐把对正义理念的考察植入社会生产领域之中,从一种思辨的理念转向现实生活,换言之,正义理念必须深入到具体的实践中去,转化为可操作的细则和规则,才会真正具有对现实的解释力和引导力。

在功利主义和后现代主义之下,"正义"的冲动从未因其式微而逐渐走向消亡。城市主题转换导致空间问题突显,资本化的城市空间实践与人们对城市空间正义的期待形成一种辩证张力,潜在地蕴含着建构合乎人性的城市空间正义秩序的价值取向,激发一种"强调特殊的正义和不正义的空间"①。城市空间正义涉及人们空间生存方式的多种内容和权利,即空间资源、空间产品、空间形态的享有和支配权。得益于西方城市理论的发展,"正义"在空间与地理学中的延伸开启了一种新的探讨马克思主义正义理论的空间路径。新的路径的开辟无疑为马克思主义正义理论在研究形式和研究内容上注入新的活力。西方新马克思主义城市学派的代表人物(列斐伏尔、哈维、卡斯特等)所言的"空间正义"实质就是城市正义。随着后现代社会城市化的大规模展开,社会不正义集中体现为城市空间不正义,在社会正义式微之下,城市空间正义得到突显并复苏。事实上,城市空间正义既不是"城市的正义"也不是社会正

---

① Barney Warf, Santa Arias, *The Spatial Turn: Interdisciplinary Perspectives*, London & New York: Routledge, 2009, p.32.

义的后现代替代，而是对后现代社会城市空间不正义的新价值诉求，在新城市学派研究者那里，更多地表现为对城市权利的诉求，是社会正义的空间延伸。作为空间理论的奠基者，哈维和索亚都不再只把城市正义视作一种差异性的话语主张，而是要把对社会正义的解放性探求与没有城市正义就不可能有社会正义这种强烈意识结合起来，按照一种理性的行为次序在不同的空间规模上寻求。城市空间正义较之于过往正义理论有其鲜明的理论和实践品质。

一是空间性。城市正义具有深刻的空间性。社会批判理论的空间转向就是要在异常广泛的学科领域中传播一种批判性空间思维，这种思维也同样推动了正义理论在空间延伸和思考。在后现代主义之下，历史地理唯物主义的建构弥补了正义空间维度的缺失，空间成为城市正义的实现场域。一般意义上来说，西方语境中的空间正义就是指城市正义，是对城市化空间实践中，城市空间资源占有、分配和消费不正义的一种价值诉求。这种诉求与传统社会正义一样，更多地强调空间生产的权力和空间消费的权利，强调这种诉求在空间生产中的功能。对于正义和空间的关系，索亚的观点是，"正义或不正义的空间性影响社会生活，就像生活过程构成正义或不正义的空间性或者特殊的地理学。"① 换言之，城市空间实践使正义得以空间化，从根本上来说，正义的空间化源自空间作为"劳动的客观条件"进入生产领域，以及这种条件变化在生产和生产关系再生产中所带来的矛盾激化无可调和后的一种价值诉求。索亚把城市正义视作以一种批判性空间视角追求社会公正的一场地理学上的斗争，即城市正义概念就是要"呈现和激发一种策略的理论的侧重，强调特殊的（通常被忽视了的）正义和不正义的空间"，② 呼吁将正义用于更加具体的地理、历史制度条件下，既指向一种政治斗争目标，也重视

---

① 〔美〕爱德华·W.索亚：《寻求空间正义》，高春花、强乃社译，北京：社会科学文献出版社2016年版，第5页。

② Barney Warf, Santa Arias (ed.), *The Spatial Turn: Interdisciplinary Perspectives*, London & New York: Routledge, 2009, p.32.

产生不公正结果的地理过程。哈维也认可索亚的这种观点,不同的是,哈维更多是在社会关系中理解空间的正义与不正义。总之,在他们看来,正义必须具有空间性,空间也必须是正义的,这也是城市正义较之于传统正义理论的鲜明特质之一。

二是微观性。后现代主义拒斥宏大理论叙事,正义叙事也从宏观走向微观。后现代正义关注微观生活领域,秉持一种多元和差异的正义观,强调群体差异,主张回归日常生活。正义在生活领域的微观化正是正义理念走向现实生活的积极反映。正义的社会性、历史性和空间性也在客观上要求宏观正义叙事回归微观生活领域,正面回应和解决福特主义的"地理"和"地理政治"危机,开始关注因空间隔离和时空压缩所带来的"边缘人群"和"第三空间"。不可回避的是,后现代正义话语的多元与差异的特性在客观上导致正义的"碎片化",也将使正义建构的逻辑和约束力失去规范性。正如德里达所言,极端的差异正义观等于走向取消正义。当然,这种说法有失偏颇,在经典马克思主义语境中,正义要在生产方式中体现其应有的功能,不止如此,正义还在道德等其他社会领域中全面检视社会。城市正义走向微观既是社会生产集中在城市在客观上的要求,也是西方马克思主义城市研究越来越关注微观生活领域的需要。城市正义重建不得不面对和解决上述问题,在此意义上,城市正义理论丰富并推进了当代马克思主义正义理论的发展,同时,城市正义的出场也标志着当代马克思主义哲学视域的微观化和具体化。

三是生成性。从根本上来说,城市空间正义的差异与多元特质源自城市正义的自身生成性。客观上,空间的自然和社会分布不平等内在地生成了空间的不正义,至少在强调地理结果而非强调产生的过程时如此。也就是说,地理条件的天然禀赋(地理差异)一定程度上决定了空间不正义的地理产生并得以维持。空间分布不公平是不可避免的,"一部分原因在于与消费者有关的位置和距离造成的差异效果,另一部分原因在于提供此类服务的个体在位置选择上作出的决定。"① 主观上,与城市生活相关的最基本需求如教育、公共交通、住房等也存在分配的不平等。一些具有歧视性的偏见导致非正义以空间问题呈现,几乎每一次为实现空间正义所进行的努力都在寻求采取法律或者立法的形式固定下来。也就是说,空间非正义主要源于地区发展不平衡以及再生产出这种不平衡的特权结构,这些特权结构对某些地区的居民有利而对其他地区的居民不利。特权结构的生成过程及呈现形式也具有无可撼动的"地方性",因此,城市正义探讨必须与列斐伏尔意义上"地方性空间生产知识"联系起来,为城市正义设定地域性、民族性和全球性的发展方向,这是理解后现代城市正义"差异"和"多元化"的根本。此外,不同区域的"地方性"因素包括传统、习俗、文化等都对地方空间形塑和地理景观的生产和再生产产生重要影响,而这些"地方性"因素往往内生于生产方式和社会结构,这些因素都是生成城市非正义的重要方面。

四是过程性。过程性本身体现为一种空间理论和空间实践为实现空间正义而作出的革命性努力,城市空间正义理论试图以一种批判性、建设性和面向未来的态度,直面现实问题,探索将现实条件与未来理想相对接的行动策略,以此表达对城市化进程中的"边缘人"和"第三空间"中的弱势群体的特有关切。城市正义对过程的关注并非对正义结果的忽视,而是源于城市空间作为"劳动的客观条件"的资本化过程。哈维认为,对城市正义的探索不得不与长期可持续性探索结合在一起,必须建立在对经济效益持续增长和资本积累的关注基础之上。希望以一种"行动"上的刚性与"理论"上的柔性相结合,激发一种更为弹性的正义实践。"在这里,正义和地理的焦点并不注重结果,而是注重产生不公正地理的进程,寻找各种歧视性做法的非正义根源,包括那些被认为

---

① 〔美〕爱德华·W.索亚:《寻求空间正义》,高春花、强乃社译,北京:社会科学文献出版社2016年版,第44页。

固有的城市劳动力的正常运行，住房市场、政府和规划。"① 索亚也认为："完全的正义就像完全的平等一样是无法完成的。为了使正义成为现实，需要将注意力转移，关注非正义的生产以及其逐步深入社会秩序中的过程。"② 爱丽丝·玛丽·扬也指出："将正义研究的重心从结果转移到过程，从保证平等和公正转移到尊重差异和多元化的团结一致。"③ 也就是说，城市正义的"过程性"实质是对作为抽象价值目标的传统正义的务实理性回归，因为，没有正义实践的过程探索，正义的价值原则就会失去对实践的解释力，进而失去正义作为一种价值范导的引领力。正如马克思认为的那样，正义不是人类理性用以抽象地衡量人类行为、制度或其他社会因素的标准，而是每种生产方式衡量自身的标准。因而，不存在能够适应一切时代、一切制度的"自然正义"。这种过程性也体现了马克思意义上"具体的、历史的正义"。

二、城市正义的三个维度

传统正义理论大都限于在分配领域探讨社会正义的理念、模式，而城市正义的空间性、微观性、生成性和过程性特质，决定了城市正义必须关注正义目标的过程化和实践化，并且坚持从生产方式及其对应的生产关系中去探寻，即从生产、分配和价值的维度深化对城市正义的理解。城市正义以城市空间作为现实场域，有其自身的理论视域和诠释维度。

第一，生产方式的决定性意义与生产正义。无论是古典正义还是自

---

① 〔美〕爱德华·W.索亚：《寻求空间正义》，高春花、强乃社译，北京：社会科学文献出版社2016年版，第78页。

② 〔美〕爱德华·W.索亚：《寻求空间正义》，高春花、强乃社译，北京：社会科学文献出版社2016年版，第70页。

③ 〔美〕爱德华·W.索亚：《寻求空间正义》，高春花、强乃社译，北京：社会科学文献出版社2016年版，第74页。

由主义正义都强调"得其所得"和"得其所应得",而这里的"所得"和"应得"都是在法权意义上的规定,是对原子式的个人和思辨理性的人的一种权利保障。马克思在《黑格尔法哲学批判》中就已经指出,市民社会与国家政治的分离标志着现实人诞生,现实人的首要权利是财产权,不拥有财产权就无法组织生产,生产具有决定性意义,其中生产方式的呈现形式及其内容从根本上决定了正义的内容、形式和实质。如果社会生产建立在有缺陷的生产方式之上,这种生产方式使得权利和正义才成为必要。城市正义是正义的近现代的维度拓展和新的呈现形式,是正义在当代的空间话语的强表达。在西方左翼激进代表哈维看来,城市正义的探讨必须指涉并聚焦空间生产及其过程。对这个问题的探讨,他从两个方面揭示。一是全球空间生产。从全球空间实践来看,资本全球流动及资本逻辑起到支配性作用,其手段是"空间修复",资本通过地点的转移和重复性发挥作用实现空间的生产和再生产。其动力是不平衡发展,其目的是将剩余资本和劳动力投入到新的资本循环中去,追求空间生产中的剩余价值。其动力是不平衡地理发展,从全球空间实践来看,全球空间生产在为不平衡地理发展提供动力以外,或者说不平衡地理发展为全球空间生产提供契机,在此过程中,实现发达国家对发展中国家和弱小及边缘国家的"空间剥夺","这种代价包括丧失财产、工作和经济安全,更包括丧失尊严和希望"。[①] 二是城市空间生产。由于资本积累贯穿城市化的整个过程,并在效率上损害城市空间生产机制,追求空间产品的市场价值即交换价值,造成空间产品的功能异化。也就是说,无论全球、自然还是城市空间生产,在资本逻辑的支配下都存在生产不正义的一面。在此意义上,对城市正义的诉求,"应该被理解为一种政治和社会表达,而且根植于生产方式并将成为一种历史必然性"。[②]

[①] 〔美〕大卫·哈维:《新帝国主义》,初立忠、沈晓雷译,北京:社会科学文献出版社2009年版,第109页。

[②] David Harvey, *Space of Capital: Towards a Critical Geography*, Edinburgh University Press and Routledge, 2001, p.205.

也就是说，对城市正义的探讨必须立足于城市空间生产，因为所有的非正义形式与内容都源于生产。马克思认为，生产不正义的根源在于生产资料所有制方式即资本主义生产资料私有制，生产资料所有制决定了生产组织的规模、形式和内容，只有废除生产资料私有制，实现从生产方式到社会制度的总体性变革，才能在根本上克服由生产方式造成的生产不正义，才能在新的生产方式基础上追求真正的自由、平等和正义。

第二，作为补偿和补充意义的分配正义。从根本上来说，正义理念的提出是针对社会的症候和缺陷，而分配正义的提出就是针对社会分配领域的不公进行补偿性调整。自由主义把从属于正义的分配正义视作人的基本权利，认为分配是否正义是人是否具有该权利的表现，而在马克思看来，财富分配方式是否正当或正确有两个标准，一是看决定它的生产方式是否适应或促进生产力的发展；二是看决定它的生产方式有没有尽量照顾到每个社会成员的利益，是否有利于个人的发展，这个标准可称为财富合理分配的人的标准或者公平原则。城市空间和空间产品作为城市空间生产的目标指向，在生产过程中就已经决定了分配是否正义的问题，因为空间资源的既得利益者在资源的占有、利用和分配上具有支配权。城市"公共空间的终结"[①] 在事实上宣告了作为城市空间最后一道防线的城市空间资源再利用、分配和享有的不正义。从理论上说，"公共空间"作为市民的公共物品，其使用和再生产的权利应该由全体市民依据自身的需要作出判断并行使决定权，而城市公民失去这种分配权的根本原因在于空间权力的不平等，也就是说，追求分配正义的实质是追求空间权力平等，关键在于分配的原则和方式，试图通过只改变生产关系而不改变生产方式来实现分配正义只能是空想，马克思对此明确指出，分配的不正义根源在于生产资料所有制，分配问题的彻底解决在于消灭生产资料私有制，不应该有除此之外的一切幻想。"所谓的分配

---

① Don Mitchell, *The Right to the City: Social Justice and the Fight for Public Space*, Guilford Press, 2003, p.35.

关系，是同生产过程的历史规定的特殊的社会形式相一致"。①

对于如何实现分配正义的探讨，当代西方左翼作家有不同于马克思的看法。如何在"过程"之中把空间生产和空间分配结合起来逐渐实现空间生产和空间分配的正义性，尽管哈维也清楚消灭生产资料私有制与分配正义实现的重要性，但他并不赞成以马克思意义上的革命形势来实现，在这一点上，卡斯特尔认为哈维不是真正的马克思主义者。哈维和索亚都谋求一种在过程中实现城市空间分配正义，实质是空间权力分配的正义，这种过程性体现在对资本的矛盾性认识，一方面，哈维认为资本是改变和形塑地理景观的重要因素，是不可或缺的变量；另一方面，他又认为资本在内在逻辑上支配着分配的正义与否。他们深知，"我们之所以不可能全面超越资本主义，并不是因为除资本主义以外就不存在一种充满活力的理想之物，而是因为那种从现存社会秩序中获得既得利益的势力还太强大了。"② 这与马克思以彻底消灭私有制为基础的分配正义观不同。事实上，在没有触动资本主义基本制度的前提下，谋求空间权力分配正义，既不现实也无可能。

第三，价值正义取向。"正义是社会制度的首要价值"，③ 这也是现代新城市文明潜在的应有之价值意蕴。正义在古希腊时期作为一种宏观、抽象的理性思辨力量，在马克思之前，正义一直被认为是普遍的、永恒的、形式化的东西，马克思认为，只有具体的、历史的并且为生产方式决定的正义，并在实践中发挥作用。城市作为现代化生活得空间载体，是由具体的土地、广场、道路、建筑等构成，在本质上又是人类文明的空间化聚集，承载着人的生存、发展、自由和解放。因此，城市的规模化扩张，在客观上要求城市空间生产和再生产实现"以人为本"的

---

① 《马克思恩格斯选集》第 2 卷，北京：人民出版社 2012 年版，第 653 页。
② 〔美〕戴维·施韦尔特：《反对资本主义》，李智、陈志刚等译，北京：中国人民大学出版社 2008 年版，第 2 页。
③ 〔美〕约翰·罗尔斯：《正义论》，何怀宏译，北京：中国社会科学出版社 1998 年版，第 3 页。

价值追求，在追求经济增长的同时，还应关照城市空间的秩序性和价值性存在，要把经济价值、人文价值和社会价值结合起来，追求绿色、和谐、共享、包容和智能化发展以及可持续发展的长远图景。此外，源自人们对空间自身差异的自觉与反省，城市实践中的多元化需求决定了城市正义的内在差异性和多样性，因为城市正义无论在内容上还是在形式上都依赖于对空间权利差异性的合理处置。这种处置，仍然体现了马克思意义上的历史的具体性和历史性特点，换言之，城市正义也是社会发展进程中的过程表征，城市正义的提出及实践都应具有价值维度，正义理想的价值在于为人类指明发展的方向，为人类的行为确立价值坐标，这也是社会正义的原本应有之义，其真正的价值指向仍然是人的自由、权利的获得和人的自我解放。同时，城市正义的价值取向不能停留在古典正义和自由主义正义理论的理性思辨的视角，而是要更多地面向实践深入到城市空间实践中去。

城市正义需要与城市空间实践实现深层互动，具体表现为问题与理论的互生。城市正义理论必须深入到当前城市实践中去，直面城市实践面临的困境，城市空间正义才能生发出对当代城市空间实践的解释力和指导力。

三、城市正义实践

从根本上说，城市正义面临的问题是空间运作机制与民众空间权利诉求的矛盾，而通常人们则更多地认为是城市"增长"与正义的矛盾。哈维、列斐伏尔、卡斯特都曾通过对"城市权利和城市革命"的探讨来追寻城市正义，这当然不失为一种有意义的思考和行动。而当下对城市正义的追寻，似乎更应从城市空间非正义的产生深层原因入手，尝试以空间正义为理念引领城市空间实践，彰显"城市正义"在城市空间生产中的引领力，不失为一条有效路径。

首先，资本失控与合理管控。资本逻辑批判是马克思主义关照资本主义现实创立历史唯物主义的基础，也是新马克思主义城市学派进行资本主义城市批判的立足点。资本逻辑下中国的快速城市化已经带来了前所未有的问题，包括住房难、看病难、上学难、就业难等城市社会问题，城市大规模扩张但"扩张并不会导致和平"，[①] 空间大规模生产与大规模短缺现象并存，城市自身空间保障尚且自顾不暇，城市"反哺"农村更是无从谈起。土地财政与土地金融空间规模的迅速扩大，表明我国城镇化进程已经为资本逻辑所支配和主导，也就是价值增值成为空间生产的主导。虽然城市化离不开资本增值逻辑，问题在于，如何有效、可控、适度地调节公有资本和社会资本参与城市化，才能把资本增值逻辑限制在合理、公平的限度内。

如何驾驭资本包括如何有效利用空间生产、维持资金良性循环，同时防范空间生产过剩和资本过度积累是我国城市化过程中面临的重大问题。从城市正义的角度来看，首先，应对进入城市空间的社会资本和公有资本的目的、运作方式及作用效果进行合理管控和权衡，重建资本循环和空间开发模式，维护城市化实践的效率与公平的统一；尤其在城市空间生产的关键领域，应发挥公有资本的服务和公益性职能，体现民生需求和共享思想，避免资本增殖逻辑使城市空间生产完全从属于资本积累。其次，处理好公有资本和社会资本在城市化空间实践中的参与比例。我国"以人为本"的城市化在根本上定性了我国城市化的价值取向，"以人民为中心"是城市化发展的根本指导思想，在城市空间生产实践中，政府、市场和社会都应该有自己的角色定位，限制和防止市场过度侵入和剥夺城市公共空间，充分发挥好公有资本的服务和公益性职能，应"使资本的增殖性、运动性和社会性成为城市建设的重要工具和进步力量，成为促进社会生产力发展的内在机制，实现社会财富积累和

[①] 〔美〕刘易斯·芒福德：《城市发展史：起源、演变和前景》，宋俊岭等译，北京：中国建筑工业出版社2005年版，第544页。

社会进步的重要手段",① 服务于城镇化实践。

其次,利益博弈与维护空间公正。城市空间是人们生产和生活的基本载体,空间权益也是基本人权之一,维护空间公正体现了城市规划制度安排独特的科学特征。城市化从来都是吸收剩余资本和剩余劳动力的关键手段,城镇化凭借不断变更空间和场所的使用功能,实现空间垄断及其垄断地租,进一步推动资本积累。从资本主义城市发展史来看,城市化对资本积累发挥着至关重要的作用,是资本积累过程中不可缺少的一部分。经济体制转型导致社会利益结构和利益主体的多元化,城乡之间、地区之间的差异不断扩大,不同利益群体之间的冲突加剧,反映在城市土地和空间资源上的利益争夺和矛盾日益增加,使得城市规划的空间利益调节、分配和博弈问题更加突出,各利益主体往往会出现利益观念的偏差并导致空间利益行为的失范。

维护空间公正,就要协调好政府、市场、市民这些空间利益主体的空间利益冲突。在此过程中,政府、市场和市民等利益相关方一起协调、博弈、共商,政府、市场都要尊重和实现城市居民对城市空间的选择和需求,实现政府、市场和社会的良性互动。相较于政府和市场,市民群体在空间利益博弈中是弱势一方。一方面,政府和市场在空间资源的分配、使用中掌握话语权。具体来说,政府拥有城市宏观规划权,市场拥有资本的掌控和参与权。政府和市场时常是利益关联方,体现在城市空间发展效率的实现往往建立在政府与市场联手不断剥夺农村居民和城市弱势群体的空间居住和生产享有权基础之上,实质是对市民空间权益公正的侵害。城市发展制度规划安排必须首先要保障弱势群体空间居住权和空间生产权,比如旧城改造和征地拆迁中,必须充分保障被拆迁人的基本居住权和再就业的权利,否则就会造成政府、市场与社会之间的矛盾和紧张。另一方面,在合理限制政府、市场权限的同时,还要充

---

① 参见拙文《全球化中的地方重建:以哈维为例》,载《天津社会科学》2014年第6期。

分发挥市场机制在空间利益调节中的基础性作用,利用市场创造出更多的空间交换价值和使用价值,发挥政府的规划调控作用,防止市场以效率和利润为导向侵蚀公共空间。同时,要强化市场的社会责任,调整利益分配格局,并积极承担应有的社会义务。维护空间公正不仅仅是保障主体的基本空间权益,还要对利益受损主体进行合理补偿,减少不同利益群体之间的不公平感。此外,城市空间不平衡发展战略也通常被认为是促进城市空间快速发展,并最终达到平衡发展的重要手段,但需要格外关注发展过程中由于空间不平等造成的社会冲突问题。

最后,城市权与城市革命。城市化是伴随工业资本主义发展而席卷人类社会的历史趋势,也是国家建设的重要内容。资本主义以资本积累为目的创造城市,这样的城市很难满足各类人群在城市中的生存与生活需要,这也是资本主义过度积累危机在城镇化中的明显表现。社会发展与城市化之间存在一种内在联系,城市化一方面激化和固化着资本主义的矛盾和危机,另一方面又关系到社会关系的调节、危机的克服以及资本的良性循环。在此过程中,由于弱势群体和在政治权利上被边缘化的那些人总是首当其冲受到最严重的影响,所以城市化在一定意义上总是具有阶级性。新的城市是在旧的城市的残骸上建立起来的,有时甚至需要暴力。城市非正义在城市空间实践中产生,空间权利的分配制约着城市的发展模式,要想保证弱势群体有权甚至优先得到从优质空间中获得更多空间资源和空间发展的机会,就必须有良好的法律制度作保障。

在哈维看来,城市权是资本主义迄今为止忽略最多的人权之一。城市权是一种对城市化过程、城市建设和改造方式具有某种控制权的诉求。城市权远远超出我们所说的获得城市资源的个人或群体的权利,是一种按照源于现实的期望改变和改造城市的权利。改变城市不可避免地依赖城市化过程中集体力量的运用,所以,城市权利是一种集体的权利,而非个人的权利。当代西方马克思主义认为,为了争取城市权需要进行一种激进的反资本主义斗争。这种反资本主义斗争一定不仅仅是关于劳动过程中的组织和重新组织,还必须找到替代世界市场中资本主义价值规律的其他政治和社会的选择,这就是城市革命。今天所说的城市革命,无论在形式还是内容上都有别于马克思意义上的武装革命,由于后现代"灵活积累"代替了现代"福特制",造成全球无产阶级力量的分散和分割,今天的城市革命已不是以工厂为据点而是以社区为聚集地,由具体的空间权益受损者联合起来。城市已成为政治行动和反抗运动的重要场所,对这些场所在形体上的改造和社会上的改革以及地区组织建设都是政治斗争的武器,行动地区的选择和修建在决定胜负上起着重要的作用。这种城市革命,还可以是以新型网络为载体呈现的虚拟斗争,通过网上投票聚集民意向政府施压以获取空间权益。

随着21世纪城市化社会的到来,城市将成为新人类文明的聚落之地,城市正义话语将成为社会正义的主流话语,是社会正义在当代城市空间实践中正义话语的独特表达。城市空间实践必须关注多元化的空间利益主体,从空间生产、分配和价值正义的维度促进多元化的空间利益平衡,城市正义就是要以一种批判性、建设性和面向未来的态度将传统正义理念转化为一系列可操作的原则与细则,通过城市正义实践促进城市空间正义的最终实现,这也是当代城市哲学的重要使命和历史担当。

(作者尹才祥系南京信息工程大学马克思主义学院副教授,博士。)

五

中国道路

中国特色社会主义家文化建设

陈延斌　张　琳

[摘　要] 家文化建设是中国特色社会主义文化建设的重要组成部分。中国特色社会主义家文化是一种植根于中华民族世代传承的家文化沃土，继承中华文明优秀成果，反映当代中国特色社会主义在家庭文化建设方面本质要求的家文化。这种家文化既是体现我们民族特质和精神风貌的民族文化，也是反映社会主义文化本质属性的文化样态，其基本构成包括家训（家教）文化、家德文化、家风文化、家礼文化和家学文化等。中国特色社会主义家文化建设的实质是价值观培养和道德人格塑造。传承和弘扬中华民族家文化优良传统，将家文化建设作为系统工程统筹抓实抓好，与社会主义核心价值观培育结合，以法律保障和政策导向提供有力支持，是中国特色社会主义家文化建设的基本路径。

[关键词] 社会主义文化　中国特色社会主义家文化　价值观　道德人格

文化建设是中国特色社会主义建设的重要组成部分，因为"文化是民族的血脉，是人民的精神家园。全面建成小康社会，实现中华民族伟大复兴，必须推动社会主义文化大发展大繁荣，兴起社会主义文化建设新高潮，提高国家文化软实力，发挥文化引领风尚、教育人民、服务社会、推动发展的作用"①。而在社会主义文化建设工作中，中国特色社会主义家文化建设无疑是其重要任务之一。本文就此作些探讨。

一、中国特色社会主义家文化建设

（一）家文化是国文化的基础和重要内容

中华文化是家国一体的文化。家是国的缩小，国是家的扩大。这种社会结构，决定了家庭、家族的兴衰与国家、社会的发展休戚相关。可以说，家文化是国文化的"DNA"，没有家文化的积淀，没有家文化的扩展，也就没有国文化的形成和发展。某种意义上说，民族的存在是一种文化形式的存在。因而家文化在整个中国文化体系中居于基础的地位，是其极为重要的基本构成甚至核心内容。今天，家庭仍然是社会的基石，正如习近平总书记在 2015 年春节团拜会上所说，家庭是"国家发展、民族进步、社会和谐的重要基点"，"家庭是社会的基本细胞，是人生的第一所学校。不论时代发生多大变化，不论生活格局发生多大变化，我们都要重视家庭建设，注重家庭、注重家教、注重家风。"也就是说，虽然时代发生了根本的变化，但家庭仍然是社会的"重要基点"，齐家教子、修身处世、培育优良家风仍是每个人的必修课，建设优秀家文化关系社会主义事业和整个文化建设的大局。

（二）家文化是家国情怀培养的切实可行的路径

古语云："天下之本在国，国之本在家"②；"资父事君，忠孝道一"③。中国古代社会是在血缘氏族基础上建立起来的，血亲关系是家庭

---

① 《坚定不移沿着中国特色社会主义道路前进 为全面建成小康社会而奋斗——在中国共产党第十八次全国代表大会上的报告》。
② 《孟子·离娄上》。
③ 《魏志·文聘传注》。

为本位、家国同构社会的基础。家国同构的社会格局决定了家庭、家族和国家在组织结构方面的共同性。这种共同性虽然具有宗法的局限性，但对人们之间的社会关系也产生了深刻的影响。这种纽带把家庭与家族、社会联结在一起，而不必依靠法律和行政管理的强制。为了维系家人、族人正常生活，延续宗族，就有了教子治家的家规族训、家德规范、家礼家仪，形成了家族的门风家声。所以家文化是随着家庭、家族产生发展而出现、演进的。此外，中国文化始终认为家庭是社会的基石，"齐家"是"治国""平天下"的前提，因而，以"整齐门内，提撕子孙"[①]为宗旨的家文化，历来受到人们的重视，在我国教育史、文化史上占有十分重要的地位，在中华民族和中华文明发展中起着重要作用。这样，对一代代中国人来说，教从家始、"正家而天下定"[②]的理念对家国情怀的形成和巩固起了重要的作用。

（三）社会主义家文化建设关乎每个家庭的美满幸福和整个社会的安定和谐

今天的中国家庭虽然小型化了，但作为社会的基本细胞，依然是人们的生活场所和社会基本单位，依然承担着养活未及时就业和失业子女、化解社会不稳定因素、赡养照顾老人、陪护住院亲属等社会尚无能力承担的责任，而且家庭还是人们的精神家园、情感归宿。衡量社会和谐、文明进步与否的一个重要标准就是看家庭关系是否和睦融洽。家风败坏、家德缺失、家规无序的家庭，不仅很难营造温馨和谐的幸福生活，也不利于培养德才兼备、对国家社会有用的人才。

家庭稳定、邻里和睦还是社会和谐、繁荣的基础，国家、社会这个大共同体的稳定、繁荣仍然要以家庭这个小共同体的建设为前提。尤其在社会转型期，社会发展进步的同时，也存在着孝道弱化甚至衰落、代际矛盾冲突、婚外恋情和离婚率增多等各类家庭问题；此外，忽视家教

---

① 《颜氏家训·序致》。
② 《易经·家人》。

和家庭、家风建设中的问题还会引发贪污腐败等一系列社会问题，严重干扰社会文明建设与国家和谐发展。古人云，"治国之道，实由家治也。"① 《公民道德建设实施纲要》也指出："家庭生活与社会生活有着密切的联系，正确对待和处理家庭问题，共同培养和发展夫妻爱情、长幼亲情、邻里友情，不仅关系到每个家庭的美满幸福，也有利于社会的安定和谐。"② 所以，习近平总书记将家庭建设视为国家发展、社会建设的"重要基点"，彰显了家庭建设任务之重，也彰显了家庭文化建设任务之重。

家文化建设不仅是修身、立家之本，更是整个社会建设的重要根基和支撑，尤其直接关系着整个社会的道德水平和文明风尚的提升。2016年12月13日，习近平总书记在会见第一届全国文明家庭代表时强调，"家庭和睦则社会安定，家庭幸福则社会祥和，家庭文明则社会文明。"③ 一个文明进步、健康向上、欣欣向荣的社会，必定依赖民众良好的思想道德素质和文明行为，而家庭、家德和家风建设则是塑造人的价值观、培育人的思想品德的关键环节。通过加强家德、家风、家教等家文化建设，既有利于形成父慈子孝、夫妇和顺、兄友弟恭的家庭氛围，也有利于培育和睦邻里、善待他人、乐善好施的和谐氛围和文明风尚，有利于提高广大社会成员的思想道德水准，这对化解社会矛盾、维护社会有序稳定也大有裨益。

（四）社会主义家文化建设是涵育社会主义核心价值观的"接地气"工程

家庭是人生最初的学校，是传承国民道德信仰和核心价值观的重要场所。父母长辈的以身作则和言传身教会使孩子终生受益，是任何其他

---

① 张九龄：《千秋金鉴录》，济南：齐鲁书社1997年影印本。
② 《公民道德建设实施纲要》，载《人民日报》2001年10月25日，第1版。
③ 《动员社会各界广泛参与家庭文明建设 推动形成社会主义家庭文明新风尚》，载《人民日报》2016年12月13日，第01版。

教育形式都无法取代的。良好的家庭教养、家训教化和家风陶冶，必然汇聚成强大的家庭正能量，对人性的升华、社会的进步、文明的发展形成强有力的推动。诚如美国作家德莱赛所说的那样，"和睦的家庭空气是世上的一种花朵，没有东西比它更温柔，没有东西比它更优美，没有东西比它更适宜于把一家人的天性培养得坚强、正直。"① 中华优秀家文化传统中，"睦亲勤俭的治家之道、蒙以养正的教子之方、重品崇德的修身之法、亲仁济众的处世之则等，为培育社会主义核心价值观提供了丰富资源。"② 此外，"中国传统家训、家教、家礼文献蕴含着'和合睦邻''诚信友善''勤俭持家''忠于家国'等家德训诫，既生发于传统文化的沃土，又与社会主义核心价值观相贯通。中华文明是人类历史上唯一从未间断过的文明，'家'文化更是一脉相承，是连接古今、公私的关键点。传承传统家风，是打通社会主义核心价值观与传统文化衔接血脉的纽带和桥梁，因此，弘扬和践行社会主义核心价值观，要特别注重家风家教的独特作用。如果将社会主义核心价值观比作一座大厦，那么传统文化是这座大厦的根基，家风则是立足地基、支撑大厦的架构。"③ 培育和践行社会主义核心价值观，就要着力提升核心价值观的亲和力与感召力，因为"核心价值观，其实就是一种德"。④ 通过亿万个家庭的文化建设，促进核心价值观与人们日常生活、风俗习惯、心理意识相耦合，可以卓有成效地推进大众对社会主义核心价值观的认知认同和践行。

---

① 〔美〕西奥多·德莱塞：《嘉莉妹妹》，王艳燕、胡莺译，北京：燕山出版社1995年版，第62页。

② 张琳、陈延斌：《传承优秀家风：涵育社会主义核心价值观的有效路径》，载《探索》2016年第1期。

③ 牛绍娜、陈延斌：《优秀家风培育与社会主义核心价值观建设》，载《湖南大学学报》2017年第1期。

④ 《青年要自觉践行社会主义核心价值观——在北京大学师生座谈会上的讲话》，载《人民日报》2014年05月05日，第02版。

二、中国特色社会主义家文化的内涵、构成和实质

(一) 中国特色社会主义家文化的内涵和基本构成

中华民族传统家文化,是中国特色社会主义家文化的重要源头。这种家文化,是中华民族数千年来在累世聚居和繁衍生息的漫长历史过程中形成和发展的文化样态,是随着中华文明演化而不断演进的,反映了我们民族的文明特质和风貌。可以说家文化是我们民族独特的文化印记,是我们民族极具特色的宝贵文化遗产。社会主义家文化依然具有如此鲜明特质,因为家庭仍是社会的基本细胞,正如梁漱溟先生所说的那样,"中国人的家"是中国文化的"要领所在"。

世界上恐怕没有哪个民族如此重视家文化,其原因在于中国的家庭及其文化与西方社会不一样。"中国社会是在血缘氏族基础上建立起来的,而且作为大陆国家,世代以农立国,农民祖祖辈辈生活在同一片土地上,安土重迁。中国传统家庭多是由三代人组成的主干家庭,家庭又组成家族,像唐代江州陈氏家族人口达到数千人。这种血亲关系将'孝'视为最核心的家庭伦理规范,而这种经济的原因则将家族利益看得至高无上,发展出了家族制度。也就是说,血亲关系是家国同构社会的基础。这种纽带把家庭与家族联结在一起,而不必依靠法律和行政管理的强制。这种家族产生以后,为了维系族人正常生活,延续宗族,就有了家庭管理、成员关系调节、子女教育等问题,这就有了教家、治家的家范和宗规、族训,形成了家族的家风。所以家训、家风是随着家庭、家族产生发展而出现的。"① 孙中山先生也曾强调指出:"中国国民和国家结构的关系,先有家族,再推到宗族,再然后才是国族,这种组

---

① 陈瑛、陈延斌等:《整齐门内提撕子孙——家训文化与家庭建设》,载《光明日报》2015年8月31日,第16版。

织一级一级的放大，有条不紊，大小结构的关系当中是很实在的。如果用宗族为单位，改良当中的组织，再联合成国族，比较外国用个人为单位当然容易联络得多。"① 这种家国一体的社会结构，也使得注重家训教诫、家德规范和家风熏陶等家文化建设成了中国的一贯传统。

正因如此，中国特色社会主义家文化是一种植根于中华民族世代传承的家文化沃土，继承中华文明优秀成果，反映当代中国特色社会主义在家庭文化建设方面本质要求的家文化。这种家文化既是体现我们民族特质和精神风貌的民族文化，也是反映社会主义文化本质属性的文化样态。其基本构成包括家训（家教）文化、家德文化、家风文化、家礼文化和家学文化等。

家训文化。也可以称为家教文化。家训，一般是父祖长辈对家人和子孙的训示教诲，也有部分是兄弟姊妹间的诫勉或夫妻间的嘱托。我国历史上的家训也称家规、家范、家诫、族训、族规等，其"基本载体有两类：一是族长或家长撰写、制定、有较强的教化意义和规范作用的家规、族训或家教文献；二是对家人子弟进行的家庭教化、训诫活动。前者是文本，后者是教化活动实践，这两方面相辅相成、彼此为用"②。家训是对家庭成员行为准则的指导和规约，也是居家生活的家庭教育教科书，还是中华民族优秀道德和价值观念传承的重要载体。今天的家训家教虽然形式发生了变化，但作为治家教子的训诲乃是须臾不可缺少的。父母长辈在教子修身、睦亲持家、为人处世等方面的正面经验和教化智慧，每个家庭的家教家训文化，都是社会主义家文化的重要组成部分和丰富滋养。

家德文化。《礼记·经解》曰："礼之教化也微，其止邪也于未形，使人日徙善远罪而不自知也。"家庭道德的教化作用似润物细雨，它潜移默化地影响着人的行为，扼杀不良动机、行为于未形，使人在不知不

---

① 《孙文选集》上册，广州：广东人民出版社2006年版，第464页。
② 陈延斌：《家风家训：轨物范世的生动教材》，载《光明日报》2017年4月26日，第11版。

觉中亲近善良，远避罪恶。家德文化主要以道德规范、行为准则等调适家庭成员之间的伦理关系，家德文化中孝道文化是当前建设的重点。孔子认为，孝道是德行之根本，是王道教化赖以产生的基础，所谓"夫孝，德之本也，教之所由生也"①。被誉为"孝道哲学大师"的学者谢幼伟强调，"中国文化在某一意义上，可谓为'孝的文化'。孝在中国文化上作用至大，地位至高；谈中国文化而忽视孝，即非于中国文化真有所知。"② 此外，调节夫妇关系、父子关系的道德规范，也是家德建设的基本内容。这里尤其要强调，由于几十年来所实行的独生子女政策和老龄化浪潮的到来，婆媳关系、翁婿关系的矛盾和冲突问题更凸显出孝道文化建设的重要性和迫切性，社会主义家文化建设应该将其放在重要位置加以研究和倡行。

家风文化。家风，亦称门风、家声等，是一个家族或家庭世代繁衍生息过程中形成的风气、风尚，是家庭或家族生活作风、传统习俗、道德面貌、精神情操和价值观念的综合体。自古以来，我们民族崇尚"积善之家，必有余庆；积不善之家，必有余殃"；倡导"家风好，就能家道兴盛、和顺美满；家风差，难免殃及子孙、贻害社会"。③ 良好家风一旦形成，就能使子弟家人耳濡目染，潜移默化，成为一种强大的精神力量，约束和激励子弟在家庭生活中继承父祖的优良品德和传统。

家风不仅是家庭精神内核的体现，更是社会价值缩影的映照，同时也是世风民风的重要组成部分。正因为家风聚为民风，民风汇成国风，所以今天的家风仍然是涵育党风、政风和世风、民风的基本因素，家风文化仍然是推动中华文明不断发展进步的重要力量，因此，我们今天的中国特色社会主义文化建设就应该在汲取优秀传统家风文化的基础上，营造符合时代特点的优秀家风文化，为当今家庭建设、家风世风培育和

---

① 《孝经·开宗明义》。
② 转引自深漱溟：《中国文化要义》，上海：学林出版社1987年版，第21页。
③ 《在会见第一届全国文明家庭代表时的讲话》，载《人民日报》2016年12月16日，第02版。

社会道德教化提供延绵不绝的精神文化动力。

家礼文化。广义的家礼指家庭生活中的礼俗、礼仪规范和家庭道德生活规范准则。这里的"家礼"是指有别于家德规范的家庭礼仪，即狭义的家礼。以礼相待、以仪寓教是我国家礼文化的宗旨。在家礼文化发展史上产生深远影响的《朱子家礼》就说："凡礼有本、有文。自其施于家者言之，则名分之守、爱敬之实，其本也。冠、婚、丧、祭，仪章度数者，其文也。"[①] 朱熹认为"名分之守、爱敬之实"是家礼文化之"本"的见解很有道理，家庭礼仪教化熏陶确实对家庭生活良好秩序的维系，对家庭成员关系的调适以及子弟品德培育发挥着重要的作用。历史上家礼文化是"礼乐文化"的重要组成部分，深刻影响着我国"礼仪之邦"的礼仪文明的传承。今天的家文化建设中家礼文化仍然是不可忽视的重要组成部分，现实生活中，婆媳之间、夫妻之间、长幼之间的不少矛盾都是因为缺少恪守彼此名分、力行爱敬之道造成的。

家学文化。中华民族的家文化特别注重积累、传承，把长辈的好思想好学术好技艺一代一代传扬下去，"家学渊源"一词就是人们用以形容父祖辈的文化传承对后辈成果、成就取得的重要影响。家学渊源使得子弟较早进行文化的开蒙教育，很多精湛的器物文化、艺术创作技能依靠家庭的代代相传，很多学术研究及其思想理论成果在家族后代子孙的传承中发扬光大。中国文化史有不少家族一门数杰、人物代出，譬如东汉班彪与儿子班固、女儿班昭，都是史学大家；汉魏时期曹操与儿子曹丕、曹植"三曹"，都是著名的文学家；宋代苏洵与子苏轼、苏辙"三苏"，都是大文豪；东晋王羲之与子王献之都是历史上最有名的书法家。不仅古代，现当代这种家学传承也很多见。这种积累和传承，在延续中华民族五千年文明中发挥了重要的作用。

应该看到，家训（家教）文化、家风文化、家德文化、家礼文化、家学文化等虽维度和分类不同，但在内容和形式上却多有交叉，在功能

---

① 《朱子家礼》卷一。

上相辅相成、彼此为用，共同构成了中国特色家文化的大厦。家训家教文化，侧重于对家庭成员尤其是未成年人的教诲和行为习惯养成的指导，是思想道德观念尤其是价值观培育的基本内容；家德文化重在调整家庭成员关系，规范和保障家庭生活的进行，也对成员道德品行产生重要影响；家礼文化以制度方式维护家庭人际关系秩序，增强家训家教的训诲成效，促进家德、家风的形成和巩固；家风文化表现为家庭风貌、习气，是教化熏陶积淀而成的，是家文化建设的落脚点和整体呈现。家学文化主要通过文学、史学、医学、艺术、技艺等成果成就体现家庭、家族文化的传承和光大，同时对家风起着积极的作用。正如国学大师陈寅恪所说，"夫士族之特点既在其门风之优美，不同于凡庶，而优美之门风实基于学业之因袭。故士族家世相传之学业乃与当时之政治社会有极重要之影响。"[①]

（二）中国特色社会主义家文化建设的实质是价值观培养和道德人格塑造

中央办公厅、国务院办公厅印发的《关于实施中华优秀传统文化传承发展工程的意见》指出，"文化自信是更基本、更深层、更持久的力量。中华文化独一无二的理念、智慧、气度、神韵，增添了中国人民和中华民族内心深处的自信和自豪。"[②] 中国特色社会主义家文化就是这样一种彰显中华民族"理念、智慧、气度、神韵"的文化样态，其实质是价值观念、责任意识和伦理道德素质的培养塑造。这种家国一体的文化，体现了"天下兴亡，匹夫有责"，将家庭命运与国家兴衰、民族存亡紧紧联系起来的家国情怀和担当精神，标识着"风声雨声读书声声声入耳，家事国事天下事事事关心"的价值追求，倡导着父慈子孝、兄友弟恭、夫义妇顺、睦亲齐家、勤俭持家、忠厚传家、恤亲善邻、蒙以养

---

① 陈寅恪：《唐代政治史述论稿》，上海：上海古籍出版社1997年版，第71页。
② 《关于实施中华优秀传统文化传承发展工程的意见》，载《人民日报》2017年1月26日，第06版。

正、励志勉学、崇仁尚义、审择交游的优秀伦理规范和道德人格的内涵。家文化是国文化的基础，这些体现中华民族"理念、智慧、气度、神韵"的文化元素，既是当前家文化建设的重点，也是整个社会主义文化建设的重要任务与着力之处。

参考文献

1. 徐少锦、陈延斌：《中国家训史》，人民出版社、陕西人民出版社2011年版。

2. 《在会见第一届全国文明家庭代表时的讲话》，载《人民日报》2016年12月16日，第02版。

3. 《在第十八届中央纪律检查委员会第六次全体会议上的讲话》，载《人民日报》2016年05月03日，第02版。

4. 陈延斌：《家风家训：轨物范世的生动教材》，载《光明日报》2017年4月26日，第11版。

5. 牛绍娜、陈延斌：《优秀家风培育与社会主义核心价值观建设》，载《湖南大学学报》2017年第1期。

6. 陈寅恪：《唐代政治史述论稿》，上海：上海古籍出版社1997年版。

7. 《关于实施中华优秀传统文化传承发展工程的意见》，载《人民日报》2017年1月26日，第06版。

8. 陈延斌等：《以家风建设促进党风政风民风建设——江苏洪泽营造美好家风活动的调查与思考》，载《中州学刊》2017年第3期。

9. 中央文明办〔2017〕10号文件：《中央文明办关于广泛开展"传家训、立家规、扬家风"活动的通知》。

（作者陈延斌系江苏省社科重点研究基地江苏师范大学中华家文化研究院院长、教授、博士生导师，江苏省马克思主义理论重点学科带头人；张琳系江苏师范大学中华家文化研究院助理研究员。）

唯物史观形成发展的四次转向及其对中国道路的启示

吕鸣章

[摘　要] 马恩唯物史观的生成经历了一个复杂曲折的历史发展过程，从理论假设到实证检验再到实践反思，唯物史观一直都处于一种不断走向历史深处的发展阶段。我们认为马恩唯物史观的形成与发展前后发生了四次转向，第一是异化劳动史观的转向，第二是唯物史观初创的转向，第三是《资本论》实证阶段的转向，第四是《人类学笔记》阶段的转向。现代化的中国道路需要反思唯物史观的出场形态，我们不能随意地对处于不断变化发展期间唯物史观的理论观点进行切割与引证，力避把马克思主义教条化；坚持与发展马克思主义更需要立足中国传统社会历史实际，建构当代中国特色社会主义唯物史观。

[关键词] 唯物史观　转向　中国道路

一、唯物史观形成发展的四次转向

从马克思主义发展史来看，唯物史观一直都处于不断发展完善的过程之中。我们认为马恩唯物史观的形成与发展前后发生了四次转向，第一是异化劳动史观的转向，第二是唯物史观初创的转向，第三是《资本论》实证阶段的转向，第四是《人类学笔记》阶段的转向。

第一阶段异化劳动史观的转向。马克思出身法学世家，大学期间加入"文学俱乐部",深受康德、黑格尔先验客观唯心主义影响,曾一度认为"理想主义就是真理"。然而他苦心经营的法学体系根本经不起现实的考验,加上他与燕妮爱情的波折,使他一度沉迷于浪漫主义诗歌的创作。与博士俱乐部成员的密切接触,使他意识到必须"从理想主义转而向现实本身去寻求思想"。① 马克思的博士论文开启了其从理想转向现实的步伐。在博士论文中,马克思首先把伊壁鸠鲁的自发辩证法提升为一种自觉的辩证法世界体系;其次与青年黑格尔派不同,对自我意识的理解上强调从人的感性经验与具体现实来把握,不应该停留于抽象的个别性;最后,提出历史是哲学世界化与世界哲学化这一具有唯物史观萌芽的观点,最终在他的唯心史观上打开了缺口。

马克思大学毕业后在《莱茵报》担任主编的时期,他不断遭遇到出版自由、林木盗窃法的辩论、摩塞尔地区农民贫困等一系列需要说明的现实问题,与黑格尔法哲学观点的尖锐矛盾使他更深刻地认识到有必要对黑格尔唯心史观作一个清算,必须对黑格尔的法哲学进行批判。1843年夏天《黑格尔法哲学批判》正是在这一时期的产物。在《黑格尔法哲学批判》中马克思与黑格尔针锋相对,马克思运用费尔巴哈"颠倒过来的方法",指出不是国家决定市民社会,而是市民社会决定国家的唯物史观思想。接着1843年秋在《论犹太人问题》中探讨了国家的三个层次,把宗教异化归结于政治异化,政治异化归因于财产关系,要通过消灭私有财产来达到人类解放。随后1844年初马克思进一步在《〈黑格尔法哲学批判〉导言》一文中指出:"哲学把无产阶级当作自己的物质武器,同样,无产阶级也把哲学当作自己的精神武器"。② 最终找到了联结哲学与现实的物质力量与路径。

马克思受恩格斯天才的国民经济学批判大纲影响,对私有制的批判变为对政治经济学的批判,同时由于国别、语言问题、思想接受等原

---

① 《马克思恩格斯全集》第40卷,北京:人民出版社1982年版,第15页。
② 《马克思恩格斯全集》第1卷,北京:人民出版社1995年版,第15页。

因，马克思主要受到了李斯特等德国经济学家理论的影响，所以马克思的研究从哲学领域转向经济学领域，也同时扩展到历史学研究领域。在克罗茨纳赫笔记中，马克思通过对世界史特别是法国革命史的研究，深刻认识到国家的阶级利益及其财产私有制本性，加速了向唯物史观的转向。这一时期马恩唯物史观集中在《1844年经济学哲学手稿》，在此马恩的唯物史观最早得到了完整的阐述。经过资产阶级政治经济学的批判，他认为异化劳动是私有制的本质，异化劳动造成了人与劳动产品、劳动本身、人的类本质、人之间的异化关系，无产阶级是扬弃异化的阶级力量，从而实现共产主义这一历史必然。随后在《神圣家族》中，马恩已基本上试图放弃了异化劳动史观，异化成为揭露资本主义社会的工具，提出物质生产实践是推动社会历史的发展。

恩格斯评价说："马克思从黑格尔的法哲学出发，得出这样一种见解：要获得理解人类历史发展过程的钥匙，不应当到黑格尔描绘成大厦之顶的国家中去寻找，而应当到黑格尔所那样蔑视的'市民社会'中去寻找。"[①]列宁在《卡尔·马克思》中认为，《〈黑格尔法哲学批判〉导言》和《论犹太人问题》彻底完成了从唯心主义向唯物主义、从革命民主主义向共产主义的转变，这是马恩唯物史观创立的标志。[②] 后来随着马恩著作的进一步出版，人们研究认为这两篇文章只是通往唯物史观的路标，不能构成唯物史观诞生的标志。首先，因为当时的列宁还没有看到《1844年经济学哲学手稿》的发行。马克思的这一手稿当时没有正式发表，直到1927年，苏联首次用德文发表。其次，这是唯物史观带有浓厚的费尔巴哈人本主义和黑格尔唯心主义的辩证法要素，所以不能表明唯物史观已彻底完成"两个转变"。

马恩这一时期唯物史观的特点，主要是发现市民社会是通向历史唯物主义这一路径。马恩已经意识到对国家的批判，既不能从国家的观

---

① 《马克思恩格斯全集》第16卷，北京：人民出版社1964年版，第409页。
② 《列宁专题文集》（论马克思主义），北京：人民出版社2009年版，第39页。

念,也不能从国家本身进行批判,不能从资产阶级自由派的政治解放来批判,而应该从国家真正的基础,也就是从市民社会出发来揭示国家的实质。按照当时的理解,不同于政治领域,市民社会是一个经济领域,因为市民社会主要讲阶级,阶级主要与当时商品经济的生产、商品交换联系在一起。这既是唯物史观,也是马恩的政治哲学。市民社会决定国家,这一唯物史观原则直到今天为止仍然是正确。实际上,直到今天我们仍然也没有按马克思的唯物史观理论去探究当代中国的政治哲学,还没有达到马恩青年时期的理论水平。

第二阶段唯物史观初创的转向。1845年3月马克思在《评李斯特手稿》中改造了李斯特的生产力概念,发现了生产方式中生产力与生产关系的内在矛盾是社会历史发展的决定力量,摆脱了人本主义与异化矛盾的异化劳动史观。同时,1845年春天马克思进一步在《关于费尔巴哈的提纲》中,批判并超越了费尔巴哈的人本主义,指出人的本质在其现实性上是一切社会关系的总和;以实践为出发点,立足无产阶级,把实践改造从认识论贯穿到历史观,用实践的唯物主义代替了费尔巴哈人本唯物主义。

《关于费尔巴哈的提纲》中的唯物史观基本观点在《德意志意识形态》中得到了详细的阐释。马克思认为有现实的有生命的个人、他们的活动及其物质生活条件是整个人类历史的前提,进而考察了物质生活资料生产、物质生活资料再生产、人类自身生产、社会关系再生产等人类社会历史出发点;在此基础上揭示了社会存在决定社会意识,生产力与生产关系、经济基础与上层建筑之间矛盾运动,并最终通过阶级斗争推动社会历史发展,最终走向共产主义,并指出无产阶级是完成这一任务物质力量的社会历史规律。《共产党宣言》公开以宣言的形式表明了马恩的唯物史观立场,用唯物史观的基本观点与方法对形形色色的社会主义与资本主义唯心史观进行了客观历史的分析与评判,把无产阶级的历史使命与共产主义社会的实现描述为一种人类社会历史发展规律。

马恩这一时期的唯物史观,主要是围绕人的本质,在现实生活中,它是一切社会关系的总和这一问题展开,追踪社会关系是由生产关系造就的,生产关系又是由生产力造就的,所以从社会关系到经济关系,然后到生产、再生产,这就奠定了马克思唯物史观的初步原型,这也构成了《德意志意识形态》出场的基本架构。

但是他这时候的历史唯物主义是研究整个人类社会的历史。描述了人类历史是怎么发生、发展过来的,建构了一个人类社会历史发生、发展的逻辑。历史唯物主义是人类社会历史发生的逻辑,从历史的前提、起点及其发展过程,展开来描述唯物史观,历史唯物主义在这一时期还处于初创阶段,《德意志意识形态》就是它的初创形态,《共产党宣言》是唯物史观的应用与发挥。这是否就标志着马克思主义唯物史观形成呢?我们认为唯物史观还没有完全形成。马克思逝世以后,恩格斯在1888年《路德维希·费尔巴哈和德国古典哲学的终结》的序言中认为:"我又把1845—1846年的旧稿找出来看了一遍。其中关于费尔巴哈的一章没有写完。已写好的部分是阐述唯物主义历史观的;这种阐述只是表明当时我们在经济史方面的知识还多么不够。"[①] 这表明马恩这时期的唯物史观还不是一个成熟完善的理论,缺乏政治经济学批判的唯物主义只能是一个半成品的唯物史观,唯物史观还没有得到实证科学的检验,仅仅从社会史的角度阐述的唯物史观还不能把它完全看作一个唯物史观的完成形态。今天我们把《德意志意识形态》看作是唯物史观诞生的标志,那样的标志在《资本论》里面是不存在的,唯物史观在《德意志意识形态》与《资本论》当中的形态是不一样的,《资本论》阶段的唯物史观其实发生了很大改观。

此外,马恩此时的唯物史观后来也遭到了鲍德里亚的尖锐批判。把有生命的个人作为历史的前提,这一点遭到了鲍德里亚的批判。鲍德里亚反对马恩唯物史观"向后思索法"分析原则,认为马恩把脱离了社会约束的人,没有任何法律、没有任何社会规约的自然人作为历

[①] 《马克思恩格斯文集》第 4 卷,北京:人民出版社 2009 年版,第 266 页。

史的前提。这个有生命的个人是自然人,他不受历史约束,在历史之前,马克思显然受到了启蒙学者理性主义的影响。鲍德里亚激烈反对这种方法与观点。鲍德里亚认为物质生产在远古社会并未占据主导地位,马恩把从现代资本主义社会得出的阶段性理论贯彻到整个人类社会历史的做法是错误的。马恩也意识到这一问题,所以才有唯物史观的第四个阶段。

第三阶段《资本论》唯物史观的转向。政治经济学批判的唯物史观。马克思认为对历史本身的研究不能变成一般的历史哲学。在《德意志意识形态》以后,马克思实际在一定意义上是抛弃哲学的。一直到马克思逝世,人们都认为马克思是一个经济学家,因为在马克思生前,除了《共产党宣言》外,他的哲学著名基本没有出版。其实人们都没有完全读懂马克思,马克思费尽周折绕了一大圈,他认为破解整个人类社会历史必须要研究当下的资本主义社会,而当下的资本主义社会是一个商品社会,对这个社会的分析不能用简单的唯物主义原则,用生产力决定生产关系,经济基础决定上层建筑这一原理对资本主义社会作简单的评判,而一定要从政治经济学的角度对资本主义社会进行解剖,从商品出发,从资本的存在结构,从生产、交换、分配、流通等入手分析直到全球化展现这一资本逻辑过程,揭示资本主义这一实证科学的图景以后,自然而然上升到阶级、国家、政治等上层建筑以及意识形态。所以马克思当时规划《资本论》是六卷,最后缩减为四卷的时候,还包括了剩余价值学说史也就是资本的意识形态。为什么有这一章呢?马克思就是用具体的实证科学的方法,来把资本主义从经济基础到上层建筑到意识形态,把这样一个图景细致地描述出来,这是马克思构思《资本论》唯物史观的本来图景。一旦把资本主义社会何以可能这个图景细致地描述出来后,他也就达到了对这个社会的科学解读。这样来看,表面上是一个特殊社会的唯物主义,用具体实证科学的方法对资本主义社会进行剖析,而没有用《德意志意识形态》原理性的方法进行剖析。所以马克思说我们的理论不是教条,而是指南,恩格斯特别提出忠告:"我们的理论是发展着的理论,而不是必须背得烂熟并机械地加以重复的教条。"①说的就是这个道理。历史唯物主义不能脱离历史,对社会历史作简单粗暴的说明,它不仅要洞穿社会历史的本质规律,更重要的是要展现当下社会的存在样态,揭示资本主义社会何以可能。人们老是说资本主义是生产力决定生产关系,经济基础决定上层建筑,上层建筑怎么样呢?空泛地叙说是没有什么历史效用的,而是要细致地拿这些原理方法去研究资本主义社会到底在现代社会是如何展开的,如何建构起来的,只有这样才能真正达到对历史解读;而不是去僵硬地、简单地对资本主义社会作评判,贴标签。马克思坚决反对这样。但他自己也没有做完就逝世了。

所以马克思留给我们的就不仅仅是经济学的知识,实际上是大写的逻辑。就像列宁所讲的大写的资本逻辑,而且大写的资本逻辑,在马克思看来,就是从后思索的方法,就是人体解剖是猴体解剖的钥匙。按照这样一个逻辑,他又可以反过来成为贯穿人类社会历史的解释原则。而鲍德里亚认为这一原则是不对的,认为马克思把资本主义社会的生产这一原则当作一般,来贯穿前资本主义社会,甚至原始社会,就变成了生产主义。然后确实有这样的嫌疑,马克思也认为任何规律都是历史的规律,严格意义上没有一般的规律,在一个社会里面通行的规则,可能到另一个社会里面并不通行。原始社会哪里来的上层建筑呢?哪里来的意识形态呢?原始社会没有上层建筑,所以恩格斯后来根据马克思的想法撰写了《家庭、私有制和国家的起源》,提出在原始社会是人口生产占据主体地位,而不是物质生产。所以这是《资本论》阶段的唯物主义。是否马恩的唯物史观达到了最高峰呢,显然不是。从马克思最后十年与恩格斯最后所作的思考,我们可以看到唯物史观的最后一个阶段。

第四阶段《人类学》唯物史观的转向。其实,马克思认为《资本论》时代的唯物主义仍然存在着问题。马克思原来在《资本论》序言中

---

① 《马克思恩格斯文集》第 10 卷,北京:人民出版社 2009 年版,第 562 页。

认为,"工业较发达的国家向工业较不发达的国家所显示的,只是后者未来的景象"。① 前资本主义史就是资本主义史,在资本主义社会适用的规律也适用于前资本主义社会。这个问题就是从后思索的方法。因为,马克思当时不了解原始社会的生活状况。他认为商品的出现就是人类社会的开始,因此,资本主义社会是商品社会的最高产物。当然历史与逻辑是统一的,他研究地租的时候,他读了科瓦列夫斯基、摩尔根、毛勒等大量有关古代社会的著作,从而使马克思产生了新的问题,看来《资本论》这种对人类社会的解释逻辑是有问题的。原始社会、前资本主义社会未必与资本主义社会是同一个历史逻辑。它们恰好是一个曲线、辩证的发展逻辑。正因为如此,马克思在最后十年放弃了《资本论》的写作,专门研究东方社会,研究人类学,造成了《资本论》第二、三卷的流产。原因有很多,但马克思更多地认为《资本论》这种经典式、单一性而不是差异性的现代性表述是有问题的,马克思晚年特别反对法国搞马克思主义的人,把他们叫作马克思主义者。马克思自己都说:"我只知道我自己不是马克思主义者"。② 你们不能把我在《资本论》中所讲的理论固定化、教条化,这些理论只是仅限于西欧的结论,甚至后来发现,这些理论在西欧都存在着问题,从而使马克思陷入矛盾思索。研究了几十年发现问题远没有自己想象的那么简单。虽然《资本论》所显示的理论深度与高度在今天仍然是人们无法超越的,然而前资本主义历史在整个人类历史中,不是生产力与生产关系、经济基础决定上层建筑之间矛盾运动规律的历史,仍然不属于《资本论》的历史,依然在《资本论》历史的视野之外。所以,马克思晚年读了摩尔根等有关古代社会的著作写下了大量的人类学笔记,后来恩格斯在整理马克思人类学笔记的基础上,完成了《家庭、私有制和国家的起源》一书,论述了两种生产,人口生产是支配原始社会的主要形式,当然原始社会灭亡后,物质

---

① 《马克思恩格斯文集》第5卷,北京:人民出版社2009年版,第8页。
② 《马克思恩格斯选集》第4卷,北京:人民出版社1972年版,第476页。

生产替代人口生产成为社会的主导,而恩格斯把人口生产与物质生产缝合起来。马克思给我们最大的启迪是仅限于西欧的模式能照搬到东方吗?是否能够完全拿来照搬到中国?不同于马克思的观点与理论,不同于马克思五种社会历史形态替代说的历史逻辑,在东方,中国的社会历史是否有自己独特的发展轨迹与道路呢?有没有可能书写一个中国的历史唯物主义呢?这成为今天我们研究的最大问题。因此,我们一定要按照马克思不断自我批评的精神,来看待历史唯物主义,我们很谨慎地看待历史唯物主义原理的应用,以不断自我批评的精神看待唯物主义。什么是原理?哪些是原理呢?只能拿到今天来重新检验,所以要重新研究马克思的历史观以及它在当代中国特色社会主义的任务。

二、唯物史观的形成发展对中国道路的启示

任何理论都是那个特定社会历史条件下的理论,都深深地与那个时代严密地契合在一起,它既闪现出理论把握历史的智慧与光芒,但也使这种理论具有了一定的局限性。1893 年恩格斯在评判《资本论》一书时说:"马克思提出这些论点时,只是把它们看作相对的,只有在一定条件下和一定的范围内才是正确的。"①马克思主义中国化的发展历程既有辉煌的历史,也有深刻的历史教训。坚持中国特色社会主义现代化发展道路,必须正视马克思主义与中国社会历史的逻辑关系,仔细甄别二者的契合度与差异性,建构当代中国自己的唯物史观及其话语体系。20世纪 30 年代,中国曾经爆发过关于中国古代社会研究的论争,导致中国共产党人对中国社会的重新认识。有关中国社会的论争产生了"五朵金花说",也就是"五大难题",说明马克思主义的概念与体系不能完全照搬到中国,所以照抄就产生了理论与实践之间的矛盾。马克思主义在中国能说明一些事实,但也不能说明所有的事实,而矛盾就意味着中国

---

① 《马克思恩格斯全集》第 39 卷,北京:人民出版社 1974 年版,第 79—80 页。

社会历史的发展,不能完全按照马克思主义理论得到合理的阐释,不能完全套用马克思主义理论体系。

第一个问题是中国有没有正宗的像西欧分封制那样的封建社会,什么时候进入封建社会的问题。郭沫若称作西周封建制、东周封建制、先秦封建制,为何会出现这么多的观点呢?从分封的形式来看,中国的历史一直没有断裂过。周朝确实封过王,到了秦汉就不是分封制为主了,而是郡县制为主体了,是否还是封建社会呢?这就成为一个问题。有人认为封建社会最大的特点就是分封制,汉朝开始时主要是分封制,秦朝主要是郡县制,然后封了很多异姓王,封王以后经常造反,反对中央政权,所以刘邦说:"非刘而王者,天下共击之。"后来发现同姓王也是不行的,就实行郡县制,但是郡县制在汉朝末年也"尾大不掉",就变成"藩镇",这个现象一直到唐朝,可以说藩镇是唐朝由盛而衰的原因。既是盛的原因,也是衰的原因。藩镇割据就容易造成独立的经济、政治、军事体制,对中央集权形成威胁。唐朝灭亡之后,经过了长期的动荡,到了宋朝,宋朝坚决反对武将封王,崇尚以文治武,形成文官制度,对武将形成节制,但是也造成了军事实力的下降,在面对外族入侵,屡次实施求和政策,最终导致宋朝灭亡。元朝主要实行的是郡县制;明朝实行的以文治武,如朱元璋的屯田制;清朝开始是分封制,受到汉化后也主要实施郡县制。所以中国历史很难说是一种封建制,封建制的特征是不明显的,这就成为马克思主义中国化的一个大问题。

第二个问题是国与家的关系。历史唯物主义在说明中国的国与家关系问题上存在着困境。人们认为儒家理论把家提高到国的高度,实现家国一体。君君臣臣,君臣父子,把家的原则、孝的原则与忠的国家原则结合在一起,君臣与国家融合在一起。结果导致公权与私权混到一起,但实际上,国与家又是二分的,氏族的权力、家族的权力可以在一定范围内不受国的权力的干涉,进行自我决断,国不参与管理。在家里面,家奴的买卖、生死处置,国是不管的。家庭奴隶制在中国历史上一直盛行延续到清朝,民国才废除家奴制。从家庭奴隶制来看,中国的奴隶制有很长的历史。从国家的性质来看，列宁认为国家与氏族公社的区别在于：第一，国家是否是血缘关系之上的公共机构，就像恩格斯所讲国家是日益与社会脱离的并且支配社会的力量。第二，国家是按照地域原则组成的，不是按照血缘关系组织的。第三，国家是暴力机构。其实，长期以来，中国并没有完全把国与家分离。严格按照西方的国家概念来看，中国一直都是一个准国家。国在上面，家在下面，国与家相互不干涉，相得益彰。国家是家族对公权利的夺取。地域原则贯彻得不彻底，没有像西方把血缘关系都斩断，按社会原则来组织国家，这只有在商品经济充分发达的社会才会破除血缘。雅典买卖奴隶，商品经济发达，城市里面血缘关系复杂。这个现象与中国完全不同。中国是血浓于水的关系原则，李家庄、张家庄这些基于血缘关系建构起来的村庄，为水打仗、为村委会主任争夺权力。结婚是家族之间的联姻组合，不是自由个体之间的结合。这些现象都是中国历史唯物主义必须研究的问题，不能完全依靠马恩的唯物史观来解决，必须从中国实际出发，重新建构中国的历史唯物主义。

（作者吕鸣章系绍兴市委党校科研处副教授、博士；研究方向：马克思主义哲学。）

图书在版编目（CIP）数据

当代中国马克思主义哲学研究.2017／任平主编.—北京：中央编译出版社，2019.4

ISBN 978-7-5117-3530-0

Ⅰ.①当… Ⅱ.①任… Ⅲ.①马克思主义哲学-研究-中国
Ⅳ.①B0-0

中国版本图书馆 CIP 数据核字（2019）第 062820 号

当代中国马克思主义哲学研究.2017

出 版 人：	葛海彦
出版统筹：	贾宇琰
责任编辑：	李媛媛
责任印制：	刘　慧
出版发行：	中央编译出版社
地　　址：	北京西城区车公庄大街乙 5 号鸿儒大厦 B 座（100044）
电　　话：	（010）52612345（总编室）　　（010）52612335（编辑室）
	（010）52612316（发行部）　　（010）52612346（馆配部）
传　　真：	（010）66515838
经　　销：	全国新华书店
印　　刷：	北京紫瑞利印刷有限公司
开　　本：	710 毫米×1000 毫米　1/16
字　　数：	241 千字
印　　张：	19.75
版　　次：	2019 年 4 月第 1 版
印　　次：	2019 年 4 月第 1 次印刷
定　　价：	80.00 元

网　　址：	www.cctphome.com	邮　箱：	cctp@cctphome.com
新浪微博：	@中央编译出版社	微　信：	中央编译出版社（ID：cctphome）
淘宝店铺：	中央编译出版社直销店（http://shop108367160.taobao.com）　（010）55626985		

本社常年法律顾问：北京市吴栾赵阎律师事务所律师　　闫军　　梁勤
凡有印装质量问题，本社负责调换。电话：（010）55626985